# Esquema
# del psicoanálisis
# y otros escritos de
# doctrina psicoanalítica

Biblioteca Freud

Sigmund
# Freud

## Esquema
## del psicoanálisis
## y otros escritos de
## doctrina psicoanalítica

El libro de bolsillo
Biblioteca de autor
Alianza Editorial

TÍTULO ORIGINAL: *Kurzer Abriss der Psychoanalyse – Abriss der Psychoanalyse – Das Interesse an der Psychoanalyse – Tatbestands- diagnostik und Psychoanalyse – Zwangshandlungen und Religionsübungen – Uber den Gegensinn der Urworte – Mythologische Parallele zu einer plastischen Zwangsvors- tellung – Eine Schwierigkeit der Psychoanalyse – Die Frage der Laienanalyse – Nachwort zur «Frage der Laienanalyse» – Die Widerstände gegen die Psychoanalyse – Das Fakul- tätsgutachten im Prozess Halsmann – Psychopathische Personen auf der Bühne – Kelle-e az egystemen a psycho- analyst tanitani.*

TRADUCTORES: Luis López-Ballesteros y de Torres y Ramón Rey Ardid

Primera edición en «El libro de bolsillo»: 1974
Octava reimpresión: 1997
Primera edición en «Biblioteca de autor»: 1999
Tercera reimpresión: 2006

Diseño de cubierta: Alianza Editorial
Ilustración: Eugenio Granell, *Cabeza de indio.* © VEGAP, 1999
Proyecto de colección: Odile Atthalin y Rafael Celda

© Sigmund Freud Copyright Ltd. Under the Berne Convention
© Ed. cast.: Alianza Editorial, S. A., Madrid, 1974, 1979, 1981, 1983, 1984, 1986, 1991, 1995, 1997, 1999, , 2002, 2004, 2006
  Calle Juan Ignacio Luca de Tena, 15; 28027 Madrid; teléf. 91 393 88 88
  www.alianzaeditorial.es
  ISBN: 84-206-3698-3
  Depósito legal: M. 24.573-2006
  Compuesto en Infortex,
  Impreso en Closas-Orcoyen, S. L. Polígono Igarsa
  Paracuellos de Jarama (Madrid)
  Printed in Spain

SI QUIERE RECIBIR INFORMACIÓN PERIÓDICA SOBRE LAS NOVEDADES DE ALIANZA EDITORIAL, ENVÍE UN CORREO ELECTRÓNICO A LA DIRECCIÓN:

alianzaeditorial@anaya.es

# Esquema del psicoanálisis

## 1. Historia

1.

El psicoanálisis nació, por decirlo así, con el siglo XX. La obra con la cual apareció ante el mundo como algo nuevo, mi *Interpretación de los sueños,* vio la luz en 1900. Pero, naturalmente, no brotó de la roca ni cayó del cielo, sino que se enlaza a algo anterior, continuándolo, y surge de estímulos que somete a elaboración. Así, pues, su historia ha de comenzar por la descripción de las influencias que presidieron su génesis, y no debe pasar por alto tiempos y estados anteriores a su creación.

El psicoanálisis nació en un terreno estrictamente delimitado. Originalmente sólo conocía un fin: el de comprender algo de la naturaleza de las enfermedades nerviosas llamadas «funcionales», para vencer la impotencia médica de hasta entonces en cuanto a su tratamiento. Los neurólogos de aquella época habían sido formados en la sobreestimación de los hechos químico-físicos y patológico-anatómicos, y a lo último se hallaban bajo la influencia de los descubrimientos de Titzig y Fritsch, Ferrier, Goltz y otros, que parecían demostrar una íntima vinculación, quizá exclusiva, de ciertas funciones a determinadas partes del cerebro. Con el factor psíquico no sabían qué hacer: no podían aprehenderlo; lo abandonaban a los filósofos, a los místicos y a los curanderos; y en consecuencia, no se abría acceso ninguno a los secretos de la neurosis, sobre todo a los de la enigmática «histeria», la cual constituía el prototipo de la especie toda. Todavía cuando en 1885 practicaba yo en La Salpêtrière pude ver que, en cuanto a las parálisis histéricas, se consideraba suficiente la fórmula de que dependían de ligeros trastornos funcionales de las mismas partes del cerebro, cuya grave lesión provocaba la parálisis orgánica correspondiente.

Bajo la falta de comprensión, padecía naturalmente también la terapia de estos estados patológicos. Consistía en medidas de carácter general, en la prescripción de medicamentos y en tentativas –inadecuadas en su mayoría– de influenciación psíquica, tales como intimidaciones, burlas y reprimendas. Como terapia específica de los estados nerviosos se aconsejaba la electricidad; pero el médico que se decidía a aplicarla, siguiendo los minuciosos preceptos de V. Erb, hallaba pronto ocasión de asombro ante el lugar que también en la ciencia pretendidamente exacta ocupaba la fantasía. El viraje decisivo se inició cuando, entre el año ochenta y el noventa, demandaron de nuevo un acceso en la ciencia médica los fenómenos del hipnotismo, merced esta vez a los trabajos de Tiébault, Bernheim, Hendenhain y Forel, y con mayor éxito que nunca hasta entonces. Lo importante fue el reconocimiento de la autenticidad de tales fenómenos. Una vez dado este paso, se imponía extraer del hipnotismo dos enseñanzas fundamentales e inolvidables. En primer lugar, se llegó a la convicción de que ciertas singulares alteraciones somáticas no eran sino el resultado de ciertas influencias psíquicas, activadas en el caso correspondiente. Y en segundo, la conducta de los pacientes después de la hipnosis producía la clara impresión de la existencia de procesos anímicos que sólo «inconscientes» podían ser. Lo «inconsciente» era ya tiempo atrás, como concepto teórico, objeto de discusión entre los filósofos; pero en los fenómenos del hipnotismo se hizo por vez primera corpóreo, tangible y objeto de experimentación.

A ello se añadió que los fenómenos hipnóticos mostraban una innegable analogía con las manifestaciones de algunas neurosis.

Nunca se ponderará bastante la importancia del hipnotismo para la historia de la génesis del psicoanálisis. Tanto en sentido teórico como terapéutico, el psicoanálisis administra una herencia que el hipnotismo le transmitió.

La hipnosis demostró ser también un valioso medio auxiliar para el estudio de la neurosis, y sobre todo, nuevamente, de la histeria. Causaron gran impresión los experimentos de Charcot, el cual había supuesto que ciertas parálisis surgidas después de un trauma (accidente) eran de naturaleza histérica, y fundándose en tal hipótesis, logró provocar artificialmente parálisis de idéntico carácter por medio de sugestión de un trauma durante la hipnosis. Desde entonces se mantuvo la esperanza de que en la génesis de los síntomas histéricos podían participar generalmente influencias traumáticas. Charcot mismo no persiguió más allá la comprensión psicológica de la neurosis histérica; pero su discípulo P. Janet reanudó tales estudios, y pudo demostrar, con ayuda del hipnotismo, que las manifestaciones patológicas de la histeria dependían estrictamente de ciertas ideas inconscientes (ideas fijas). Janet caracterizó la histeria por una supuesta incapacidad constitucional de mantener en conexión los procesos psíquicos, de la cual resultaba una disociación de la vida anímica.

Pero el psicoanálisis no se enlazó en modo alguno a estas investigaciones de Janet. Tuvo su punto de partida en la experiencia de un médico vienés, el doctor José Breuer, que, libre de toda influencia ajena, logró, alrededor de 1881, estudiar y restablecer, con ayuda del hipnotismo, a una muchacha enferma de histeria. Los resultados obtenidos por Breuer no fueron dados a la publicidad sino quince años más tarde, después de haber admitido como colaborador al que esto escribe. El caso por él tratado ha conservado hasta el día su significación única para nuestra comprensión de las neurosis, siendo así inevitable su exposición detallada. Es necesario aprehender claramente en qué hubo de consistir la singularidad del mismo. La sujeto había enfermado a consecuencia de los desvelos impuestos por la asistencia a su padre, al que amaba tiernamente, durante una larga y penosa dolencia. Breuer pudo demostrar que todos los síntomas de la muchacha se referían a dicha asistencia y hallaban en ella su explicación. Se había logrado, pues, por vez primera, hacer plenamente transparente un caso de tan enigmática neurosis, y todos los fenómenos patológicos habían demostrado poseer un sentido. Era, además, un carácter general de los síntomas el de haber nacido en situaciones que integraban un impulso a una acción, la cual no había sido, sin embargo, llevada a cabo, sino omitida por motivos de otro origen. En lugar de estas acciones omitidas habían surgido los síntomas. Tales circunstancias indicaban como etiología de los síntomas histéricos la afectividad y el dinamismo de las fuerzas psíquicas, y estos dos puntos de vista siguen hasta hoy en pie.

Breuer equiparó los motivos de la génesis de los síntomas a los traumas de Charcot. Ahora bien: se daba el caso singular de que tales motivos traumáticos y todos los impulsos anímicos a ellos enlazados quedaban perdidos para la memoria del paciente, como si jamás hubiesen sucedido, mientras que sus efectos, o sea los síntomas, perduraban inmodificables, como si para ellos no existiese el desgaste por el tiempo. Quedaba así descubierta una prueba más de la existencia de procesos anímicos inconscientes, pero por ello mismo singularmente poderosos, tales como los primeramente observados en las sugestiones poshipnóticas. La terapia empleada por Breuer consistía en llevar al paciente, por medio del hipnotismo, a recordar los traumas olvidados y reaccionar a ellos con intensas manifestaciones de afecto. Conseguido así, desaparecía el síntoma nacido en lugar de una tal manifestación afectiva. Así, pues, el mismo procedimiento servía simultáneamente para la investigación y la supresión de la enfermedad, y también esta unión inhabitual ha sido mantenida luego por el psicoanálisis.

Una vez que el autor de estas líneas hubo confirmado, en los primeros años de la última década del siglo XIX, la exactitud de los resultados de Breuer, ambos, Breuer y él, decidieron dar a la estampa una publicación que integrase sus experiencias y la tentativa de una teoría en ellas fundada (*Estudios sobre la histeria*, 1895)[1]. Esta teoría afirmaba que el síntoma histérico nacía cuando el afecto de un proceso anímico intensamente afectivo era desviado de la elaboración consciente normal y encaminado así por una ruta indebida. En el caso de la histeria, dicho afecto se resolvía en inervaciones somáticas inhabituales (conversión), pero podía ser dirigido en otro sentido y descargado por medio de la reviviscencia del suceso correspondiente durante la hipnosis (derivación por reacción). A este procedimiento le dimos el nombre de *catarsis* (limpieza, liberación del afecto represado).

El método catártico es el antecedente inmediato del psicoanálisis, y a pesar de todas las ampliaciones de la experiencia y de todas las modificaciones de la teoría, continúa hallándose contenido en ella como nódulo central. Pero no era más que un nuevo camino para la influenciación médica de ciertas enfermedades nerviosas, y nada hacía sospechar que pudiera llegar a ser objeto del interés general y de violenta oposición.

2.

Poco después de la publicación de los *Estudios sobre la histeria,* terminó mi colaboración con Breuer. Breuer, cuya orientación profesional era propiamente la Medicina general, dejó el tratamiento de enfermos nerviosos, dedicándome yo entonces a perfeccionar el instrumento que mi colega me abandonaba. Las innovaciones técnicas por mí introducidas y mis descubrimientos hicieron del procedimiento catártico el psicoanálisis. El paso más decisivo fue la renuncia al hipnotismo como medio auxiliar. Dos fueron los motivos que a ella me llevaron. En primer lugar, porque no obstante haber asistido durante un curso completo a la clínica de Bernheim, en Nancy, eran muchos los pacientes a los que no conseguía hipnotizar. Y en segundo, porque los resultados terapéuticos de la catarsis, basada en el hipnotismo, no acababan de satisfacerme. Tales resultados eran, desde luego, patentes y aparecían al poco tiempo de iniciar el tratamiento, pero demostraron también ser poco duraderos y demasiado dependientes de la relación personal del médico con el paciente. La supresión de la hipnosis significó una ruptura con la evolución del procedimiento hasta entonces y un nuevo comienzo.

¿Ahora bien: el hipnotismo había servido para llevar a la memoria consciente del sujeto los datos por él olvidados. Tenía, pues, que ser sustituido por otra técnica. En esta necesidad comencé a poner en práctica el método de la *asociación libre,* consistente en comprometer al sujeto a prescindir de toda reflexión consciente y abandonarse, en un estado de serena concentración, al curso de sus ocurrencias espontáneas (involuntarias). Tales ocurrencias las debía comunicar al médico, aun cuando en su fuero interno surgieran objeciones de peso contra tal comunicación; por ejemplo, las de tratarse de algo desagradable, desapartado, nimio o impertinente. La elección de la asociación libre como medio auxiliar para la investigación de lo consciente olvidado, parece tan extraña, que no estará de más justificarla expresamente. En tal elección hubo de guiarme la esperanza de que la llamada asociación libre no tuviera, en realidad, nada de libre, por cuanto una vez sojuzgados todos los propósitos mentales, habría de surgir una determinación de las ocurrencias por el material inconsciente. Tal esperanza ha sido justificada por hechos. Persiguiendo así la asociación libre dentro de la observación de la «regla analítica fundamental» antes expuesta, se obtenía un rico material de ocurrencias que podía ponernos sobre la pista de lo olvidado por el enfermo. Dicho material no aportaba los elementos olvidados mismos, pero sí tan claras y abundantes alusiones a ellos, que el médico podía ya adivinarlos (reconstruirlos) con el auxilio de ciertos complementos y determinadas interpretaciones. Así, pues, la libre asociación y el arte interpretativo lograban el mismo resultado que antes el hipnotismo.

En apariencia nuestra labor quedaba así extraordinariamente dificultada y complicada; pero, en cambio, lográbamos una ventaja inestimable: la de un atisbo en un dinamismo que el estado de hipnosis encubría antes al observador. Descubríamos, en efecto, que la labor de patentizar los elementos patógenos olvidados tenía que pugnar contra una resistencia constante y muy intensa. Ya las objeciones críticas con las que el paciente había querido excluir de la comunicación las ocurrencias en él emergentes, y contra las cuales objeciones se dirigía la regla psicoanalítica fundamental, eran manifestaciones de tal resistencia. Del estudio de los fenómenos de la resistencia resultó uno de los pilares maestros de la teoría psicoanalítica de las neurosis: la teoría de la represión. No era difícil suponer que las mismas fuerzas que ahora se oponían a que el material patógeno se hiciera consciente habían exteriorizado en su día, con pleno éxito, igual tendencia. De este modo quedaba ya cegada una laguna de la etiología de los síntomas neuróticos. Las impresiones y los impulsos anímicos, de los que ahora eran sustitución los síntomas, no habían sido olvidados sin fundamento alguno o, según la tesis de Janet, a consecuencia de una incapacidad constitucional para la síntesis, sino que habían sufrido, por la influencia de otras fuerzas anímicas, una represión, cuyo resultado y cuya señal eran precisamente su apartamiento de la conciencia y su exclusión de la memoria. Sólo a consecuencia de esta represión se habían hecho patógenos; esto es, se había creado, por caminos inhabituales, una expresión como síntoma.

Como motivo de la represión, y con ello como causa de toda enfermedad neurótica, habíamos de considerar el conflicto entre dos grupos de tendencias anímicas. Y entonces la experiencia nos enseñó algo tan nuevo como sorprendente sobre la naturaleza de las fuerzas en pugna. La represión partía, regularmente, de la personalidad consciente (el *yo*) del enfermo y dependía de motivos éticos y estéticos; a la represión sucumbían impulsos de egoísmo y crueldad, que, en general, podemos considerar malos; pero, sobre todo, impulsos optativos sexuales, muchas veces de naturaleza repulsiva e ilícita. Así, pues, los síntomas patológicos eran un sustitutivo de satisfacciones prohibidas, y la enfermedad parecía corresponder a una doma incompleta de lo inmoral que el hombre integra.

El progreso de nuestros conocimientos nos reveló cada vez más claramente qué magno papel desempeñan en la vida anímica los impulsos optativos sexuales y nos procuró ocasión de estudiar penetrantemente la naturaleza y la evolución del instinto sexual (*Tres ensayos sobre teoría sexual*, 1905)[2]. Pero llegamos también a otro distinto resultado, puramente empírico, al descubrir que las vivencias y los conflictos de los primeros años infantiles desempeñan un papel insospechadamente importante en la evolución del individuo y dejan tras de sí disposiciones imborrables para la edad adulta. De este modo llegamos a descubrir algo que hasta entonces había sido totalmente inadvertido por la ciencia, la *sexualidad infantil*, la cual se manifiesta, desde la más tierna edad, tanto en reacciones somáticas como en actitudes anímicas. Para armonizar esta sexualidad infantil con la llamada normal del adulto y con la vida sexual anormal de los perversos, hubo necesidad de hacer experimentar al concepto mismo de lo sexual una ampliación que pudo ser justificada por la historia de la evolución del instinto sexual.

A partir de la sustitución del hipnotismo por la técnica de la asociación libre, el procedimiento catártico de Breuer quedó transformado en el psicoanálisis, el cual fui yo sólo en practicar y desarrollar durante más de un decenio. El psicoanálisis fue adueñándose paulatinamente, en este intervalo, de una teoría que parecía procurar información suficiente sobre la génesis, el sentido y la intención de los síntomas neuróticos y un fundamento racional para el esfuerzo médico encaminado a la supresión de la enfermedad. Reuniré de nuevo los factores que constituyen el contenido de tal teoría. Tales factores son: la acentuación de la vida instintiva (afectividad), del dinamismo anímico y de la plenitud de sentido y determinación incluso de los fenómenos psíquicos aparentemente más oscuros y arbitrarios, la doctrina del conflicto psíquico y de la naturaleza patógena de la represión, la concepción de los síntomas patológicos como satisfacciones sustitutivas y el descubrimiento de la significación etiológica de la vida sexual, y muy especialmente de los brotes infantiles de la misma. En sentido filosófico, esta teoría tuvo que adoptar el punto de vista de que lo psíquico no coincide con lo consciente, y que los procesos psíquicos son, en sí, inconscientes y sólo por la función de ciertos órganos (instancias, sistemas) son hechos conscientes. Como complemento de esta enumeración, añadiré que entre las actitudes afectivas de la infancia resaltaba la complicada relación afectiva del sujeto infantil con sus padres, el llamado *complejo de Edipo,* en el cual se descubría, cada vez más patentemente, el nódulo de todo caso de neurosis, y que en la conducta del analizado con respecto al médico se singularizaban ciertos fenómenos de *transparencia afectiva,* que adquirieron tanta importancia para la teoría como para la técnica.

La teoría psicoanalítica de las neurosis contenía ya en esta estructura muchos elementos opuestos a opiniones e inclinaciones dominantes y que hubieron de despertar, en los sectores lejanos al nuestro, extrañeza, disgusto e incredulidad. Tales fueron nuestra actitud ante el problema de lo inconsciente, el reconocimiento de la sexualidad infantil y la acentuación del factor sexual en la vida anímica en general; pero aún habrían de añadirse a ellos otros más.

3.

Para medio comprender cómo, en una muchacha histérica, un deseo sexual prohibido podía transformarse en un síntoma doloroso, habíamos tenido que construir penetrantes y complicadas hipótesis sobre la estructura y la función del aparato anímico. Lo cual constituía una franca contradicción entre el esfuerzo y el resultado. Si las circunstancias afirmadas por el psicoanálisis existían realmente, habían de ser de naturaleza fundamental y tenían que poder manifestarse también en fenómenos distintos de los histéricos. Pero si así sucedía en efecto, el psicoanálisis cesaba ya de interesar exclusivamente a los neurólogos y podía aspirar a la atención de todos aquellos para quienes supusiera algo la investigación psicológica. Sus resultados no atañían ya tan sólo al sector de la vida anímica patológica, sino también al de la función normal, para cuya comprensión habían de ser imprescindibles.

La prueba de su utilidad para la explicación de la actividad psíquica no patológica la consiguió muy pronto el psicoanálisis con su aplicación a dos órdenes de fenómenos: a los frecuentísimos y cotidianos *actos fallidos,* tales como los olvidos y las equivocaciones orales y escritas, etc., y a los *sueños* de los hombres sanos y psíquicamente normales. Los pequeños actos fallidos, como el olvido temporal de nombres propios archiconocidos por el sujeto, las equivocaciones orales y escritas, y otros análogos, no habían sido objeto hasta entonces de explicación ninguna o eran simplemente atribuidos a estados de fatiga o desviación de la atención. En nuestra *Psicopatología de la vida cotidiana* (1901-1904)[3] demostramos nosotros, con múltiples ejemplos, que tales sucesos tenían un sentido y nacían a consecuencia de la perturbación de una intención consciente por otra, retenida y a veces directamente inconsciente. Casi siempre basta una rápida reflexión o un breve análisis para descubrir la influencia perturbadora. Dada la frecuencia de estos actos fallidos, tales como las equivocaciones orales, cualquiera puede extraer de sí mimo la convicción de la existencia de procesos anímicos que, no siendo conscientes, son, sin embargo, eficaces y se procuran una exteriorización por lo menos como inhibiciones y modificaciones de otros actos intencionales.

Más allá nos condujo aún el análisis de los sueños, cuyos resultados publicamos en nuestra *Interpretación de los sueños,* aparecida en 1900[4]. De este análisis resultaba que el sueño compartía la estructura de los síntomas neuróticos. Puede aparecer, como éstos, extraño y falto de sentido; pero si la investigamos con auxilio de una cierta técnica, muy semejante a la de la asociación libre usada en el psicoanálisis, llegamos, desde su *contenido manifiesto,* a un sentido secreto del sueño, o sea a las *ideas latentes* del mismo. Este sentido latente es siempre un impulso optativo, que es representado como cumplido en el presente. Pero, salvo en los niños pequeños o bajo la presión de necesidades somáticas imperativas, este deseo secreto no puede ser jamás expresado en forma reconocible. Tiene que someterse antes a una *deformación*, que es obra de fuerzas restrictivas y censoras en el *yo* del sujeto. De este modo nace el sueño manifiesto, tal como es recordado al despertar, deformado, hasta resultar irreconocible, por las conversiones a la censura onírica; pero que el análisis puede desenmascarar y revelar como expresión de una satisfacción o del cumplimiento de un deseo, como una transacción entre dos grupos de tendencias anímicas en pugna, idénticamente a como descubrimos que sucedía en el síntoma histérico. La fórmula según la cual el sueño es una satisfacción (disfrazada) de un deseo (reprimido), es la que mejor y más profundamente define la esencia del sueño. El estudio de aquel proceso que transforma el deseo onírico latente en el contenido manifiesto del sueño (la elaboración onírica) nos ha procurado lo mejor que sobre la vida anímica inconsciente sabemos.

Ahora bien: el sueño no es un síntoma patológico, sino una función de la vida psíquica normal. Los deseos cuyo cumplimiento presenta son los mismos que en la neurosis sucumben a la represión. El sueño debe la posibilidad de su génesis simplemente a la circunstancia favorable de que durante el estado de reposo, que paraliza la motilidad del hombre, la represión se debilita, convirtiéndose en la censura onírica. Pero cuando la formación del sueño traspasa ciertas fronteras, el sujeto le pone fin y despierta sobresaltado. Se demuestra, pues, que en la vida psíquica normal existen las mismas fuerzas, y las mismas relaciones entre ellas, que en la patológica. A partir de la interpretación de los sueños, reunió el psicoanálisis una doble significación: no era ya sólo una nueva terapia de las neurosis, sino también una nueva psicología; aspiraba a ser tenida en cuenta, no sólo por los neurólogos, sino por todos los hombres consagrados a las ciencias del espíritu.

Pero la acogida que encontró en el mundo científico no fue nada amistosa. Durante cerca de diez años, nadie se ocupó de mis trabajos. Hacia 1907, un grupo de psiquiatras suizos (Bleuler y Jung, de Zúrich) orientó la atención hacia el psicoanálisis y, en el acto, estalló, en Alemania sobre todo, una tempestad de indignación que, por cierto, no seleccionó en modo alguno sus medios y argumentos. El psicoanálisis compartió así el destino de tantas otras novedades, que luego, al cabo de cierto tiempo, han encontrado aceptación general. De todos modos, correspondía a su esencia despertar contradicción intensísima. Hería los prejuicios de la humanidad civilizada en varios puntos, particularmente sensibles; sometía en ciertos modos a todos los hombres a la reacción analítica, descubriendo lo que un convenio general había reprimido y rechazado a lo inconsciente, y obligaba así a nuestros contemporáneos a conducirse como enfermos, los cuales manifiestan especialmente, en el curso del tratamiento analítico, todas sus resistencias. Pero también es fuerza reconocer que no era fácil adquirir la convicción de la exactitud de las doctrinas analíticas ni ser iniciado en el ejercicio del análisis.

Sin embargo, la hostilidad general no pudo impedir que, en el curso de los diez años siguientes, el psicoanálisis se extendiera sin tregua en dos sentidos: sobre el mapa, siendo cada vez más las naciones en las que emergía el interés por el psicoanálisis, y en el terreno de las ciencias del espíritu, hallando aplicación a nuestras disciplinas. En 1908, G. Stanley Hall, director de la Clark University de Worcester, Massachusetts (Estados Unidos), nos invitó a Jung y a mí a dar en dicho centro una serie de conferencias sobre psicoanálisis, las cuales fueron amablemente acogidas. Desde entonces, el psicoanálisis se ha hecho popular en Norteamérica, aunque precisamente en tal país se encubra con su nombre algún abuso. Ya en 1911 pudo comprobar Havelock Ellis que el psicoanálisis era practicado no sólo en

Austria y Suiza, sino también en los Estados Unidos, Inglaterra, India, Canadá y Australia.

En este período de lucha y primera floración nacieron también los órganos literarios consagrados exclusivamente al psicoanálisis. Tales fueron el *Jarhbuch für Psychoanalytische und Psychopathologische Forschungen*, editado por Bleuer y por mí y dirigido por Jung (1909-1914), que cesó de publicarse al estallar la guerra; la *Zentralblatt für Psychoanalyse* (1911), redactada por Adler y Stekel, que se convirtió luego en la *Internationale Zeitschrift für Psychoanalyse* (1913), y cuya publicación continúa regularmente, y la revista *Imago,* fundada en 1912 por Rank y Sachs y dedicada a la aplicación del psicoanálisis a las ciencias del espíritu. El interés de los médicos angloamericanos se manifestó en 1913 con la fundación, por White y Jellife, de la *Psychoanalytic Review,* subsistente aún. Más tarde, en 1920, nació el *International Journal of Psychoanalysis,* redactado por E. Jones y dedicado especialmente a Inglaterra. La editorial Internationaler Psychoanalytischer Verlag y su rama inglesa (la I. PsA. Press) lanza una serie continua de publicaciones. Naturalmente, la literatura psicoanalítica no ha de buscarse exclusivamente en estas publicaciones periódicas, sostenidas en su mayoría por sociedades psicoanalíticas, sino también en una multitud de lugares dispersos y tanto en producciones científicas como literarias. Entre las revistas de lengua románica que dedican especial atención al psicoanálisis, debemos mencionar la *Revista de Psiquiatría,* dirigida por H. Delgado, de Lima (Perú).

La diferencia esencial entre esta década del psicoanálisis y la anterior consistió en no ser ya yo su único representante. En torno mío iba formándose un círculo de discípulos y adeptos, cada vez más nutrido, cuya labor se dedicó primero a la difusión de las teorías psicoanalíticas y las continuó, completó y profundizó luego. Varios de estos adeptos se separaron después de nosotros, como era inevitable, en el transcurso de los años, tomando caminos propios o pasándose a una oposición que parecía amenazar la continuidad de la evolución del psicoanálisis. Entre 1911 y 1913 fueron C. G. Jung, en Zúrich, y Adler, en Viena, los que, con sus tentativas de interpretación particular de los hechos analíticos y sus tendencias a la desviación de los puntos de vista del análisis, provocaron cierta conmoción; pero no tardó en demostrarse que tales secesiones no habían causado daños duraderos. Su éxito pasajero se explicaba fácilmente por la disposición de la masa a dejarse libertar del peso de las exigencias psicoanalíticas, cualquiera que fuese el camino que para ello se le ofreciera. La mayoría de mis colaboradores se mantuvo firme y prosiguió la labor siguiendo las líneas directivas marcadas. En la siguiente exposición, muy abreviada, de los resultados del psicoanálisis en los diversos sectores de su aplicación encontraremos repetidamente sus nombres.

4.

La ruidosa repulsa que el psicoanálisis sufrió por parte del mundo médico no ha sido bastante para impedir a sus adeptos desarrollarla, ante todo, conforme a su propósito inicial, en una *patología especial* y una especial *terapia de las neurosis*, labor aún no totalmente acabada hoy. Los innegables éxitos terapéuticos, que rebasaban considerablemente lo hasta entonces logrado, estimulaban a nuevos esfuerzos, y las dificultades que surgían al penetrar más profundamente en la materia motivaron hondas modificaciones de la técnica analítica e importantes modificaciones de las hipótesis de la teoría.

En el curso de esta evolución, la técnica del psicoanálisis se ha hecho tan determinada y tan ardua como la de cualquier otra especialidad médica. Por desconocimiento de este hecho se peca gravemente en Inglaterra y Norteamérica, sobre todo por cuanto personas que han adquirido por medio de la lectura un mero conocimiento literario del psicoanálisis se creen ya capacitadas para emprender tratamientos analíticos sin someterse antes a una iniciación práctica suficiente. Los resultados de una tal conducta son nefastos, tanto para la ciencia como para los pacientes, y han contribuido mucho al descrédito del psicoanálisis. La fundación de la primera policlínica psicoanalítica (por el doctor M. Eitingon, de Berlín, en 1920) ha constituido así un paso de alta importancia práctica. Esta institución se esfuerza, por un lado, en hacer accesible la terapia analítica a sectores más amplios, y por otro, se encarga de iniciar a los médicos en la práctica del análisis mediante un curso preparatorio, que integra la condición de que el candidato se someta por sí mismo a un psicoanálisis.

Entre los conceptos auxiliares que hacen posible al médico el dominio del material analítico, hemos de mencionar en primer término el de la «libido». Libido significa en el psicoanálisis, primeramente, la energía (concebida como cuantitativamente variable y mensurable) de los instintos sexuales orientados hacia el objeto (en el sentido ampliado por la teoría analítica). Del estudio subsiguiente resultó la necesidad de yuxtaponer a esta «libido del objeto» una «libido narcisista» o «libido del yo», y los efectos recíprocos de estas dos fuerzas han permitido explicar multitud de procesos de la vida psíquica, tanto normales como patológicos. No tardó en establecer la diferenciación general entre las llamadas «neurosis de transferencias» y las afecciones narcisistas, siendo las primeras (histeria y neurosis obsesiva) los objetos propiamente dichos de la terapia psicoanalítica, mientras que las otras, las neurosis narcisistas, aunque permiten la investigación con ayuda del análisis, oponen dificultades fundamentales a una influenciación terapéutica. Es cierto que la teoría psicoanalítica de la libido no está aún acabada ni aclarada aún su relación con una teoría general de los instintos –el psicoanálisis es una ciencia muy joven, incompleta, en vías de rápida evolución–, pero sí podemos acentuar ya, desde luego, cuán erróneo es el reproche del pansexualismo que tan frecuentemente le es opuesto. Tal reproche pretende que la teoría psicoanalítica no conoce energías instintivas psíquicas distintas de las sexuales, y utiliza así, en su beneficio, prejuicios comunes, empleando el término «sexual» no en su sentido analítico, sino en su sentido vulgar.

La concepción psicoanalítica tuvo que contar entre las afecciones narcisistas también aquellas dolencias que la Psiquiatría llama «psicosis funcionales». No cabía duda de que las neurosis y las psicosis no estaban separadas por límites precisos, como tampoco la salud y la neurosis, y era inmediato aplicar a la explicación de los tan enigmáticos fenómenos psicóticos los conocimientos adquiridos en el estudio de las neurosis, igualmente impenetrables hasta entonces. Ya en mi período de aislamiento había yo conseguido hacer comprensible, por medio de la investigación psicoanalítica, un caso de paranoia, y demostrar en dicha inequívoca psicosis los mismos contenidos (complejos) que en las neurosis simples y un dinamismo análogo. E. Bleuler ha perseguido en un gran número de psicosis los indicios de aquellos que califica de «mecanismos freudianos», y C. G. Jung conquistó, de una vez, gran consideración como analítico cuando, en 1901, explicó los enigmáticos síntomas emergentes de los desenlaces de la *dementia praecox* por la historia individual de tales enfermos. El amplio estudio de la esquizofrenia, que Bleuler lleva a cabo (1911), ha mostrado, de un modo probablemente definitivo, la exactitud de los puntos de vista psicoanalíticos para la concepción de estas psicosis.

De este modo ha sido y sigue siendo la Psiquiatría el primer sector de aplicación del psicoanálisis. Los mismos investigadores que más han laborado para profundizar el conocimiento analítico de las neurosis –K. Abraham, de Berlín, y S. Ferenczi, de Budapest, para no citar sino los más sobresalientes– han sido también los que más han contribuido a la aclaración analítica de las psicosis. La convicción de la unidad y homogeneidad de todas las perturbaciones que se nos muestran como fenómenos neuróticos y psicóticos va imponiéndose cada vez más, a pesar de la resistencia de los psiquiatras. Se empieza a comprender –en América, mejor quizá que en ningún otro lado– que sólo el estudio psicoanalítico de las neurosis puede procurar la preparación necesaria para una comprensión de la psicosis, y que el psicoanálisis está llamado a hacer posible en el porvenir una psiquiatría científica que no necesitará ya contentarse con la descripción de singulares cuadros de estados y trayectorias incomprensibles y con la persecución de la influencia de traumas meramente anatómicos y tóxicos sobre el aparato anímico, inaccesible a nuestro conocimiento.

5.

Pero con sólo su significación para la Psiquiatría, el psicoanálisis no hubiera atraído jamás la atención del mundo intelectual ni conquistado un puesto en *the History of our times*.

Esta noción partió de la relación del psicoanálisis con la vida anímica normal, no con la patológica. Originalmente, la investigación analítica se proponía tan sólo fundamentar la génesis de algunos estados psíquicos patológicos; pero en esta labor llegó a descubrir relaciones de importancia fundamental y a crear una nueva Psicología, teniendo, por tanto, que decirse que la validez de tales descubrimientos no podían limitarse al terreno de la Patología. Sabemos ya cuándo fue conseguida la demostración definitiva de la exactitud de esta conclusión. Fue cuando la técnica analítica logró la interpretación de los sueños, los cuales pertenecen a la vida psíquica de los normales y constituyen, sin embargo, productos propiamente patológicos, que pueden nacer regularmente bajo las condiciones de la salud.

Si se mantenían los atisbos psicológicos conquistados por medio del estudio de los sueños, no quedaba ya más que un paso para proclamar el psicoanálisis como doctrina de los procesos psíquicos más profundos, no accesibles directamente a la conciencia, como «psicología abisal», y poder aplicarla a casi todas las conciencias del espíritu. Tal paso consistió en la transición desde la actividad psíquica del individuo a las funciones psíquicas de comunidades humanas y pueblos; esto es, desde la psicología individual a la psicología colectiva, y había muchas sorprendentes analogías que aconsejaban darlo. Así, se había averiguado que en los estratos profundos de la actividad mental inconsciente los elementos antitéticos no se diferencian unos de otros, sino que son expresados por un mismo elemento. El filólogo K. Abel había sentado ya en 1884 la afirmación de que los idiomas más antiguos que conocemos trataban del mismo modo las antítesis. El antiguo egipcio, por ejemplo, no tenía al principio más que una palabra para «fuerte» y «débil», y sólo más tarde diferenció los dos términos antitéticos por medio de ligeras modificaciones. Todavía en los idiomas modernos es posible hallar claros residuos de tal sentido contradictorio. Así la palabra alemana «boden» significa tanto la parte más alta como la más baja de la casa; y en latín, «altus» es tanto alto como profundo. Vemos, pues, que la equiparación de lo antitético en el sueño es un rasgo arcaico general del pensamiento humano.

Consideremos otro ejemplo perteneciente a un distinto sector: es imposible sustraerse a la impresión de coincidencia que descubrimos entre los actos obsesivos de algunos enfermos y las prácticas de los creyentes del mundo entero. Algunos casos de neurosis obsesiva parecen manifestaciones de una religión privada y caricatural, de manera que podemos comparar las religiones oficiales con una neurosis obsesiva mitigada por su generalidad. Esta comparación, altamente indignante, desde luego, para todos los creyentes, ha sido muy fructífera desde el punto de vista psicológico. Pues en cuanto a la neurosis obsesiva, el psicoanálisis ha descubierto pronto qué fuerzas pugnan entre sí hasta que sus conflictos llegan a crearse una expresión singular en el ceremonial de los actos obsesivos. Nada semejante había sido sospechado del ceremonial religioso hasta que, con la referencia del sentimiento religioso a la relación con el padre, como su más profunda raíz, se consiguió señalar también en este sector análoga situación dinámica. Este ejemplo puede también advertir al lector que la aplicación del psicoanálisis a sectores no médicos no puede tampoco por menos de herir prejuicios muy estimados, rozar susceptibilidades de muy hondo arraigo y despertar así hostilidades que tienen una base esencialmente afectiva.

Si podemos aceptar como generalmente dadas las relaciones más generales de la vida anímica inconsciente (los conflictos de los impulsos instintivos, las represiones y las satisfacciones sustitutivas), y si hay una psicología abisal que conduzca al conocimiento de tales relaciones, es de esperar que la aplicación del psicoanálisis a los más diversos sectores de la actividad intelectual humana consiga por doquiera resultados importantísimos e inalcanzables hasta ahora. En un estudio muy rico en contenido, Otto Rank y H. Sachs se han esforzado en determinar en qué medida ha cumplido tales esperanzas la labor de los psicoanalíticos hasta 1915.

La falta de espacio me impide intentar aquí un complemento de dicha enumeración. Sólo puedo hacer resaltar el resultado más importante y exponer, con ocasión del mismo, algunos detalles.

Si prescindimos de los impulsos internos poco conocidos, podemos decir que el motor capital de la evolución
cultural del hombre ha sido la necesidad real exterior, que
le negaba la satisfacción cómoda de sus necesidades naturales y le abandonaba a magnos peligros. Esta negación
exterior le obligó a la lucha con la realidad, lucha cuyo
desenlace fue en parte una adaptación y en parte un dominio de la misma, pero también la colaboración y la convivencia con sus semejantes, a lo cual se enlazó ya una renuncia a varios impulsos instintivos que no podían ser satisfechos socialmente. Con los progresos siguientes de la cultura crecieron también las exigencias de la represión. La civilización se basa, en general, en la renuncia de los instintos,
y cada individuo tiene que repetir personalmente en su
camino, desde la infancia a la madurez, esta evolución de la
Humanidad hasta la resignación razonable. El psicoanálisis
ha mostrado que son, predominantemente, si no exclusivamente, impulsos instintivos sexuales los que sucumben a
esta represión cultural. Parte de ellos integra la valiosa cualidad de poder ser desviados de sus fines más próximos y
ofrecer así su energía, como tendencias «sublimadas», a la
evolución cultural. Pero otra parte pervive en lo inconsciente en calidad de impulsos optativos insatisfechos y
tiende a lograr una satisfacción cualquiera, aunque sea
deformada.

Hemos visto que una parte de la actividad mental humana está dedicada al dominio del mundo exterior real. A esto
añade el psicoanálisis que otra parte, singularmente estimada, de la creación psíquica se halla consagrada al cumplimiento de deseos, a la satisfacción sustitutiva de aquellos
deseos reprimidos que desde los años infantiles viven insatisfechos en el alma de cada cual. A estas creaciones, cuya
conexión con un inconsciente inaprehensible fue siempre
sospechada, pertenecen los mitos, la poesía y el arte, y la
labor de los psicoanalíticos ha arrojado realmente viva luz

sobre los dominios de la mitología, la literatura y la psicología del artista.

Tal ha sido principalmente la obra meritoria de Otto Rank. Se ha demostrado que los mitos y las fábulas son, como los sueños, susceptibles de interpretación; se han seguido los intrincados caminos que conducen desde el impulso del deseo inconsciente hasta la realización en la obra de arte; se ha aprendido a comprender la acción afectiva de la obra de arte sobre el sujeto receptor; se ha explicado la afinidad interior del artista con el neurótico, y sus diferencias, y se ha indicado la relación entre su disposición, sus vivencias y su obra. La valoración de las dotes artísticas de la obra de arte y la explicación de las dotes artísticas son problemas ajenos al psicoanálisis. Mas parece que el psicoanálisis está en situación de decir la palabra decisiva en todos los problemas relativos a la vida imaginativa del hombre.

Pero, además, el psicoanálisis nos ha descubierto, para nuestro asombro, cuán ingente papel desempeña en la vida anímica del hombre el llamado *complejo de Edipo;* esto es, la relación afectiva del niño con sus padres. Tal asombro se mitiga cuando averiguamos que el complejo de Edipo es la correlación psíquica de dos hechos biológicos fundamentales de la prolongación, dependencia infantil de los hombres y de la forma singular en que su vida sexual alcanza, entre los tres y los cinco años, una primera culminación, pasando luego por un período de latencia y renovándose al iniciarse la pubertad. Ulteriormente se nos reveló que un tercer trozo, altamente serio, de la actividad mental humana, aquel que ha creado las magnas instituciones de la religión, el derecho, la ética y todas las formas estatales, apunta en el fondo a facilitar al individuo el vencimiento de su complejo de Edipo y a derivar su libido, desde sus vinculaciones infantiles a las vinculaciones sociales definitivamente deseables. Las aplicaciones del psicoanálisis a la ciencia de las religiones y a la sociología (Freud, Th. Reik y O. Pfister), que han conducido a este resultado, se hallan aún en sus comienzos y son insuficientemente estimadas, pero es indudable que estudios ulteriores ratificarán la exactitud de sus conclusiones.

Como apéndice he de citar aún que la Pedagogía no podrá omitir el aprovechamiento de las indicaciones que le suministra la investigación analítica de la vida infantil. Y que entre los terapeutas ha habido quienes han declarado que el psicoanálisis ofrece nuevas posibilidades para el tratamiento de graves dolencias orgánicas, ya que en muchas de estas afecciones colabora también un factor psíquico sobre el cual es posible lograr influjo (Groddeck, Jellife).

Podemos, pues, abrigar la esperanza de que el psicoanálisis, cuya evolución y rendimientos hasta el momento actual acabamos de exponer en breves síntesis, entrará, como un importante fermento, en la evolución cultural de los próximos decenios y ayudará a profundizar nuestra comprensión del mundo y a rechazar muchas cosas reconocidamente nocivas. Pero no debe olvidarse que por sí sola no puede procurar una imagen completa del mundo. Si se acepta la diferenciación por mí propuesta poco ha, que divide el aparato anímico en un *yo* vuelto hacia el exterior y dotado de conciencia y un *ello* inconsciente dominado por sus necesidades instintivas, el psicoanálisis deberá ser considerado como una psicología del *ello* (y de su acción sobre el *yo*). Puede, pues, procurar en todo sector científico aportaciones complementarias de las de la psicología del *yo*. Si estas aportaciones contienen con frecuencia precisamente lo más importante de un estado de hechos, ello corresponde tan sólo a la importancia que para nuestra vida integra lo inconsciente psíquico, que tanto tiempo ha permanecido ignorado.

## 2. Sistemática

1.

Psicoanálisis es el nombre: 1.º De un método para la investigación de procesos anímicos capaces accesibles de otro modo. 2.º De un método terapéutico de perturbaciones neuróticas basado en tal investigación; y 3.º De una serie de conocimientos psicológicos así adquiridos, que van constituyendo paulatinamente una nueva disciplina científica.

*Historia.–* Como mejor puede llegarse a la comprensión del psicoanálisis es siguiendo la trayectoria de su génesis y su evolución. En los años 1880 y 1881, el doctor José Breuer, de Viena, conocido como médico internista y perito en Fisiología experimental, tuvo sometida a tratamiento a una muchacha que había enfermado gravemente de histeria con ocasión de hallarse prestando asistencia a su padre durante una larga y penosa dolencia. El cuadro patológico se componía de parálisis motoras, inhibiciones y trastornos de la conciencia. Siguiendo una indicación de la propia enferma, muy inteligente, empleó con ella el hipnotismo, y comprobó que una vez que la sujeto comunicaba durante la hipnosis los afectos y las ideas que la dominaban, volvía al estado psíquico normal. Por medio de la repetición consecuente del mismo trabajoso procedimiento, consiguió libertarla de todas sus inhibiciones y parálisis, hallando así recompensado su trabajo por un gran éxito terapéutico y por descubrimientos inesperados sobre la esencia de la enigmática neurosis. Pero Breuer se abstuvo de llevar más allá su descubrimiento, e incluso lo silenció durante casi diez años, hasta que, a mi retorno de Viena (1886), después de seguir un curso en la clínica de Charcot, conseguí moverle a volver al tema y a laborar conmigo sobre él. Luego, en 1893, publicamos, en colaboración, una comunicación provisional, titulada *Sobre el mecanismo psíquico de los fenómenos histéricos,* y en 1895 un libro, *Estudios sobre la histeria,* en el que dimos a nuestra terapia el nombre de «método catártico».

*La catarsis.–* De las investigaciones que constituían la base de los estudios de Breuer y míos se deducían, ante todo, los resultados: primero, que los síntomas histéricos entrañan un sentido y una significación, siendo sustitutivos de actos psíquicos normales; y segundo, que el descubrimiento de tal sentido incógnito coincide con la supresión de los síntomas, confundiéndose así, en este sector, la investigación científica con la terapia. Las observaciones habían sido hechas en una serie de enfermos tratados como la primera paciente de Breuer, o sea por medio del hipnotismo, y los resultados parecían excelentes, hasta que más adelante se hizo patente su lado débil. Las hipótesis teóricas que Breuer y yo edificamos por entonces estaban influidas por las teorías de Charcot sobre la histeria traumática y podían apoyarse en los desarrollos de su discípulo P. Janet, los cuales, aunque publicados antes que nuestros *Estudios,* eran cronológicamente posteriores al caso primero de Breuer. En aquellas nuestras hipótesis apareció desde un principio, en primer término, el factor afectivo; los síntomas histéricos deberían su génesis al hecho de que un proceso psíquico cargado de intenso afecto viera impedida en algún modo su descarga por el camino normal conducente a la conciencia y hasta la motilidad, a consecuencia de la cual el afecto así represado tomaba caminos indebidos y hallaba una derivación en la inervación somática (conversión). A las ocasiones en las que nacían tales *representaciones* patógenas les dimos Breuer y yo el nombre de *traumas psíquicos,* y como pertenecían muchas veces a tiempos muy pretéritos, pudimos decir que los histéricos sufrían predominantemente de reminiscencias. La *catarsis* era entonces llevada a cabo en el tratamiento por medio de la apertura del camino conducente a la conciencia y a la descarga normal del afecto. La hipótesis de la existencia de procesos psíquicos *inconscientes* era, como se ve, parte imprescindible de nuestra teoría. También Janet había laborado con actos psíquicos inconscientes; pero, según acentuó en polémicas ulteriores contra el psicoanálisis, ello no era para él más que una expresión auxiliar, *une manière de parler*, con la que no pretendía indicar nuevos conocimientos.

En una parte teórica de nuestros *Estudios*, Breuer comunicó algunas ideas especulativas sobre los procesos de excitación en lo psíquico, que han marcado una orientación a investigaciones futuras, aún no debidamente practicadas. Con ellas puso fin a sus aportaciones a este sector científico, pues al poco tiempo abandonó nuestra colaboración.

*El paso al psicoanálisis.–* Ya en los *Estudios* se iniciaban diferencias entre la manera de ver de Breuer y la mía. Breuer suponía que las representaciones patógenas ejercían acción traumática porque habían nacido en *estados hipnoides*, en los cuales la función anímica sucumbe a ciertas restricciones. En cambio, yo rechazaba tal explicación, y creía reconocer que una representación se hace patógena cuando su contenido repugna a las tendencias dominantes de la vida anímica, provocando así la *defensa* del individuo (Janet había atribuido a los histéricos una incapacidad constitucional para la síntesis de sus contenidos psíquicos; en este lugar de su camino se separaba el de Breuer y el mío). También las dos innovaciones, con las que yo abandoné a poco el terreno de la catarsis, constaban ya mencionadas en los *Estudios*. Una vez terminada mi colaboración con Breuer, constituyeron el punto de partida de nuevos desarrollos.

*Renuncia a la hipnosis.–* Una de tales innovaciones se basaba en una experiencia práctica y conducía a una modificación de la técnica; la otra consistía en un adelanto en el conocimiento clínico de la neurosis. Se demostró en seguida que las esperanzas terapéuticas fundadas en el tratamiento catártico, con ayuda de la hipnosis, no llegaban, en cierto modo, a cumplirse. La desaparición de los síntomas iba, desde luego, paralela a la catarsis; pero el resultado total se mostraba, sin embargo, totalmente dependiente de la relación del paciente con el médico, conduciéndose así como un resultado de la *sugestión,* y cuando tal relación se rompía, emergían de nuevo todos los síntomas, como si no hubieran hallado solución alguna. A ello se añadía que el corto número de personas susceptibles de ser sumidas en profunda hipnosis traía consigo una limitación, muy sensible desde el punto de vista médico, en la aplicación del método catártico. Por todas estas razones, hube de decidirme a prescindir del hipnotismo, si bien ciertas impresiones experimentadas durante su aplicación me procuraron los medios de sustituirlo.

*La asociación libre.*– El estado hipnótico había producido en el paciente una tal ampliación que él mismo sabía hallar en el acto el camino, inaccesible para su reflexión consciente desde el síntoma hasta las ideas y reminiscencias con él enlazadas. La supresión de la hipnosis parecía crear una situación sin salida, pero yo recordé la demostración de Bernheim de que lo vivido en estado de sonambulismo sólo aparentemente se halla olvidado, y podía ser siempre devuelto a la memoria consciente del sujeto con sólo la afirmación imperiosa del médico de que no tenía más remedio que recordarlo. Intenté, pues, llevar también a mis pacientes no hipnotizados a la comunicación de sus asociaciones, para encontrar, con ayuda de dicho material, el camino conducente a lo olvidado o rechazado. Más adelante observé que no era preciso ejercer gran presión sobre el sujeto y que en el paciente emergían casi siempre numerosas asociaciones; lo que sucedía es que tales asociaciones eran desviadas de la comunicación, e incluso de la consciencia, por ciertas objeciones que el sujeto se hacía. De la esperanza, indemostrada aún por entonces y confirmada luego por abundante experiencia, de que todo lo que el paciente asociara a cierto punto de partida tenía que hallarse también en conexión interna con el mismo, resultó la técnica consistente en mover al paciente a renunciar a toda actitud crítica y utilizar el material de asociaciones, así extraído a la luz para el descubrimiento de las conexiones buscadas. Una intensa confianza en la determinación estricta de lo psíquico contribuyó también a la adopción de esta técnica que había de sustituir al hipnotismo.

*La regla técnica fundamental.–* Este procedimiento de la *asociación libre* ha sido mantenido desde entonces, en la labor psicoanalítica, como regla técnica fundamental. Iniciamos el tratamiento invitando al paciente a ponerse en la situación de un autoobservador atento y desapasionado, limitándose a leer la superficie de su conciencia y obligándole, en primer lugar, a una absoluta sinceridad, y en segundo, a no excluir de la comunicación asociación ninguna, aunque le sea desagradable comunicarla o la juzgue insensata, nimia o impertinente. Se demuestra de manera irrecusable que precisamente aquellas ocurrencias que provocan las objeciones mencionadas entrañan singular valor para el hallazgo de lo olvidado.

*El psicoanálisis como arte de interpretación.–* La nueva técnica transformó hasta tal punto la impresión del tratamiento, creaba tan nuevas relaciones entre el enfermo y el médico y procuraba tantos resultados sorprendentes, que pareció justificado diferenciar de la catarsis, con una distinta denominación, el nuevo método así constituido. En consecuencia, escogí para aquel procedimiento terapéutico, que podía ya ser extendido a muchas otras formas de la neurosis, el nombre de *psicoanálisis*. Este psicoanálisis era, en primer término, un arte de interpretación, y se planteaba la labor de profundizar el primero de los grandes descubrimientos de Breuer, o sea el de que los síntomas neuróticos eran una sustitución plena de sentido de otros actos psíquicos omitidos. Se trataba ahora de utilizar el material que procuraban las ocurrencias del paciente como si apuntara a un sentido oculto y adivinar por él tal sentido. La experiencia mostró en seguida que lo mejor y más adecuado que el médico analizador podía hacer era abandonarse a su propia actividad mental inconsciente, conservándose en un estado de atención constante: evitar en lo posible toda reflexión y toda producción de hipótesis conscientes; no querer fijar especialmente en su memoria nada de lo oído, y aprehender de este modo, con su propio inconsciente, lo inconsciente del analizado. Más adelante observamos, cuando las circunstancias no eran del todo desfavorables, que las ocurrencias del enfermo iban aproximándose, como alusiones y tanteos, a un tema determinado, de manera que nos bastaba arriesgar un solo paso para adivinar lo que a él mismo se le ocultaba y comunicárselo. Este arte de interpretación no podía, desde luego, concretarse en reglas fijas, y dejaba amplio lugar al tacto y a la habilidad del médico; pero uniendo la imparcialidad a la práctica se llegaba regularmente a resultados garantizables; esto es, a resultados que se confirmaban por su repetición en casos análogos. En tiempos en los que sólo muy poco se sabía sobre lo inconsciente, sobre la estructura de las neurosis y sobre los procesos psíquicos correspondientes, tenía que ser ya satisfactorio poder servirse de una tal técnica, aun cuando no poseyera fundamentos teóricos más firmes. Y aún hoy en día la desarrollamos de igual manera en el análisis, sólo que con el sentimiento de mayor seguridad y mejor comprensión de sus límites.

*La interpretación de los actos fallidos y casuales.–* Fue un triunfo para el arte de interpretación del psicoanálisis conseguir la demostración de que ciertos actos psíquicos muy frecuentes de los hombres normales, actos para los cuales no se había hallado aún explicación psíquica ninguna, debían equipararse a los síntomas de los neuróticos, entrañando, como ellos, un sentido ignorado por el sujeto mis-

mo, pero que podía ser descubierto sin gran trabajo por
la labor analítica. Los fenómenos de este orden: el olvido
temporal de palabras y nombres perfectamente conocidos;
el olvido de propósitos; las equivocaciones, tan frecuentes,
en el discurso, la lectura y la escritura; la pérdida y el extravío temporal de objetos; ciertos errores; los accidentes aparentemente casuales, y, por último, ciertos *tics* o movimientos habituales hechos como sin intención y por juego, y las
melodías que se tararean *sin pensar,* etc.; todo esto era sustraído a una explicación psicológica si tal se intentaba, siendo mostrado como rigurosamente determinado y reconocido como manifestación de intenciones retenidas de la persona o como consecuencia de la interferencia de dos intenciones, una de las cuales era permanente o momentáneamente inconsciente. Esta aportación a la Psicología entraña-
ba un múltiple valor. El perímetro de la determinación psíquica quedó así insospechadamente ampliado y disminuido
el abismo supuesto sobre el suceder psíquico normal y el
patológico. En muchos casos se logró fácil atisbo en el dinamismo de las fuerzas psíquicas que habíamos de suponer
detrás de tales fenómenos. Por último, logramos así un
material apropiado como ningún otro para aceptar la existencia de actos psíquicos inconscientes, incluso a aquellos
para quienes la hipótesis de un sistema psíquico inconsciente resultaba algo inaceptable y absurdo. El estudio de los
propios actos fallidos y casuales, para el cual se nos ofrece a
todos ocasión constante, es todavía actualmente la mejor
preparación a una penetración en el psicoanálisis. La interpretación de los actos fallidos ocupa en el tratamiento analítico un puesto como medio para el descubrimiento de lo
inconsciente, al lado de la interpretación de las asociaciones
libres, mucho más importante.

   *La interpretación de los sueños.–* La aplicación de la asociación libre a los sueños –a los propios o a los de los pacientes sometidos al análisis– abrió un nuevo acceso a los abis-

mos de la vida psíquica. En realidad, lo más y mejor que de los procesos desarrollados en los estratos psíquicos inconscientes sabemos nos ha sido descubierto por la interpretación de los sueños. El psicoanálisis ha devuelto a los sueños la significación de que en la antigüedad gozaron, pero procede con ellos de otro modo. No se confía al ingenio del oniro-crítico, sino que transfiere la labor en su mayor parte al sujeto mismo del sueño, interrogándole sobre sus asociaciones a los distintos elementos del sueño. Persiguiendo estas asociaciones se llega al conocimiento de ideas que corresponden por completo al sueño, pero que se dejan reconocer –hasta cierto punto– como fragmentos plenamente comprensibles de la actividad psíquica despierta. De este modo, al sueño recordado como *contenido onírico manifiesto* se enfrentan las *ideas oníricas latentes,* descubiertas por medio de la interpretación. El proceso que ha transformado estas últimas en el primero, o sea en el «sueño», puede ser calificado de *elaboración del sueño.*

A las ideas latentes del sueño les damos también, por su relación con la vida despierta, el nombre de *restos diurnos.* La elaboración onírica, a la que sería equivocado atribuir un carácter «creador», las *condensa* de un modo singular, las *deforma* por medio del *desplazamiento* de intensidades psíquicas y las dispone para su *representación en imágenes visuales.* Pero además, antes de quedar constituido el sueño manifiesto, las ideas latentes son sometidas a una *elaboración secundaria* que intenta dar al nuevo producto algo como sentido y coherencia. Este último proceso no pertenece ya propiamente a la elaboración del sueño.

*Teoría dinámica de la producción de los sueños.–* No nos ha sido muy difícil descubrir el dinamismo de los sueños. La fuerza motriz de la producción de los sueños no es suministrada por las ideas latentes o restos diurnos, sino por una tendencia inconsciente, reprimida durante el día, con la que pudieron enlazarse los restos diurnos y que procura, con el

material de las ideas latentes, el *cumplimiento de un deseo*.
De este modo, todo sueño es, por un lado, un cumplimiento de deseos de lo inconsciente, y por otro, en cuanto consigue preservar de perturbación el estado de reposo, un cumplimiento del deseo normal de dormir. Prescindiendo de la aportación, inconsciente a la producción del sueño y reduciendo el sueño a sus ideas latentes, puede representar todo lo que ha ocupado a la vida despierta: una reflexión, una advertencia, un propósito, una preparación al futuro inmediato, o también la satisfacción de un deseo incumplido. La singularidad y el absurdo del sueño manifiesto son, por un lado, la consecuencia de la conducción de las ideas del sueño a una distinta forma expresiva, que puede ser calificada de *arcaica;* pero también, por otro lado, el efecto de una instancia restrictiva y crítica, que actúa aun durante el reposo. No es muy aventurado suponer que esta «censura del sueño», a la que hacemos responsable, en primer lugar, de la deformación que convierte las ideas latentes en el sueño manifiesto, es una manifestación de las mismas fuerzas psíquicas que durante el día habían *reprimido* el impulso optativo inconsciente.

Merecía la pena penetrar más en la explicación de los sueños, pues la labor analítica ha mostrado que el dinamismo de la producción onírica es el mismo que actúa en la producción de síntomas. Aquí como allí descubrimos una pugna entre dos tendencias, una inconsciente, reprimida por lo demás, que tiende a lograr satisfacción –cumplimiento de deseos–, y otra, repelente y represora, perteneciente probablemente al *yo;* y como resultado de este conflicto hallamos un producto transaccional –el sueño, el síntoma– en el cual han encontrado ambas tendencias una expresión incompleta. La importancia teórica de esta coincidencia es evidente. Como el sueño no es un fenómeno patológico, tal coincidencia nos prueba que los mecanismos psíquicos que generan los síntomas patológicos están ya dados en la vida psíquica normal, que la misma normatividad abarca lo normal y lo anormal y que los resultados de la investigación de los neuróticos y los dementes no pueden ser indiferentes para la comprensión de la psique normal.

*El simbolismo.–* En el estudio de la forma expresiva creada por la elaboración de los sueños tropezamos con el hecho sorprendente de que ciertos objetos, actos y relaciones son representados indirectamente en el sueño por medio de «símbolos», que el sujeto emplea sin conocer su significación, y con respecto a los cuales no procura, generalmente, asociación ninguna. Su traducción tiene que ser llevada a cabo por el analítico, el cual, a su vez, sólo empíricamente, por medio de inserciones experimentales en el contexto, puede hallarlas. Más adelante, resultó que los usos del lenguaje, la mitología y el folklore integraban abundantes analogías con los símbolos oníricos. Los símbolos, a los cuales se enlazan interesantísimos problemas, aún no resueltos, parecen ser un fragmento de una herencia psíquica antiquísima. La comunidad de los símbolos rebasa la comunidad de lenguaje.

*La significación etiológica de la vida sexual.–* La segunda novedad surgida al sustituir la técnica hipnótica por la asociación libre fue de naturaleza clínica y se nos reveló al continuar la investigación de los sucesos traumáticos de los que parecían derivarse los síntomas histéricos. Cuanto más cuidadosamente llevábamos a cabo esta investigación, más abundante se nos revelaba el encadenamiento de tales impresiones de significación etiológica y más se remontaban a la pubertad o la niñez del neurótico. Simultáneamente tomaron un carácter unitario, y, por último, tuvimos que rendirnos a la evidencia y reconocer que en la raíz de toda producción de síntomas existían impresiones traumáticas procedentes de la vida sexual más temprana.

El trauma sexual sustituyó así al trauma trivial, y este último debía su significación etiológica a su relación simbólica o asociativa con el primero o precedente. Dado que la investigación simultáneamente emprendida de casos de nerviosidad corriente, clasificados como de *neurastenia y neurosis de angustia,* procuró la conclusión de que tales perturbaciones podían ser referidas a abusos actuales en la vida sexual y curadas con sólo la evitación de los mismos, no era nada aventurado deducir que las neurosis eran, en general, manifestación de perturbaciones de la vida normal: las llamadas *neurosis actuales,* la manifestación (químicamente facilitada) de daños presentes, y las *psiconeurosis,* la manifestación (psíquicamente elaborada), de daños muy pretéritos, de tal función, tan importante biológicamente y tan lamentablemente desatendida hasta entonces por la ciencia. Ninguna de las tesis del psicoanálisis ha hallado tan obstinada incredulidad ni tan tenaz resistencia como esta de la magna importancia etiológica de la vida sexual para las neurosis. Pero también hemos de hacer constar que, a través de toda su evolución y hasta el día, el psicoanálisis no ha encontrado motivo alguno de retirar tal afirmación.

*La sexualidad infantil.*– La investigación etiológica llevó al psicoanálisis a ocuparse de un tema cuya existencia apenas se sospechaba antes de ella. La ciencia se había habituado a hacer comenzar la vida sexual con la pubertad y a juzgar como raros signos de precocidad y degeneración las manifestaciones de una sexualidad infantil. Pero el psicoanálisis descubrió una plenitud de fenómenos tan singulares como regulares, que forzaban a hacer coincidir el comienzo de la función sexual en el niño casi con el principio de su vida extrauterina, y nos preguntamos sorprendidos cómo había sido posible no advertirlo. Los primeros atisbos de la sexualidad infantil nos fueron procurados, ciertamente, por la investigación analítica de sujetos adultos y entrañaban, por tanto, todas las dudas y todos los defectos inherentes a una revisión tan tardía; pero cuando más tarde (a partir de

1908) comenzamos también el análisis de sujetos infantiles, comprobamos directamente en ellos nuestras tesis.

La sexualidad infantil mostraba en algunos aspectos un cuadro distinto al de la de los adultos y sorprendía por integrar numerosos rasgos de aquello que en los adultos es calificado de *perversión*. Hubo necesidad de ampliar el concepto de lo sexual hasta hacerle abarcar más que la tendencia a la unión de los dos sexos en el acto sexual o a la provocación de determinadas sensaciones de placer en los genitales. Pero esta ampliación quedaba recompensada por la posibilidad de comprender unitariamente la vida sexual infantil, la normal y la perversa.

Mi investigación analítica cayó primero en el error de sobreestimar la *seducción* o iniciación sexual como fuente de las manifestaciones sexuales infantiles y germen de la producción de síntomas neuróticos. La superación de este error quedó lograda al descubrir el papel extraordinario que en la vida psíquica de los neuróticos desempeñaba la *fantasía,* francamente más decisiva para la neurosis que la realidad exterior. Detrás de estas fantasías emergió luego el material que permite desarrollar la exposición siguiente de la evolución de la función sexual.

*La evolución de la libido.–* El instinto sexual, cuya manifestación dinámica en la vida anímica es lo que denominamos «libido», se compone de instintos parciales, en los cuales puede también descomponerse de nuevo y que sólo paulatinamente van uniéndose para formar determinadas organizaciones. Fuentes de estos instintos parciales son los órganos somáticos, especialmente ciertas *zonas erógenas,* pero todos los procesos funcionales importantes del soma procuran también aportaciones a la libido. Los diferentes instintos parciales tienden al principio, independientemente unos de otros, a la satisfacción, pero en el curso de la evolución quedan cada vez más sintetizados y centrados. El primer estadio de la organización (pregenital) de la libido es el *oral,* en el cual, correlativamente al interés capital del niño de pecho, es la *zona bucal* la que desempeña el papel principal. A continuación viene la organización *sádico-anal,* en la cual resaltan especialmente el instinto parcial del *sadismo* y la *zona anal;* la diferencia de los sexos es representada en esta fase por la antítesis de actividad y pasividad. El último y definitivo estadio de organización es la síntesis de la mayoría de los instintos parciales bajo la *primacía de las zonas genitales.* Esta evolución se desarrolla generalmente con gran rapidez y discreción, pero partes aisladas de los instintos permanecen detenidas en los estados previos al desenlace final y producen así las *fijaciones* de la libido, muy importantes como disposiciones a ulteriores transgresiones de las tendencias reprimidas y que integran una determinada relación con el desarrollo ulterior de neurosis y perversiones (véase, más adelante, «Teoría de la libido»).

*El hallazgo de objeto y el complejo de Edipo.–* El instinto parcial oral encuentra al principio su satisfacción con ocasión del apaciguamiento de la necesidad de alimentación y su objeto es el pecho materno. Luego se hace independiente y, al mismo tiempo, *autoerótico;* esto es, encuentra su objeto en el propio cuerpo. También otros instintos parciales se conducen al principio autoeróticamente y son orientados luego hacia un objeto extraño. Es un hecho muy importante el de que los instintos parciales de la zona genital pasan regularmente por un período de intensa satisfacción autoerótica. No todos los instintos parciales son igualmente utilizables para la organización genital; algunos de ellos (por ejemplo, los anales) son dados de lado, reprimidos o sufren complicadas transformaciones.

Ya en los primeros años infantiles (aproximadamente entre los dos años y los cinco) se constituye una síntesis de las tendencias sexuales, cuyo objeto es, en el niño, la madre. Esta elección de objeto, junto con la correspondiente actitud de rivalidad y hostilidad contra el padre, es el contenido llamado *complejo de Edipo,* que en *todos* los humanos entraña máxima importancia para la estructuración definitiva de la vida erótica. Se ha comprobado como hecho característico que el hombre normal aprende a vencer el complejo de Edipo, mientras que el neurótico permanece vinculado a él.

*La doble iniciación de la evolución sexual.–* Este período temprano de la vida sexual encuentra normalmente un fin hacia el quinto año de la vida individual y es seguido por un período de *latencia* más o menos completa, durante la cual son establecidas las restricciones éticas como dispositivos protectores contra los impulsos optativos del complejo de Edipo. En el período siguiente de la pubertad el complejo de Edipo experimenta una reviviscencia en lo inconsciente y avanza hacia sus ulteriores transformaciones. Sólo el período de la pubertad desarrolla los instintos sexuales hasta su plena intensidad. Pero tanto la dirección de esta evolución como todas las disposiciones a ella inherentes están ya determinadas por la anterior floración temprana infantil de la sexualidad. Esta evolución en dos fases, interrumpida por el período de latencia de la función sexual, parece ser una peculiaridad biológica de la especie humana y contener la condición de la génesis de la neurosis.

*La teoría de la represión.–* La reunión de estos conocimientos teóricos con las impresiones inmediatas de la labor analítica conduce a una concepción de las neurosis, que, expuesta a grandes rasgos, sería la siguiente: las neurosis son la expresión de conflictos entre el *yo* y aquellas tendencias sexuales que el *yo* encuentra incompatibles con su integridad, o con sus exigencias éticas. El *yo* ha *reprimido* tales tendencias; esto es, les ha retirado su interés y les ha cerrado el acceso a la conciencia y a la descarga motora conducente a la satisfacción. Cuando en la labor analítica intentamos hacer conscientes estos impulsos inconscientes, se nos hacen sentir las fuerzas *represoras* en calidad de *resistencia.*

Pero la función de la represión falla con singular facilidad en cuanto a los instintos sexuales. Cuya libido represada se crea, partiendo de lo inconsciente, otros exutorios, *retrocediendo* a fases evolutivas y objetos anteriores y aprovechando las fijaciones infantiles, o sea los puntos débiles de la evolución de la libido, para lograr acceso a la conciencia y conseguir derivación. Lo que así nace es un *síntoma,* y, por tanto, en el fondo, una satisfacción sustitutiva sexual; pero tampoco el síntoma puede sustraerse por completo a la influencia de las fuerzas represoras del *yo* y, en consecuencia, tiene que someterse –lo mismo que el sueño– a modificaciones y desplazamientos que hacen irreconocible su carácter de satisfacción sexual. El síntoma recibe así el carácter de un *producto transaccional* entre los instintos sexuales reprimidos y los instintos del *yo* represores de un cumplimiento de deseos simultáneo para ambas partes, pero también para ambas igualmente incompleto. Tal sucede estrictamente con los síntomas de la histeria, mientras que en los de la neurosis obsesiva la parte de la instancia represora logra más intensa expresión por medio de la formación de productos de reacción (garantías contra la satisfacción sexual).

*La transferencia.–* Si la tesis de que las fuerzas motrices de la producción de síntomas neuróticos son de naturaleza sexual necesitara aún de más amplia prueba, la encontraría en el hecho de que en el curso del tratamiento analítico se establece una relación afectiva especial del paciente con el médico, la cual traspasa toda medida racional, varía desde el más cariñoso abandono a la hostilidad más tenaz y toma todas sus peculiaridades de actitudes eróticas anteriores, tornadas inconscientes, del paciente. Esta *transferencia,* que tanto en su forma positiva como en su forma negativa entra al servicio de la *resistencia,* se convierte, en manos del médico, en el medio auxiliar más poderoso del tratamiento y desempeña en el dinamismo del proceso de curación un papel de extrema importancia.

*Los pilares maestros de la teoría psicoanalítica.*– La hipótesis de la existencia de procesos psíquicos inconscientes, el reconocimiento de la teoría de la resistencia y de la represión, la valoración de la sexualidad y del complejo de Edipo, son los contenidos capitales del psicoanálisis y los fundamentos de su teoría, y quien no los acepta en su totalidad no debe contarse entre los psicoanalíticos.

*Destinos ulteriores del psicoanálisis.*– Hasta el punto que alcanza lo precedente avanzó el psicoanálisis por la labor personal mía, desarrollada a través de un decenio, durante el cual fui yo el único psicoanalítico. En el año 1906 comenzaron los psiquiatras suizos E. Bleuler y C. G. Jung a tomar viva parte en el análisis. En 1907 se celebró en Salzburgo una primera reunión de sus adeptos. Y poco después llegó ya nuestra joven ciencia a constituir un centro de atención, tanto de los psiquiatras como de los profanos. La acogida que halló en Alemania, ansiosa siempre de autoridad, no fue ciertamente nada gloriosa para la ciencia alemana e incluso movió a un partidario tan frío como Bleuler a tomar enérgicamente su defensa. Pero todas las condenaciones oficiales no fueron bastante para detener el crecimiento interno y la difusión externa del psicoanálisis, el cual, en el curso de los diez años siguientes, traspasó las fronteras de Europa y se hizo especialmente popular en los Estados Unidos, a lo cual contribuyó en gran medida la colaboración de J. Putnan (Boston), Ernest Jones (Toronto y luego Londres), Flournoy (Ginebra), Ferenczi (Budapest), Abraham (Berlín) y muchos otros. El anatema declarado sobre el psicoanálisis movió a sus adeptos a reunirse en una organización internacional, que en el año actual (1922) ha celebrado en Berlín su octavo Congreso privado y comprende hoy los grupos locales de Viena, Budapest, Berlín, Holanda, Zúrich, Londres, Nueva York, Calcuta y Moscú. Tampoco la guerra interrumpió esta evolución. En 1918-1919 el doctor Anton von Freund (Budapest) fundó la editorial Internationaler Psychoanalytischer Verlag, que publica los libros y revistas consagrados al psicoanálisis. En 1920 fue creada por el doctor Max Eitingon la primera «Policlínica psicoanalítica», consagrada al tratamiento de los enfermos nerviosos pobres. Las traducciones de mis obras principales al francés, al italiano y al español atestiguan el despertar del interés hacia el psicoanálisis también en el mundo románico. De 1911 a 1913 se desviaron del psicoanálisis dos ramificaciones, manifiestamente tendentes a mitigar lo que en ella constituía piedra de escándalo. Una de ellas, iniciada por C. G. Jung, que intentaba dar satisfacción a aspiraciones éticas, despojó al complejo de Edipo de su valor real por miedo de una transmutación simbólica y desatendió en la práctica el descubrimiento del período infantil olvidado, que pudiéramos llamar «prehistórico». La otra, cuyo iniciador fue Alfred Adler, de Viena, presentaba varios factores del psicoanálisis bajo nombres distintos (por ejemplo, la represión sexualizada como «protesta masculina»), pero en lo demás prescindía de lo inconsciente y de los instintos sexuales e intentaba referir tanto el carácter como la evolución de las neurosis a la voluntad de poderío, la cual tendería a detener por medio de una sobrecompensación los peligros nacidos de inferioridades orgánicas. Ninguna de estas ramificaciones, construidas a modo de sistemas, ha influido duraderamente sobre la evolución del psicoanálisis; de la de Adler se ha visto pronto claramente que no tenía nada que ver con el psicoanálisis al que quería sustituir.

*Nuevos progresos del psicoanálisis.*– Desde que el psicoanálisis ha llegado a ser el tema de la labor de un tan amplio número de observadores ha ganado en riqueza y profundidad con aportaciones a las que sentimos no poder dedicar aquí sino muy breve mención.

*El narcisismo.*– Su progreso teórico más importante ha sido la aplicación de la teoría de la libido al *yo* represor. Se llegó a representar el mismo *yo* como un depósito de libido –denominada narcisista–, del cual parten las cargas de libido de los objetos y al cual pueden las mismas retornar. Con ayuda de esta representación se hizo posible llegar al análisis del *yo* y llevar a cabo la diferenciación clínica de las psiconeurosis en *neurosis de transferencia* y afecciones *narcisistas*. En las primeras (histeria y neurosis obsesiva) hay disponible una medida de libido tendente a su transferencia a otros objetos, la cual libido es utilizada para la práctica del tratamiento analítico. Las perturbaciones narcisistas (*dementia praecox,* paranoia y melancolía) se caracterizan, en cambio, por la retracción de la libido de los objetos y son, por tanto, apenas accesibles a la terapia analítica. Esta insuficiencia terapéutica no ha impedido, sin embargo, al análisis actuar en la más honda comprensión de las dolencias atribuidas a esta psicosis.

*Modificación de la técnica.–* Una vez que el desarrollo del arte de interpretación hubo satisfecho, por decirlo así, el ansia de saber del analítico, se hizo objeto de su interés al problema de por qué caminos podría alcanzarse el influjo más adecuado sobre el paciente. No tardó en demostrarse que la primera tarea del médico debía ser la de ayudar al paciente a descubrir y dominar luego las *resistencias* emergentes en él durante el tratamiento, de las cuales no tiene al principio conciencia. También se descubrió simultáneamente que la parte capital de la labor terapéutica estaba en la superación de estas resistencias y que sin ella se hacía imposible conseguir una modificación psíquica duradera del paciente. Desde que la labor del analítico se orienta así hacia la resistencia del paciente, la técnica analítica ha adquirido una sutileza y una concreción comparables con las de la Cirugía. No es, pues, lícito emprender tratamientos psicoanalíticos sin una preparación analítica fundamental, y el médico que a ello se aventura sin más bagaje que su título profesional expedido por el Estado no es más que un profano.

*El psicoanálisis como método terapéutico.–* El psicoanálisis no ha pretendido jamás ser una panacea ni hacer mila-

gros. Dentro de uno de los sectores más arduos de la actividad médica, es para algunas dolencias el único método
posible, y para otras el que mejores y más duraderos resultados procura, aunque jamás sin un gasto proporcional de
trabajo y de tiempo. El médico que no limita su interés a la
terapia ve también recompensado su trabajo por insospe-
chados atisbos en la trama de la vida anímica y en las relaciones entre lo psíquico y lo somático. Allí donde, por
ahora, no puede ofrecer más que comprensión teórica, inicia quizá el camino de un ulterior influjo directo sobre las
perturbaciones neuróticas. Su campo de acción está constituido, sobre todo, por las dos neurosis de transferencia, la
histeria y la neurosis obsesiva, cuya estructura interna y
cuyos mecanismos han contribuido a descubrir; pero, además, por toda clase de fobias, inhibiciones, trastornos del
carácter, perturbaciones de la vida erótica. Según algunos
analíticos, tampoco carece de posibilidades favorables al
tratamiento analítico de enfermedades manifiestamente
orgánicas (Jellife, Groddeck, Félix Deutsch), pues no es
raro que un factor psíquico participe en la génesis y la per-
sistencia de tales afecciones. Como el psicoanálisis exige de
sus pacientes cierta medida de plasticidad, tiene que atenerse, en su selección, a determinados límites de edad; y
como exige una larga e intensa ocupación de cada enfermo,
sería antieconómico derrochar tal esfuerzo con individuos
carentes de todo valor y además neuróticos. La experiencia
extraída del material policlínico enseñará qué modificaciones son necesarias para hacer accesible la terapia psicoanalítica a sectores populares más amplios y adaptarla a inteli-
gencias más débiles.

*Su comparación con los métodos hipnóticos y sugestivos.*–
El método psicoanalítico se diferencia de todos los sugestivos, persuasivos, etc., en que no intenta sojuzgar autori-
tariamente ningún fenómeno psíquico del sujeto. Procura
descubrir la causación del fenómeno y suprimirlo por

medio de una modificación duradera de sus condiciones genéticas. La inevitable influencia sugestiva del médico es orientada en psicoanálisis hacia la superación de las resistencias, tarea encomendada al paciente mismo. Contra el peligro de falsear, por sugestión, los datos anímicos del sujeto, nos protegemos por medio de un prudente manejo de la técnica. Pero, en general, precisamente la emergencia de las resistencias nos protege contra una posible acción indeseable de la influencia sugestiva. La finalidad del tratamiento puede concretarse en procurar al sujeto, por medio de la supresión de las resistencias y el examen de sus represiones, la más completa unificación y el máximo robustecimiento posibles de su *yo*, ahorrarle el gasto psíquico exigido por los conflictos internos, hacer de él lo mejor que se pueda con arreglo a sus disposiciones y capacidades, y hacerlo así capaz de rendimiento y de goce. La supresión de los síntomas no es considerada como un fin especial, pero se logra siempre, a condición de practicar debidamente el análisis, como un resultado accesorio. El analítico respeta la peculiaridad del paciente, no procura modificarla conforme a sus propios ideales, y le es muy grato ahorrarse consejos y despertar, en cambio, la iniciativa del analizado.

*Su relación con la Psiquiatría.–* La Psiquiatría es actualmente una ciencia esencialmente descriptiva y clasificadora, de orientación aún más somática que psicológica, y carente de posibilidades de explicación de los fenómenos observados. Pero el psicoanálisis no se contrapone a ella, como pudiera creerse por la actitud casi general de los psiquiatras. Como *psicología abisal,* como psicología de los procesos anímicos sustraídos a la conciencia, está llamada a procurar a la Psiquiatría una subestructura imprescindible y a ayudarla a superar sus limitaciones actuales.

El porvenir creará seguramente una psiquiatría científica, a la cual habrá servido de introducción el psicoanálisis.

*Críticas e interpretaciones erradas del psicoanálisis.*- La mayor parte de lo que, incluso en obras científicas, se ha opuesto al psicoanálisis reposa en una información insuficiente, la cual parece, a su vez, fundada en resistencias afectivas. Así, es erróneo acusar al psicoanálisis de *pansexualismo* y pretender que deriva de la sexualidad todo el suceder anímico y lo refiere a ella. El psicoanálisis ha diferenciado más bien desde un principio los instintos sexuales de otros a los que provisionalmente ha denominado *instintos del yo.* Jamás se le ha ocurrido querer explicarlo *todo,* y ni siquiera ha derivado la neurosis exclusivamente de la sexualidad, sino del conflicto entre las tendencias sexuales y el *yo.* El término *libido* no significa en psicoanálisis (salvo en los escritos de C. G. Jung) simplemente energía psíquica, sino la fuerza motriz de los instintos sexuales. Ciertas afirmaciones, como la de que todo sueño es un cumplimiento de deseos sexuales, no han sido jamás sentadas. El reproche de unilateralidad que se opone al psicoanálisis, el cual, como *ciencia de lo inconsciente psíquico,* tiene su dominio determinado y limitado, es tan inadecuado como si se dirigiera a la Química. Otro lamentable error de interpretación, sólo atribuible a ignorancia, es el de suponer que el psicoanálisis espera la curación de las afecciones neuróticas de una *libre expansión* de la sexualidad. La aportación de los deseos sexuales a la conciencia, conseguida por el análisis, hace más bien posible el dominio de los mismos, inalcanzable antes a causa de la represión. Puede más bien decirse que el análisis liberta al neurótico de las ligaduras de su sexualidad. Además, es absolutamente anticientífico preguntarse si el psicoanálisis puede llegar a echar por tierra la religión, la autoridad y la moral, puesto que, como toda ciencia, no tiene nada de tendenciosa y su único propósito es aprehender exactamente un trozo de realidad. Por último, no puede parecernos más que una simpleza el temor de que los pretendidos bienes supremos de la Humanidad –la investigación, el arte, el amor y los sentimientos morales y sociales–

puedan perder su valor o su dignidad porque el psicoanálisis
esté en situación de mostrar su procedencia de impulsos instintivos elementales animales.

*Aplicaciones y relaciones no médicas del psicoanálisis.–*
Nuestra exposición del psicoanálisis sería incompleta si
omitiéramos manifestar que es la única disciplina médica
que entraña amplísimas relaciones con las ciencias del espíritu, y está en vías de lograr, en cuanto a la historia de la religión y de la cultura, la mitología y la literatura, la misma significación que en cuanto a la Psiquiatría. Lo cual podría
maravillar si se tiene en cuenta que originariamente no
tenía otro fin que la comprensión y la influenciación de los
síntomas neuróticos. Pero no es nada difícil indicar en qué
punto de su evolución hubo de tenderse el puente que la
unió a las ciencias del espíritu. Cuando el análisis de los sueños procuró un atisbo de los procesos anímicos inconscientes y mostró que los mecanismos que crean los síntomas
patológicos actúan también en la vida psíquica normal, el
psicoanálisis se convirtió en *psicología abisal,* y capaz como
tal de aplicación a las ciencias del espíritu, pudo resolver
una multitud de problemas ante los cuales la psicología
oficial de los procesos conscientes tenía que detenerse per-
pleja. Muy pronto ya se establecieron las relaciones con la
filogénesis humana. Se descubrió cuán frecuentemente la
función patológica no es más que una *regresión* a una fase
evolutiva anterior de la norma. C. G. Jung fue el primero en
señalar expresamente la sorprendente coincidencia entre las
fantasías de los enfermos de *dementia praecox* y los mitos de
los pueblos primitivos. Por mi parte, he llamado la atención
sobre el hecho de que los dos impulsos optativos que componen el complejo de Edipo coinciden intrínsecamente con
las dos prohibiciones capitales del *totemismo* (la de matar al
patriarca y la de matrimoniar con mujer de la misma casta),
y deduje de él amplias conclusiones. La significación del
complejo de Edipo comenzó a crecer de un modo gigantes-

co. Surgió la sospecha de que el orden estatal, la moral, el derecho y la religión habían surgido conjuntamente en la época primordial de la Humanidad como productos de la reacción al complejo de Edipo. Otto Rank arrojó viva luz sobre la mitología y la historia de la literatura con la aplicación de los descubrimientos psicoanalíticos, y lo mismo Th. Reik sobre la historia de las religiones y las costumbres. El sacerdote O. Pfister, de Zúrich, despertó el interés de los pastores de almas y los pedagogos, e hizo comprender el valor de los puntos de vista psicoanalíticos para la pedagogía. No es propicio este lugar para extendernos sobre tales aplicaciones del psicoanálisis; basta la observación de que su extensión no ve todavía un límite.

*Carácter del psicoanálisis como ciencia empírica.*– El psicoanálisis no es un sistema como los filosóficos, que parta de unos cuantos conceptos fundamentales precisamente definidos, intente aprehender con ellos la totalidad del universo y, una vez concluso y cerrado, no ofrezca espacio a nuevos hallazgos y mejores conocimientos. Se adhiere más bien a los hechos de su campo de acción, intenta resolver los problemas más inmediatos de la observación, tantea sin dejar el apoyo de la experiencia, se considera siempre inacabado y está siempre dispuesto a rectificar o sustituir sus teorías. Tolera tan bien como la Física o la Química, que sus conceptos superiores sean oscuros y sus hipótesis provisionales, y espera de una futura labor una más precisa determinación de los mismos.

## 3. Teoría de la libido

Libido es un término de la teoría de los instintos destinado a la designación de la manifestación dinámica de la sexualidad, utilizado ya por A. Moll en este sentido *(Investigaciones sobre la «libido sexualis»*, 1898) e introducido por mí en el psicoanálisis. En lo que sigue nos limitaremos a enunciar qué desarrollos aún no determinados ha experimentado la teoría de los instintos en el psicoanálisis.

*Antítesis de instintos sexuales e instintos del yo.*– El psicoanálisis, que no tardó en descubrir que había de fundar todo el suceder anímico en el dinamismo de los instintos elementales, se vio en pésima situación, pues no había en la Psicología una teoría de los instintos y nadie podía decirle lo que propiamente era un instinto. Reinaba la arbitrariedad más absoluta y cada psicólogo admitía tantos instintos como quería y, precisamente, los que quería. El primer objeto de estudio del psicoanálisis fueron las neurosis de transferencia (la histeria y la neurosis obsesiva). Sus síntomas nacían por cuantos impulsos instintivos sexuales habían sido rechazados (reprimidos) por la personalidad (por el *yo*) y se habían procurado indirectamente, a través de lo inconsciente, una expresión. Comenzamos, pues, por oponer a los instintos sexuales instintos del *yo* (instintos de autoconservación), y nos encontramos entonces de acuerdo con la tesis, hecha popular, del poeta que atribuye todo el suceder universal a dos únicas fuerzas: el hambre y el amor. La libido era en igual sentido la manifestación energética del amor, como el hambre la del instinto de conservación. La naturaleza de los instintos del *yo* permaneció así, en un principio, indeterminada e inaccesible al análisis como todos los demás caracteres del *yo*. Sin que fuera posible indicar si entre ambas clases de instintos debían suponerse diferencias y cuáles podían ser éstas.

*La libido primordial.*– C. G. Jung intentó vencer esta oscuridad por un camino especulativo, admitiendo tan sólo una única libido primordial que podía ser sexualizada y desexualizada, y coincidía, por tanto, en esencia con la energía psíquica en general. Esta innovación era discutible desde el punto de vista metodológico; rebajaba el término de libido a la categoría de un sinónimo superfluo y forzaba en la práctica distinguir constantemente entre libido sexual y asexual. La diferencia entre los instintos sexuales y los instintos con otros fines no podía ser suprimida con sólo una nueva definición.

*La sublimación.*– El estudio reflexivo de las tendencias sexuales, sólo analíticamente accesibles, había procurado, entre tanto, interesantísimos conocimientos aislados. Lo que se conocía con el nombre de instinto sexual era algo muy compuesto y podía descomponerse en sus instintos parciales. Cada instinto parcial se hallaba inmutablemente caracterizado por su *fuente;* esto es, por aquella región del soma de la cual extraía él mismo su estímulo. Además podían distinguirse en él un *objeto* y un *fin.* El fin era siempre su satisfacción o descarga, pero podía experimentar una mutación de la actividad a la pasividad. El objeto estaba menos firmemente vinculado al instinto de lo que al principio parecía, podría ser fácilmente trocado por otro, y también el instinto que había tenido un objeto exterior podía ser orientado hacia la propia persona. Los diferentes instintos podían permanecer independientes unos de otros, o –en forma aún irrepresentable– combinarse, fundirse para una labor común. Podían también representarse mutuamente, transferirse sus cargas de libido, de manera que la satisfacción de uno quedara sustituida por la de otro. El destino más importante de los instintos parecía ser la *sublimación,* en la cual son sustituidos por otros el objeto y el fin, de manera que el instinto originalmente sexual encuentra su satisfacción en una función no sexual ya y más elevada desde el puto de vista social o ético. Todos estos son rasgos que no se unen todavía en una imagen conjunta.

*El narcisismo.*– Un progreso decisivo resultó cuando nos arriesgamos al análisis de la *dementia praecox* y otras afecciones psicóticas y empezamos con ello a estudiar el *yo,* al cual hasta entonces sólo conocíamos como instancia represora y resistente. Descubrimos que el proceso patógeno de la *dementia praecox* consistía en que la libido era retirada de los objetos y retraída al *yo*, siendo los ruidosos fenómenos patológicos correspondientes la consecuencia de los vanos esfuerzos de la libido por hallar el camino de retorno a los objetos. Es, pues, posible que la libido de los objetos se transformara en carga del *yo*, e inversamente. Otras reflexiones mostraron que el *yo* podía ser considerado como un gran depósito de libido, del que afluía la libido a los objetos y que se hallaba siempre dispuesto a acoger la libido retornada de los objetos. Así, pues, los instintos de conservación eran también de naturaleza libidinosa, eran instintos sexuales que en vez de los objetos exteriores habían tomado por objeto el propio *yo*. Por nuestra experiencia clínica conocíamos personas que se conducían singularmente, como si estuvieran enamoradas de sí mismas, y habíamos dado a esta perversión el nombre de *narcisismo*. Denominamos, pues, a la libido de los instintos de autoconservación *libido narcisista* y reconocimos una amplia medida de tal amor propio como el estado primario y normal. La fórmula primera de las neurosis de transferencia precisaba, pues, ahora, no de una rectificación, pero sí de una modificación; en lugar de un conflicto entre instintos sexuales e instintos del *yo*, hablamos mejor de un conflicto entre la libido del objeto y la libido del *yo*, o puesto que la naturaleza de los instintos era la misma, entre las cargas del objeto y el *yo*.

*Aproximación aparente a la interpretación de Jung.–* De este modo pareció como si también la lenta investigación psicoanalítica hubiera llegado al mismo resultado que la especulación de Jung sobre la libido primordial, puesto que la transformación de la libido del objeto en narcisismo traía consigo inevitablemente cierta desexualización, un abandono de los fines sexuales especiales. Pero se impone la reflexión de que si los instintos de autoconservación del *yo* son reconocidos como libidinosos, ello no demuestra que en el *yo* no actúen también otros instintos.

*El instinto gregario.-* Se afirma multilateralmente la existencia de un instinto gregario especial innato, que determina la conducta social de los hombres e impulsa al individuo a la reunión en comunidades más amplias. El psicoanálisis ha de oponerse a esta tesis. Si el instinto social es también innato, puede ser referido sin dificultad a cargas de objeto originariamente libidinosas y se desarrolla en el individuo infantil como producto de la reacción a actitudes hostiles de rivalidad. Reposa en una forma especial de la identificación con los demás.

*Tendencias sexuales de fin inhibido.-* Los instintos sociales pertenecen a una clase de impulsos instintivos que no requieren forzosamente el calificativo de sublimados, aunque estén próximos a los de este orden. No han abandonado sus fines directamente sexuales, pero se ven impedidos de alcanzarlos por resistencias internas; se contentan con ciertas aproximaciones a la satisfacción y establecen, precisamente por ello, vínculos singularmente firmes y duraderos entre los hombres. A esta clase pertenecen en especial las relaciones cariñosas, plenamente sexuales en su origen, entre padres e hijos, los sentimientos de amistad y el cariño conyugal, nacido de la inclinación sexual.

*Reconocimiento de dos clases de instintos en la vida anímica.-* La labor analítica, que, en general, tiende a desarrollar sus teorías independientemente de las otras ciencias, al tratarse de la teoría de los instintos, se ve obligada a buscar apoyo en la Biología. Amplias reflexiones sobre los procesos que constituyen la vida y conducen a la muerte muestran probable la existencia de dos clases de instintos, correlativamente a los procesos opuestos de construcción y destrucción en el organismo. Algunos de estos instintos, que laboran silenciosamente en el fondo, perseguirían el fin de conducir a la muerte al ser vivo; merecerían, por tanto, el nombre de *instintos de muerte* y emergerían, vueltos hacia el exterior por la acción conjunta de los muchos organismos elementales celulares, como tendencias de *destrucción* o de *agresión*. Los otros serían los instintos sexuales o instintos de vida libidinosos (el Eros), mejor conocidos analíticamente, cuya intención sería formar con la sustancia viva unidades cada vez más amplias, conservar así la perduración de la vida y llevarla a evoluciones superiores. En el ser animado, los instintos eróticos y los de muerte habrán constituido regularmente mezclas y aleaciones; pero también serían posibles disociaciones de los mismos. La vida consistiría en las manifestaciones del conflicto o de la interferencia de ambas clases de instintos, venciendo los de destrucción con la muerte y los de vida (el Eros) con la reproducción.

*La naturaleza de los instintos.–* Sobre el terreno de esta teoría puede decirse que los instintos son tendencias intrínsecas de la sustancia viva a la reconstitución de un estado anterior, o sea históricamente condicionadas, de naturaleza conservadora y como manifestación de una inercia o una elasticidad de lo orgánico. Ambas clases de instintos, el Eros y el instinto de muerte, actuarían y pugnarían entre sí desde la primera génesis de la vida.

## 4. Psicoanálisis *

1.

Constituye algo nuevo para mí, y que no deja de producirme cierta perturbación, el presentarme ante un auditorio del continente americano, integrado por personas amantes del saber, en calidad de conferenciante. Dando por hecho que sólo a la conexión de mi nombre con el tema del psicoaná-

* Cinco conferencias pronunciadas en la Clark University (Estados Unidos).

lisis debo el honor de hallarme en esta cátedra, mis conferencias versarán sobre tal materia, y en ellas procuraré faci-
litaros, lo más sintéticamente posible, una visión total de la
historia y desarrollo de dicho nuevo método investigatorio
y terapéutico.

Si constituye un mérito haber dado vida al psicoanálisis,
no es a mí a quien corresponde atribuirlo, pues no tomé
parte alguna en sus albores[5]. No había yo terminado aún
mis estudios y me hallaba preparando los últimos exámenes
de la carrera cuando otro médico vienés, el doctor José
Breuer[6], empleó por vez primera este método en el tratamiento de una muchacha histérica (1880-1882). Vamos,
pues, a ocuparnos, en primer lugar, del historial clínico de
esta enferma, el cual aparece expuesto con todo detalle en la
obra que posteriormente, y con el título de *Estudios sobre la
histeria,* publicamos el doctor Breuer y yo[7].

Réstame hacer una observación antes de entrar en materia. He sabido, no sin cierto agrado, que la mayoría de mis
oyentes no pertenece a la carrera de Medicina, y quiero disipar en ellos un posible temor haciéndoles saber que para
seguirme en lo que aquí he de exponerles no es necesaria
una especial cultura médica. Caminaremos algún espacio al
lado de los médicos, pero pronto nos separaremos de ellos
para acompañar tan sólo al doctor Breuer en su propia y
peculiarísima ruta.

La paciente del doctor Breuer, una muchacha de veintiún
años y de excelentes dotes intelectuales, presentó en el curso
de su enfermedad, que duró más de dos años, una serie de
perturbaciones físicas y psíquicas merecedoras de la mayor
atención. Padecía una parálisis rígida de la pierna y brazo
derechos, acompañada de anestesia de los mismos y que
temporalmente atacaba también a los miembros correspondientes del lado contrario. Además, perturbaciones del
movimiento de los ojos y diversas alteraciones de la visión,
dificultad de mantener erguida la cabeza, intensa «tussis

nervosa», repugnancia a los alimentos, y una vez, durante varias semanas, incapacidad de beber, a pesar de la ardiente sed que la atormentaba. Sufría, por último, una minoración de la facultad de expresión, que llegó hasta la pérdida de la capacidad de hablar y entender su lengua materna, añadiéndose a todo esto estados de ausencia, enajenación, delirio y alteración de toda su personalidad, estados que más adelante examinaremos con todo detalle.

Ante tal cuadro patológico os sentiréis inclinados, aun no siendo médicos, a suponer que se trata de una grave dolencia, probablemente cerebral, con pocas esperanzas de curación y conducente a un rápido y fatal desenlace. Mas dejad que un médico os diga que en una serie de casos con síntomas de igual gravedad puede estar muy justificada una distinta opinión, más optimista. Cuando tal cuadro patológico se presenta en un individuo joven del sexo femenino, cuyos órganos vitales internos (corazón, riñón) no muestran anormalidad alguna en el reconocimiento objetivo, pero que ha pasado, en cambio, por violentas conmociones *anímicas,* y cuando los síntomas aislados se diferencian en ciertos sutiles caracteres, de la forma que generalmente presentan en las afecciones a que parecen corresponder, entonces los médicos no atribuyen una extrema gravedad al caso y afirman que no se trata de una dolencia cerebral orgánica, sino de aquel misterioso estado conocido desde el tiempo de los griegos con el nombre de *histeria,* y que puede fingir toda una serie de síntomas de una grave enfermedad. En estos casos el médico no considera amenazada la vida del paciente y hasta supone muy probable una completa curación. Pero no siempre es fácil distinguir una histeria de una grave dolencia orgánica. No creemos necesario explicar aquí cómo puede llevarse a cabo un diagnóstico diferencial de este género; bástenos la seguridad de que el caso de la paciente de Breuer era uno de aquellos en los que ningún médico experimentado puede dejar de diagnosticar la histeria, enfermedad que, según consta en el historial clínico, atacó a la joven en ocasión de hallarse cuidando a su padre, al que amaba tiernamente, en la grave dolencia que le llevó al sepulcro. A causa de su propio padecimiento tuvo la hija que separarse de la cabecera del querido enfermo.

Hasta aquí nos ha sido provechoso caminar al lado de los médicos, mas pronto nos separaremos de ellos. No debéis creer que la esperanza de un enfermo en la eficacia del auxilio facultativo pueda aumentar considerablemente al diagnosticarse la histeria en lugar de una grave afección cerebral orgánica. Nuestra ciencia, que permanece aún hasta cierto punto impotente ante las graves dolencias cerebrales, no facilita tampoco grandes medios para combatir la histeria, y el médico tiene que abandonar a la bondadosa Naturaleza la determinación de la forma y el momento en que ha de cumplirse su esperanzada prognosis[8].

Así, pues, con el diagnóstico de la histeria varía muy poco la situación del enfermo; mas, en cambio, se transforma esencialmente la del médico. Es fácil observar que éste se sitúa ante el histérico en una actitud por completo diferente de la que adopta ante el atacado de una dolencia orgánica, pues se niega a conceder al primero igual interés que al segundo, fundándose en que su enfermedad es mucho menos grave, aunque parezca aspirar a que se le atribuya una igual importancia. El médico, al que sus estudios han dado a conocer tantas cosas que permanecen ocultas a los ojos de los profanos, ha podido formarse, de las causas de las enfermedades y de las alteraciones que éstas ocasionan (por ejemplo, las producidas en el cerebro de un enfermo por la apoplejía o por un tumor), ideas que hasta cierto grado tienen que ser exactas, puesto que le permiten llegar a la comprensión de los detalles del cuadro patológico. Mas, ante las singularidades de los fenómenos histéricos, toda su ciencia y toda su cultura anatómico-fisiológica y patológica le dejan en la estacada. No llega a comprender la histeria y se halla ante ella en la misma situación que un profano, cosas todas que no pueden agradar a nadie que tenga en algún aprecio su saber. Los histéricos pierden, por tanto, la simpatía del médico, que llega a considerarlos como personas que han transgredido las leyes de su ciencia y adopta ante ellos la posición del creyente ante el hereje. Así, los supone capaces de todo lo malo, los acusa de exageración, engaño voluntario y simulación, y los castiga retirándoles su interés.

No mereció, por cierto, el doctor Breuer este reproche en el caso que nos ocupa. Aun cuando no halló al principio alivio alguno para su paciente, le dedicó, no obstante, todo su interés y toda su simpatía. A ello contribuyeron en gran manera las excelentes cualidades espirituales y de carácter de la paciente misma, de las que Breuer testimonia en su historial. Mas la cuidadosa observación del médico halló pronto el camino por el que se hizo posible prestar a la enferma una primera ayuda.

Habíase observado que la paciente en sus estados de ausencia y alteración psíquica acostumbraba murmurar algunas palabras que hacían el efecto de ser fragmentos arrancados de un contexto que ocupaba su pensamiento. El médico se hizo comunicar estas palabras, y sumiendo a la enferma en una especie de hipnosis, se las repitió para incitarla a asociar algo a ellas. Así sucedió, en efecto, y la paciente reprodujo ante el médico las creaciones psíquicas que la habían dominado en los estados de ausencia y se habían revelado fragmentariamente en las palabras pronunciadas. Tratábase de fantasías hondamente tristes y a veces de una poética belleza –sueños diurnos podríamos llamarlas–, que tomaban, en general, su punto de partida de la situación de una muchacha junto al lecho en que yacía su padre enfermo. Cuando la paciente había relatado de este modo cierto número de tales fantasías, quedaba como libertada de algo que la oprimía y retornaba a la vida psíquica normal. Este bienestar, que duraba varias horas, desaparecía de costumbre al día siguiente para dar paso a una nueva ausencia, que podía hacerse cesar de igual manera, o sea provocando el relato de las fantasías nuevamente formadas. No había, pues, posibilidad de sustraerse a la idea de que la alteración psíquica que se revelaba en las ausencias no era sino una secuela de la excitación emanada de estas fantasías saturadas de afecto. La misma paciente, que en este período de su enfermedad presentaba la singularidad de no hablar ni entender su propio idioma, sino únicamente el inglés, dio al nuevo tratamiento el nombre de *talking cure*[9] y lo calificó, en broma, de *chimney sweeping*[10].

Pronto pudo verse –y como casualmente– que por medio de este «barrido» del alma podía conseguirse algo más que una desaparición temporal de las perturbaciones psíquicas, pues se logró cesar determinados síntomas siempre que en la hipnosis recordaba la paciente, entre manifestaciones afectivas, con qué motivo y en qué situación habían aparecido los mismos por vez primera.

Había habido durante el verano una época de un intensísimo calor y la enferma había padecido ardiente sed, pues sin que pudiera dar razón alguna para ello se había visto de repente imposibilitada de beber. Tomaba en su mano el ansiado vaso de agua, y en cuanto lo tocaba con los labios lo apartaba de sí, como atacada de hidrofobia, viéndose además claramente que durante los segundos en que llevaba a cabo este manejo se hallaba en estado de ausencia. Para mitigar la sed que la atormentaba no vivía más que de frutas acuosas: melones, etc. Cuando ya llevaba unas seis semanas en tal estado, comenzó a hablar un día, en la hipnosis, de su institutriz inglesa, a la que no tenía gran afecto, y contó con extremadas muestras de asco que un día había entrado ella en su cuarto y había visto que el perrito de la inglesa, un repugnante animalucho, estaba bebiendo agua en un vaso; mas no queriendo que la tacharan de descortés e impertinente, no había hecho observación ninguna. Después de exteriorizar enérgicamente en este relato aquel enfado, que en el momento en que fue motivado tuvo que reprimir, demandó agua, bebió sin dificultad una gran cantidad y despertó de la hipnosis con el vaso en los labios. Desde este momento desapareció por completo la perturbación que le impedía beber[11].

Permitidme que me detenga unos momentos ante esta experiencia. Nadie había hecho cesar aún por tal medio un síntoma histérico, ni penetrado tan profundamente en la inteligencia de su motivación. Tenía, pues, que ser éste un descubrimiento de importantísimas consecuencias si se confirmaba la esperanza de que otros síntomas, quizá la mayoría, hubiesen surgido del mismo modo en la paciente y pudieran hacerse desaparecer por igual camino. No rehuyó Breuer la labor necesaria para convencerse de ello e investigó, conforme a un ordenado plan, la patogénesis de los otros síntomas más graves, confirmándose por completo sus esperanzas. En efecto, casi todos ellos se habían originado así como residuos o precipitados de sucesos saturados de afecto o, según los denominados posteriormente, «traumas psíquicos», y el carácter particular de cada uno se hallaba en relación directa con el de la escena traumática a la que debía su origen. Empleando la terminología técnica, diremos que los síntomas se hallaban *determinados* por aquellas escenas cuyos restos en la memoria representaban, no debiendo, por tanto, ser considerados como rendimientos arbitrarios o misteriosos de la neurosis. Algo se presentó, sin embargo, con lo que Breuer no contaba. No siempre era su único suceso el que dejaba tras de sí el síntoma; en la mayoría de los casos se trataba de numerosos y análogos traumas repetidos, que se unían para producir tal efecto. Toda esta cadena de recuerdos patógenos tenía entonces que ser reproducida en orden cronológico y precisada en orden inverso; esto es, comenzando por los últimos y siendo imprescindible para llegar al primer trauma, con frecuencia el de más poderoso efecto, recorrer en el orden indicado todos los demás.

Seguramente esperaréis oír de mis labios otros ejemplos de motivación de síntomas histéricos, a más del ya expuesto de horror al agua producido por haber visto a un perro bebiendo en un vaso. Mas si he de circunscribirme a mi programa, tendré que limitarme a escasas pruebas. Así, relata Breuer que las perturbaciones ópticas de la paciente provenían de situaciones tales como la de que

hallándose con los ojos anegados en lágrimas, junto al lecho de su padre, le preguntó éste de repente qué hora era, y para poder verlo forzó la vista acercando mucho a sus ojos el reloj, cuya esfera le apareció entonces de un tamaño extraordinario (macropsia y estrabismo convergente), o se esforzó en reprimir sus lágrimas para que el enfermo no las viera[12].

Todas las impresiones patógenas provenían, desde luego, de la época durante la cual tuvo que dedicarse a cuidar de su padre.

Una vez despertó durante la noche, llena de angustia por la alta fiebre que presentaba el enfermo, y presa de impaciente excitación por la espera de un cirujano que para operarle había de llegar desde Viena. La madre se había ausentado algunos instantes y Ana se hallaba sentada junto a la cama, con el brazo derecho apoyado en el respaldo de la silla. Cayó en un estado de sueño despierto y vio cómo por la pared avanzaba una negra serpiente, que se disponía a morder al enfermo. (Es muy probable que en la pradera que se extendía tras la casa existieran algunas culebras de este género, cuya vista hubiera asustado a la muchacha en ocasiones anteriores y suministrase ahora el material de la alucinación.) Ana quiso rechazar al reptil, pero se sintió paralizada; su brazo derecho, que colgaba por encima del respaldo de la silla, había quedado totalmente «dormido», anestesiado y parético, y cuando fijó sus ojos en él se transformaron los dedos en pequeñas serpientes, cuyas cabezas eran calaveras (las uñas). Probablemente intentó rechazar al reptil con su mano derecha paralizada, y con ello entró la anestesia y la parálisis de la misma en asociación con la alucinación de la serpiente. Cuando ésta hubo desaparecido, quiso Ana,

llena de espanto, ponerse a rezar, pero no le fue posible hallar palabras en ningún idioma, hasta que recordó una oración infantil que
en inglés le habían enseñado, quedando desde este momento
imposibilitada de pensar o hablar sino en tal idioma[13].

Con el recuerdo de esta escena en una de las sesiones de
hipnotismo cesó por completo la parálisis rígida del brazo
derecho, que se mantenía desde el comienzo de la enfermedad, y quedó conseguida la total curación.

Cuando, bastantes años después, comencé ya a emplear el
método investigativo y terapéutico de Breuer con mis propios enfermos, obtuve resultados que coincidieron en un
todo con los suyos. Una señora de unos cuarenta años padecía un tic consistente en producir un ruido singular, casta-
ñeando la lengua, siempre que se hallaba excitada y aun sin
causa ninguna determinante. Tenía este tic su origen en dos
sucesos que poseían un carácter común: el de haberse propuesto la paciente no hacer ruido alguno en determinado
momento, viendo burlado su propósito e interrumpido el
silencio, como si sobre ella actuara una voluntad contraria,
por aquel mismo castañeteo. La primera vez fue cuando,
habiendo logrado dormir con gran trabajo a un hijo suyo
que se hallaba enfermo, hizo intención de no producir ruido
alguno que le despertara. La segunda tuvo lugar dando con
sus dos hijos un paseo en coche, durante el cual estalló una
tormenta que espantó a los caballos. En esta situación pensó
también la señora que debía evitar todo ruido que excitase
aún más a los asustados animales[14].

Sirva este ejemplo como muestra de los muchos contenidos en nuestros *Estudios sobre la histeria*.

Si me permitís una generalización, por otra parte inevitable en una exposición tan sintética como ésta, podremos
resumir los conocimientos adquiridos hasta ahora en la
siguiente fórmula: *los enfermos histéricos sufren de reminiscencias.* Sus síntomas son residuos y símbolos conmemora-

tivos de determinados sucesos (traumáticos). Quizá una
comparación con otros símbolos conmemorativos de un
orden diferente nos permita llegar a una más profunda inteligencia de este simbolismo. También las estatuas y monumentos con los que ornamos nuestras grandes ciudades son
símbolos de esta clase. Si dais un paseo por Londres, hallaréis, ante una de sus mayores estaciones ferroviarias, una
columna gótica ricamente ornamentada, a la que se da el
nombre de Charing Cross. En el siglo XIII, uno de los reyes
de la dinastía de Plantagenet mandó erigir cruces góticas en
los lugares en que había reposado el ataúd en que eran con-
ducidos a Westminster los restos de su amada esposa, la
reina Eleonor. Charning Cross fue el último de estos monumentos que debían perpetuar la memoria del fúnebre cortejo[15]. En otro lugar de la ciudad, no lejos del Puente de
Londres, existe otra columna más moderna, llamada simplemente «The Monument» por los londinenses y que fue
erigida en memoria del gran incendio que estalló el año de
1666 en aquel punto y destruyó una gran parte de la ciudad.
Estos monumentos son símbolos conmemorativos, al igual
que los síntomas histéricos; hasta aquí parece justificada
la comparación. Mas ¿qué diríais de un londinense que en la
actualidad se detuviera lleno de tristeza ante el monumento
erigido en memoria del entierro de la reina Eleonor, en
lugar de proseguir su camino hacia sus ocupaciones, con la
premura exigida por las presentes condiciones del trabajo, o
de seguir pensando con alegría en la joven reina de su corazón? ¿Y qué pensaríais del que se parara a llorar ante «El
Monumento» la destrucción de su amada ciudad, recons-
truida después con cien veces más de esplendor? Pues igual
a la de estos poco prácticos londinenses es la conducta de
todos los histéricos y neuróticos: no sólo recuerdan dolorosos sucesos ha largo tiempo acaecidos, sino que siguen expe-
rimentando una intensa reacción emotiva ante ellos; les es
imposible libertarse del pasado y descuidan por él la reali-

dad y el presente. Tal fijación de la vida psíquica a los traumas patógenos es uno de los caracteres principales y más importantes, prácticamente, de la neurosis.

Creo muy justa la objeción que, sin duda, está surgiendo en vuestro espíritu al comparar mis últimas palabras con la historia clínica de la paciente de Breuer. En ésta todos los traumas provenían de la época en que tuvo que prestar cuidados a su padre enfermo, y sus síntomas no pueden ser considerados sino como signos conmemorativos de la enfermedad y muerte del mismo. Corresponden, por tanto, a un gran dolor experimentado por la paciente, y la fijación al recuerdo del fallecido padre, tan poco tiempo después de su muerte, no puede considerarse como algo patológico, sino que constituye un sentimiento normal en absoluto. Así, pues, concedo que tendréis razón en pensar que la fijación a los traumas no es, en la paciente de Breuer, nada extraordinario. Mas en otros casos, como el del tic por mí tratado, cuyos motivos de origen tuvieron lugar quince y diez años atrás, se muestra con toda claridad este carácter de adherencia anormal al pasado, y en el caso de Breuer se hubiera también desarrollado probablemente tal carácter si la paciente no se hubiera sometido, tan poco tiempo después de haber experimentado los traumas y surgido los síntomas, al tratamiento catártico.

No hemos expuesto hasta ahora más que la relación de los síntomas histéricos con los sucesos de la vida del enfermo. Mas también de las observaciones de Breuer podemos deducir cuál ha de ser la idea que debemos formarnos del proceso de la patogénesis y del de la curación. Respecto al primero, hay que hacer resaltar el hecho de que la enferma de Breuer tuvo que reprimir, en casi todas las situaciones patógenas, una fuerte excitación, en lugar de procurarle su normal exutorio por medio de la correspondiente exteriorización afectiva en actos y palabras. En el trivial suceso del perro de su institutriz reprimió, por consideración a ésta, las manifestaciones de su intensa repugnancia, y mientras se hallaba velando a su padre enfermo cuidó constantemente de no dejarle darse cuenta de su angustia y sus dolorosos temores. Al reproducir después ante el médico estas escenas se exteriorizó con singular violencia, como si hasta aquel momento hubiese estado reservando y aumentando su intensidad el afecto en ellas inhibido. Se observó, además, que el síntoma que había quedado como resto de los traumas psíquicos llegaba a su máxima intensidad durante el período de tratamiento dedicado a descubrir su origen, logrado lo cual desaparecía para siempre y por completo. Por último, se comprobó que el recuerdo de la escena traumática, provocado en el tratamiento, resultaba ineficaz cuando por cualquier razón tenía lugar sin exteriorizaciones afectivas. El destino de estos afectos, que pueden considerarse como magnitudes desplazables, era, por tanto, lo que regía así la patogénesis como la curación. Todas estas observaciones nos obligaban a suponer que la enfermedad se originaba por el hecho de encontrar impedida su normal exteriorización los afectos desarrollados en las situaciones patógenas, y que la esencia de dicho origen consistía en que tales afectos «aprisionados» eran objeto de una utilización anormal, perdurando en parte como duradera carga de la vida psíquica y fuentes de continua excitación de la misma, y en parte sufrieron una transformación en *inervaciones* e *inhibiciones* somáticas anormales, que vienen a constituir los síntomas físicos del caso. Este último proceso ha sido denominado por nosotros *conversión histérica*. Cierta parte de nuestra excitación anímica deriva ya normalmente por los caminos de la inervación física, dando lugar a lo que conocemos con el nombre de «expresión de las emociones». La conversión histérica exagera esta parte de la derivación de un proceso anímico saturado de afecto y corresponde a una nueva expresión de las emociones, mucho más intensa y dirigida por nuevos caminos. Cuando una corriente afluye a dos canales tendrá siempre lugar una elevación de nivel en uno de ellos, en cuanto en el otro tropiecen las aguas con algún obstáculo.

Observaréis que nos hallamos en camino de llegar a una teoría puramente psicológica de la histeria, teoría en la cual colocamos en primer término los procesos afectivos. Una segunda observación de Breuer nos fuerza a conceder una gran importancia a los estados de conciencia en la característica del proceso patológico. La enferma de Breuer mostraba muy diversas disposiciones anímicas, estados de ausencia, enajenación y transformación del carácter, al lado de su estado normal. En este último no sabía nada de las escenas patógenas ni de su relación con sus síntomas, habiendo olvidado las primeras o, en todo caso, destruido la conexión patógena. Durante la hipnosis se conseguía, no sin considerable trabajo, hacer volver a su memoria tales escenas, y por medio de esta labor de hacerla recordar de nuevo se lograba la desaparición de los síntomas. Muy difícil sería hallar la justa interpretación de este hecho si las enseñanzas y experimentos del hipnotismo no nos facilitasen el camino. Por el estudio de los fenómenos hipnóticos nos hemos acostumbrado a la idea, extraña en un principio, de que en el mismo individuo son posibles varias agrupaciones anímicas, que pueden permanecer hasta cierto punto independientes entre sí, que no «saben nada» unas de otras y que atraen alternativamente a la conciencia. Tales casos, a los que se ha dado el nombre de «double conscience», suelen aparecer también espontáneamente. Cuando en este desdoblamiento de la personalidad permanece constantemente ligada la conciencia a uno de los dos estados, se da a éste el nombre de estado psíquico *consciente,* y el de *inconsciente* al que queda separado de él. En los conocidos fenómenos de la llamada sugestión poshipnótica, en la cual el sujeto, impulsado por una incoercible fuerza, lleva a cabo, durante el estado normal posterior a la hipnosis, un mandato recibido en ella, se tiene un excelente ejemplo de las influencias que sobre el estado consciente puede ejercer el inconsciente, desconocido para él, y conforme a este modelo puede explicarse perfectamente el proceso de la histeria. Breuer se decidió a aceptar la hipótesis de que los síntomas histéricos surgían en tales estados anímicos, que denominó estados *hipnoides*. Aquellas excitaciones que se producen hallándose el sujeto en estos estados hipnoides se hacen fácilmente patógenas, dado que en ellas no existen condiciones favorables a una derivación normal de los procesos excitantes. Originan éstos entonces un inusitado producto –el síntoma–, que se incrusta como un cuerpo extraño en el estado normal, al que en cambio escapa el conocimiento de la situación patógena hipnoide. Allí donde perdura un síntoma hállase también una amnesia, una laguna del recuerdo, y el hecho de cegar esta laguna lleva consigo la desaparición de las condiciones de origen del síntoma.

Temo que esta parte de mi exposición no os haya parecido muy transparente. Pero habréis de tener en cuenta que se trata de difíciles concepciones que quizá no se puedan hacer mucho más claras, lo cual constituye una prueba de que nuestro conocimiento no ha avanzado aún mucho. La teoría de Breuer de los estados *hipnoides* ha resultado superflua y embarazosa, habiendo sido abandonada por el psicoanálisis actual. Más adelante veréis, aunque en estas conferencias no pueda insistir sobre ello y tenga que ceñirme a simples indicaciones, qué influencias y procesos había por descubrir tras de los límites, trazados por Breuer, de los estados hipnoides. Después de lo hasta ahora expuesto estará muy justificada en vosotros la impresión de que las investigaciones de Breuer no han podido daros más que una teoría muy poco completa y una insatisfactoria explicación de los fenómenos observados; pero las teorías completas no caen llovidas del cielo y hay que desconfiar más justificadamente aun cuando alguien nos presenta, desde los comienzos de sus investigaciones, una teoría sin fallo ninguno y bien redondeada. Una teoría así no podrá ser nunca más que hija de la especulación y no fruto de una investigación de la realidad, exenta totalmente de prejuicios.

2.

Al mismo tiempo que Breuer ensayaba con su paciente la *talking cure,* comenzaba Charcot en París, con las histéricas de La Salpêtrière, aquellas investigaciones de las que había de surgir una nueva comprensión de esta enfermedad. Sus resultados no podían ser todavía conocidos en Viena por aquellos días. Mas cuando aproximadamente diez años después publicamos Breuer y yo una comunicación provisional sobre el mecanismo psíquico de los fenómenos histéricos, fundada en los resultados obtenidos en la primera paciente que Breuer trató por el método catártico, nos hallamos por completo dentro de las investigaciones de Charcot. Nosotros considerábamos los sucesos patógenos vividos por nuestros enfermos, o sea los traumas psíquicos, como equivalentes a aquellos traumas físicos cuya influencia en las parálisis histéricas había fijado Charcot, y la teoría de Breuer de los estados hipnoides no es otra cosa que un reflejo del hecho de haber reproducido Charcot artificialmente en la hipnosis tales parálisis traumáticas.

El gran investigador francés, del que fui discípulo en los años 1885 y 86, no se hallaba inclinado a las teorías psicológicas. Su discípulo P. Janet fue el primero que intentó penetrar más profundamente en los singulares procesos psíquicos de la histeria, y nosotros seguimos su ejemplo, tomando como punto central de nuestra teoría el desdoblamiento psíquico y la pérdida de la personalidad. Según la teoría de P. Janet –muy influida por las doctrinas dominantes en Francia sobre la herencia y la degeneración–, la histeria es

una forma de la alteración degenerativa del sistema nervioso, alteración que se manifiesta en una innata debilidad de
la síntesis psíquica. Los enfermos histéricos serían incapa-
ces, desde un principio de mantener formando una unidad
la diversidad de los procesos anímicos, siendo ésta la causa
de su tendencia a la disociación psíquica. Si me permitís
una comparación trivial, pero muy precisa, diré que el histérico de Janet recuerda a una mujer débil, que ha salido de
compras y vuelve a su casa cargada de infinidad de paquetes
que apenas puede sujetar con sus brazos. En esto se le escapa uno de los paquetes y cae al suelo. Al inclinarse para
recogerlo deja caer otro, y así sucesivamente. Mas no está
muy de acuerdo con esta supuesta debilidad anímica de los
histéricos el hecho de que al lado de los fenómenos de debilitación de las funciones se observen en ellos, a modo de
compensación, elevaciones parciales de la capacidad funcional. Durante el tiempo en que la paciente de Breuer había
olvidado su lengua materna y todas las demás que poseía,
excepto el inglés, alcanzó su dominio sobre este idioma un
grado tal, que le era posible, teniendo delante un libro alemán, ir traduciéndolo al inglés con igual rapidez, corrección y facilidad que si se tratase de una lectura directa.

Cuando posteriormente emprendí yo la tarea de continuar por mi cuenta las investigaciones comenzadas por
Breuer, llegué muy pronto a una idea muy distinta sobre la
génesis de la disociación histérica (desdoblamiento de la
conciencia). Dado que yo no partía de experimentos de
laboratorio, como P. Janet, sino de una labor terapéutica,
tenía que surgir necesariamente una tal divergencia, decisiva para todo resultado.

A mí me impulsaba sobre todo la necesidad práctica. El
tratamiento catártico, tal y como lo había empleado Breuer,
tenía por condición sumir al enfermo en una profunda hipnosis, pues únicamente en estado hipnótico podía el
paciente llegar al conocimiento de los sucesos patógenos

relacionados con sus síntomas, conocimiento que se le escapaba en estado normal. Mas el hipnotismo se me hizo pronto enfadoso, por constituir un medio auxiliar en extremo inseguro y, por decirlo así, místico. Una vez experimentado que, a pesar de grandes esfuerzos, no lograba sumir en estado hipnótico más que a una mínima parte de mis enfermos, decidí prescindir del hipnotismo y hacer independiente de él el tratamiento catártico. No pudiendo variar a mi arbitrio el estado psíquico de la mayoría de mis pacientes, me propuse trabajar hallándose éstos en estado normal, empresa que en un principio parecía por completo insensata y carente de toda probabilidad de éxito. Se planteaba el problema de averiguar por boca del paciente algo que uno no sabía y que el enfermo mismo ignoraba. ¿Cómo podía conseguirse esto? Vino aquí en mi auxilio el recuerdo de un experimento singularísimo y muy instructivo que había yo presenciado en la clínica de Bernheim, en Nancy. Nos enseñaba Bernheim entonces que las personas a las que había sumido en un sonambulismo hipnótico y hecho ejecutar diversos actos, sólo aparentemente perdían, al despertar, el recuerdo de lo sucedido, siendo posible reavivar en ellas tal recuerdo hallándose en estado normal. Cuando se interrogaba al sujeto por los sucesos acaecidos durante su estado de sonambulismo, afirmaba al principio no saber nada; pero al no contentarse Bernheim con tal afirmación y apremiarle, asegurándole que no tenía más remedio que saberlo, lograba siempre que volvieran a su conciencia los recuerdos olvidados.

Este mismo procedimiento utilicé yo con mis pacientes. Cuando llegaba con alguno de ellos a un punto en que me manifestaba no saber ya más, le aseguraba yo que lo sabía y que no tenía más que tomarse el trabajo de decirlo, llegando hasta afirmarle que el recuerdo deseado sería el que acudiera a su memoria en el momento en que yo colocase mi mano sobre su frente. De este modo conseguí, sin recurrir al hipnotismo, que los enfermos me revelasen todo lo necesario para la reconstitución del enlace entre las olvidadas escenas patógenas y los síntomas que quedaban como residuo de las mismas. Mas era éste un penosísimo procedimiento, que llegaba a ser agotador y no podía adoptarse como técnica definitiva.

No lo abandoné, sin embargo, antes de deducir, de las observaciones hechas en su empleo, conclusiones definitivas. Había logrado, en efecto, confirmar que los recuerdos olvidados no se habían perdido. Se hallaban a merced del enfermo y dispuestos a surgir por asociación con sus otros recuerdos no olvidados, pero una fuerza indeterminada se lo impedía, obligándolos a permanecer inconscientes. La existencia de esta fuerza era indudable, pues se sentía su actuación al intentar, contrariándola, hacer retornar a la conciencia del enfermo los recuerdos inconscientes. Esta fuerza que mantenía el estado patológico se hacía, pues, notar como una *resistencia* del enfermo.

En esta idea de la resistencia he fundado mi concepción de los procesos psíquicos en la histeria. Demostrado que para el restablecimiento del enfermo era necesario suprimir tales resistencias, este mecanismo de la curación suministraba datos suficientes para formarse una idea muy precisa del proceso patógeno. Las fuerzas que en el tratamiento se oponían, en calidad de resistencia, a que lo olvidado se hiciese de nuevo consciente, tenían que ser también las que anteriormente habían producido tal olvido y expulsado de la conciencia los sucesos patógenos correspondientes. A este proceso por mí supuesto le di el nombre de *represión*, considerándolo demostrado por la innegable aparición de la *resistencia*.

Más aún podía plantearse el problema de cuáles eran estas fuerzas y cuáles las condiciones de la represión en la cual reconocemos ya el mecanismo patógeno de la histeria. Una investigación comparativa de las situaciones patógenas llegadas a conocer en el tratamiento catártico permitía resolver el problema. En todos estos casos se trataba del nacimiento de una optación contraria a los demás deseos del individuo y que, por tanto, resultaba intolerable para las aspiraciones éticas y estéticas de su personalidad. Originábase así un conflicto, una lucha interior, cuyo final era que la representación que aparecía en la conciencia llevando en sí el deseo, inconciliable, sucumbía a la represión, siendo expulsada de la conciencia y olvidada junto con los recuerdos a ella correspondientes. La incompatibilidad de dicha idea con el *yo* del enfermo era, pues, el motivo de la represión, y las aspiraciones éticas o de otro género del individuo, las fuerzas represoras. La aceptación del deseo intolerable o la perduración del conflicto hubieran hecho surgir un intenso displacer que la represión ahorraba, revelándose así como uno de los dispositivos protectores de la personalidad anímica.

No expondré aquí más que uno solo de los muchos casos por mí observados, mas en él pueden verse claramente las condiciones y ventajas de la represión, aunque, para no traspasar los límites que me he impuesto en estas conferencias, tenga también que reducir considerablemente la historia clínica y dejar a un lado importantes hipótesis. Una muchacha que poco tiempo antes había perdido a su padre, al que amaba tiernamente y al que había asistido con todo cariño durante su enfermedad –situación análoga a la de la paciente de Breuer–, sintió germinar en ella, al casarse su hermana mayor, una especial simpatía hacia su cuñado, sentimiento que pudo fácilmente ocultar y disfrazar detrás del natural cariño familiar. La hermana enfermó y murió poco después, en ocasión en que su madre y nuestra enferma se hallaban ausentes. Llamadas con toda urgencia, acudieron sin tener aún noticia exacta de la desgracia, cuya magnitud se les ocultó al principio. Cuando la muchacha se aproximó al lecho en que yacía muerta su hermana, surgió en ella, durante un instante, una idea que podría quizá expresarse con las siguientes palabras: *ahora ya está libre y puede casarse conmigo.* Debemos aceptar, sin duda alguna, que esta idea que reveló a la conciencia de la muchacha su intenso amor hacia su cuñado, amor que hasta entonces no había sido en ella claramente consciente, fue entregada en el acto a la represión por la repulsa indignada de sus otros sentimientos. La muchacha enfermó, presentando graves síntomas histéricos, y al someterla a tratamiento pudo verse que había olvidado en absoluto el lecho mortuorio de su hermana y la perversa idea egoísta que en su imaginación surgió en aquellos instantes. Luego, en el curso del tratamiento, volvió a recordarla, reprodujo el momento patógeno, dando muestras de una inmensa emoción, y quedó curada por completo.

Quizá pueda presentarnos más vivamente el proceso de la represión y su necesaria relación con la resistencia por medio de un sencillo símil, que tomaré de las circunstancias en las que en este mismo momento nos hallamos. Suponed que en esta sala y entre el público que me escucha, cuyo ejemplar silencio y atención nunca elogiaré bastante, se encontrara un individuo que se condujese perturbadoramente y que con sus risas, exclamaciones y movimientos distrajese mi atención del desempeño de mi cometido hasta el punto de verme obligado a manifestar que me era imposible continuar así mi conferencia. Al oírme, pónense en pie varios espectadores, y después de una breve lucha arrojan del salón al perturbador, el cual queda, de este modo, expulsado o «reprimido», pudiendo yo reanudar mi discurso. Mas para que la perturbación no se repita en caso de que el expulsado intente volver a penetrar aquí, varios de los señores que han ejecutado mis deseos quedan montando guardia junto a la puerta y se constituyen así en una «resistencia» subsiguiente a la represión llevada a cabo. Si denomináis lo «consciente» a esta sala y lo «inconsciente» a lo que tras de sus puertas queda, tendréis una imagen bastante precisa del proceso de la represión.

Veamos ahora claramente en qué consiste la diferencia entre nuestras concepciones y las de Janet. Nosotros no derivamos el desdoblamiento psíquico de una insuficiencia innata del aparato anímico para la síntesis, sino que lo explicamos dinámicamente por el conflicto de fuerzas psíquicas encontradas y reconocemos en él el resultado de una lucha activa entre ambas agrupaciones psíquicas. De nuestra teoría surgen numerosos nuevos problemas. En todo individuo se originan conflictos psíquicos y existe un esfuerzo del *yo* para defenderse de los recuerdos penosos, sin que, generalmente, se produzca el desdoblamiento psíquico. No puede, por tanto, rechazarse la idea de que para que el conflicto tenga la disociación por consecuencia, son necesarias otras condicionantes, y hemos de reconocer que con nuestra hipótesis de la represión no nos hallamos al final, sino muy al principio, de una teoría psicológica. Mas tened en cuenta que en estas materias no es posible avanzar sino paso a paso, debiéndose esperar que una más amplia y penetrante labor perfeccione en lo futuro los conocimientos adquiridos.

No debe intentarse examinar el caso de la paciente de Breuer desde el punto de vista de la represión. Su historia clínica no se presta a ello, por haberse logrado los datos que la componen por medio del hipnotismo, y sólo prescindiendo de éste es como podemos observar las resistencias y represiones y adquirir una idea exacta del verdadero proceso patógeno. El hipnotismo encubre la resistencia y proporciona acceso a determinado sector psíquico; pero, en cambio, hace que la resistencia se acumule en los límites de este sector, formando una impenetrable muralla que impide una más profunda penetración.

El más valioso resultado de las observaciones de Breuer fue el descubrimiento de la conexión de los síntomas con los sucesos patógenos o traumas, resultado que no debemos dejar ahora de considerar desde el punto de vista de la teoría de la represión. Al principio no se ve realmente cómo

puede llegarse a la formación de síntomas partiendo de la
represión. En lugar de exponer aquí una complicada serie
de deducciones teóricas, volveré a hacer uso del símil que
antes apliqué a dicho proceso. Suponed que con la expul-
sión del perturbador y la guardia situada a las puertas de la
sala no terminara el incidente, pues muy bien podría suceder que el expulsado, lleno de ira y habiendo perdido toda
clase de consideraciones, siguiera dándonos que hacer. No
se encuentra ya entre nosotros y nos hemos librado de su
presencia, de sus burlonas risas y de sus observaciones a
media voz, pero la represión ha sido vana hasta cierto
punto, pues el perturbador arma, desde fuera, un intolerable barullo, y sus gritos y puñetazos contra la puerta estor-
ban mi conferencia más que en su anterior grosera conducta. En estas circunstancias, veríamos con gran alegría que,
por ejemplo, nuestro digno presidente, el doctor Stanley
Hall, tomando a su cargo el papel de mediador y pacifica-
dor, saliera a hablar con el intratable individuo y volviera a
la sala pidiéndonos que le permitiésemos de nuevo entrar
en ella y garantizándonos su mejor conducta. Confiados en
la autoridad del doctor Hall, nos decidimos a levantar la
represión, restableciéndose de este modo la paz y la tran-
quilidad. Es ésta una exacta imagen de la misión del médico en la terapia psicoanalítica de las neurosis.

Para expresarlo más directamente: por medio de la investigación de los histéricos y otros enfermos neuróticos llegamos al convencimiento de que en ellos ha *fracasado* la represión de la idea que entraña el deseo intolerable. Han llegado
a expulsarla de la conciencia y de la memoria, ahorrándose
así aparentemente una gran cantidad de dolor, pero el deseo
reprimido perdura en lo inconsciente, espiando una ocasión de ser activado, y cuando ésta se presenta, sabe enviar
a la conciencia una disfrazada e irreconocible *formación
sustitutiva (Ersatzbildung)* de lo reprimido, a la que pronto
se enlazan las mismas sensaciones displacientes que se creían

ahorradas por la represión. Este producto sustitutivo de la idea reprimida –el síntoma– queda protegido de subsiguientes ataques de las fuerzas defensivas del *yo,* y en lugar de un conflicto poco duradero, aparece ahora un interminable padecimiento. En el síntoma puede hallarse, junto a los rasgos de deformación, un resto de analogía con la idea primitivamente reprimida; los caminos seguidos por la génesis del producto sustitutivo se revelan durante el tratamiento psicoanalítico del enfermo, y para la curación es necesario que el síntoma sea conocido de nuevo y por los mismos caminos hasta la idea reprimida. Una vez reintegrado lo reprimido a la actividad anímica consciente, labor que supone el vencimiento de considerables resistencias, el conflicto psíquico que así queda establecido y que el enfermo quiso evitarse con la represión, puede hallar, bajo la guía del médico, una mejor solución que la ofrecida por el proceso represor. Existen varias de estas apropiadas soluciones que ponen un feliz término al conflicto y a la neurosis y que, en casos individuales, pueden muy bien ser combinadas unas con otras. Puede convencerse a la personalidad del enfermo de que ha rechazado injustificadamente el deseo patógeno y hacerle aceptarlo en todo o en parte; puede también dirigirse este deseo hacia un fin más elevado y, por tanto, irreprochable *(sublimación de dicho deseo),* y puede, por último, reconocerse totalmente justificada su reprobación, pero sustituyendo el mecanismo –automático y, por tanto, insuficiente– de la represión por una condenación ejecutada con ayuda de las más altas funciones espirituales humanas, esto es, conseguir su dominio consciente.

Perdonadme si no he conseguido exponeros con mayor claridad estos capitales puntos de vista del método terapéutico llamado *psicoanálisis.* Las dificultades no estriban tan sólo en la novedad de la materia. Sobre la naturaleza de los deseos intolerables, que a pesar de la represión logran hacerse notar desde lo inconsciente y sobre las condiciones

subjetivas o constitucionales que tienen que aparecer conjuntamente en una persona para que tengan lugar un tal fracaso de la represión y una formación sustitutiva o de síntomas, trataremos en conferencias sucesivas.


3.

Como no siempre es fácil decir la verdad, sobre todo cuando es preciso ser breve, me veo obligado hoy a rectificar
una inexactitud en que incurrí en mi última conferencia.
Dije que cuando habiendo renunciado al hipnotismo apre-
miaba a mis enfermos para que me comunicasen lo que se
les ocurriera sobre la materia de que se trataba, indicándo-
les que sabían todo lo que suponían haber olvidado y que la
idea que surgiese en ellos en aquel instante contendría
seguramente lo buscado, había logrado, en efecto, que la
primera ocurrencia del enfermo trajera consigo el elemento deseado, revelándose como la olvidada continuación del
recuerdo, y esto no es cierto por completo; si así lo expuse,
fue en aras de la brevedad. Realmente, sólo en los comienzos del tratamiento pude conseguir, con un simple apremio
por mi parte, que se presentase el elemento olvidado. Al
continuar con la misma técnica comenzaban siempre a
aparecer ocurrencias que por carecer de toda conexión con
la materia tratada no podían ser las buscadas y eran rechazadas como falsas por los enfermos mismos. Una mayor
presión por mi parte resultaba ya inútil en estos casos y,
por tanto, parecía constituir un error el haber abandonado
el hipnotismo.
  En esta perplejidad me acogí a un prejuicio cuya verifica-
ción científica fue llevada a cabo años después en Zúrich
por C. G. Jung y sus discípulos. Debo afirmar que a veces es
muy útil abrigar prejuicios. Creía yo firmemente en la rigu-
rosa determinación de los procesos anímicos y no me era

posible aceptar que una ocurrencia exteriorizada por el
enfermo, hallándose intensamente fija su atención en un
tema dado, fuera por completo arbitraria y exenta de toda
relación con dicho tema, o sea, con la idea olvidada que pro-
curábamos hallar. Que la tal ocurrencia no fuera idéntica a
la representación buscada era cosa que podía explicarse
satisfactoriamente por la situación psicológica supuesta. En
los enfermos sometidos al tratamiento actuaban dos fuerzas
contrarias: por un lado, su aspiración consciente a traer a
la conciencia los elementos olvidados que existían en lo
inconsciente; por otro, la resistencia que ya conocemos y
que luchaba para impedir que lo reprimido o sus productos
se hiciesen conscientes. Cuando esta resistencia era nula o
muy pequeña, lo olvidado se hacía consciente sin deformación ninguna, hecho que incitaba a sospechar que la desfiguración de lo buscado sería tanto mayor cuanto más enérgica fuese la resistencia opuesta a que lo olvidado se hiciese
consciente. La ocurrencia del enfermo, que se presentaba en
lugar de lo buscado, habíase originado, pues, como un síntoma; era un nuevo y efímero producto artificial sustitutivo
de lo reprimido y tanto menos análogo a ello cuanto mayor
fuese la desfiguración que bajo el influjo de la resistencia
hubiese experimentado. Mas, de todos modos, tendría que
presentar cierta semejanza con lo buscado, en virtud de su
naturaleza de síntoma y dada una resistencia no demasiado
intensa, tenía que ser posible adivinar el oculto elemento
buscado, partiendo de la ocurrencia manifestada por el
enfermo. Esta ocurrencia debía ser, con respecto al elemento reprimido, algo como una alusión, como una expresión
del mismo en lenguaje *indirecto*.

En la vida anímica normal conocemos casos en los que
situaciones análogas a la aquí supuesta por nosotros producen parecidos resultados. Uno de estos casos es el del chiste.
Los problemas de la técnica psicoanalítica me han hecho
ocuparme también de la técnica de la formación del mismo.

Expondré aquí un ejemplo de este género, relativo a un chiste formulado en lengua inglesa.

La anécdota es como sigue[16]: dos negociantes poco escrupulosos, que habían conseguido reunir una gran fortuna merced a una serie de osadas empresas, se esforzaban en hacerse admitir en la buena sociedad, y para conseguirlo les pareció un buen medio encargar sus retratos al pintor más distinguido y caro de la ciudad, cada obra del cual se consideraba como un acontecimiento en el mundo elegante. En una gran «soirée» expusieron después los cuadros y condujeron al salón en el que se hallaban colgados, uno junto al otro, al crítico de arte más influyente y conocido, con objeto de hacerle pronunciar un juicio admirativo. El crítico contempló largo rato los retratos, movió después la cabeza como si echase algo de menos, e indicando con la mirada el espacio libre comprendido entre las dos obras de arte, se limitó a preguntar: «And where is the Saviour?»[17]. Veo que os ha hecho reír este excelente chiste, en cuya inteligencia penetraremos ahora. Comprendemos que el crítico quiere decir: «Sois un par de bribones semejantes a aquellos entre los cuales se crucificó al Redentor.» Mas no lo dice así, sino que sustituye esta frase por algo que al principio parece singularmente incongruente e inapropiado a las circunstancias, pero que en seguida reconocemos como una *alusión* a la injuria que tenía propósito de exteriorizar y como un sustitutivo de la misma, que no aminora en nada su valor. No podemos esperar que en el chiste aparezcan todas aquellas circunstancias que sospechamos existen en la génesis de la ocurrencia espontánea de nuestros pacientes, pero sí queremos hacer resaltar la identidad de motivación entre el chiste y la ocurrencia. ¿Por qué no dice el crítico directamente a los dos bribones lo que desea decirles? Pues porque junto a su antojo de decírselo con toda claridad, en su propia cara, actúan en él muy buenos motivos contrarios. No deja de tener sus peligros el ofender a personas de las cuales se es huésped y que disponen de los forzudos puños de una numerosa servidumbre. Puede correrse aquella suerte que en mi anterior conferencia me sirvió de símil para aclarar el concepto de la «represión». Por este motivo no exterioriza el crítico directamente la injuria que se proponía expresar, sino que la lanza disfrazada y deformada como una alusión y un desahogo con el cual burla la coerción que pesa sobre su propósito. A la misma constelación se debe, a nuestro juicio, el hecho de que el paciente produzca, en lugar del elemento olvidado que se trata de hallar, una *ocurrencia sustitutiva (Ersatzeinfall)* más o menos deformada.

Es muy apropiado dar, siguiendo el ejemplo de la escuela de Zúrich (Bleuler, Jung y otros) el nombre de *complejo* de una organización de elementos ideológicos conjugados y saturados de afecto. Vemos, pues, que cuando partimos, en el tratamiento de un enfermo, de lo último que recuerda sobre un punto determinado, para buscar un complejo reprimido, tenemos todas las probabilidades de inferirlo si el sujeto pone a nuestra disposición una cantidad suficiente de sus espontáneas ocurrencias. Dejamos, por tanto, hablar al enfermo lo que quiera y nos atenemos firmemente a la presuposición de que no puede ocurrírsele cosa alguna que no dependa indirectamente del complejo buscado. Si este camino de hallar lo reprimido os parece demasiado prolijo, puedo, al menos, aseguraros que es el único practicable.

Al emplear esta técnica encontramos aún el obstáculo de que el paciente se detiene con frecuencia, comienza a vacilar y afirma que no sabe qué decir, ni se le ocurre cosa alguna. Si esto fuera exacto y tuviera razón el enfermo, nuestro procedimiento probaría ser insuficiente. Pero una más sutil observación muestra que tal falta de ocurrencias no aparece jamás en la práctica, produciéndose tan sólo su apariencia por el hecho de que el enfermo, influido por las resistencias disfrazadas bajo la forma de diversos juicios críticos sobre el valor de la idea que en él ha surgido, la

retiene sin exteriorizarla o la rechaza. Contra esto hay el
remedio de ponerle desde luego al tanto de que ha de sentirse inclinado a observar tal conducta durante el tratamiento y pedirle que no se ocupe de ejercer crítica alguna
sobre sus ocurrencias. De manifestar, renunciando en absoluto a una selección crítica, todo aquello que a su imaginación acuda, aunque lo considere inexacto, sin conexión
alguna con la cuestión tratada, o falto de sentido. Sobre
todo, no deberá ocultar nada de aquello que se le ocurra y
con lo que le sea desagradable ocupar su pensamiento. La
obediencia a estos preceptos asegura la consecución del
material que ha de ponernos sobre las huellas de los complejos reprimidos.

Este material de ocurrencias, que el enfermo rechaza despreciativamente cuando se halla bajo el influjo de la resistencia y no bajo el del médico, constituye para el investigador psicoanalítico el mineral del que, con ayuda de sencillas
artes interpretativas, extrae su total contenido del valioso
metal. Si queréis haceros con un rápido y provisional conocimiento de los complejos reprimidos de un enfermo, aunque sin penetrar en su ordenación ni en su enlace, podéis
serviros del *experimento de asociación*, tal y como ha sido
perfeccionado por Jung[18] y sus discípulos. Este procedimiento procura al investigador psicoanalítico iguales
medios que el análisis cualitativo a los químicos; en la terapia de los enfermos neuróticos puede prescindirse de él,
pero es, en cambio, totalmente indispensable para la
demostración objetiva de los complejos y para la investigación de la psicosis, con tanto éxito emprendidas por la
escuela de Zúrich.

La interpretación de las ocurrencias que exterioriza el
paciente cuando se somete a los preceptos psicoanalíticos
capitales no es el único de nuestros medios técnicos para el
descubrimiento del inconsciente. Al mismo fin conducen
otros dos procedimientos: la interpretación de sus sueños y

la evaluación de sus *actos fallidos (Fehlhandlungen)* y *actos casuales (Zufallshandlungen)*.

Confieso a mi distinguido auditorio que he vacilado largo tiempo pensando si no sería mejor ofrecer aquí, en lugar de esta rápida y sintética visión sobre todo el campo del psicoanálisis, una detallada exposición de la *interpretación de los sueños*[19]. Un motivo en apariencia secundario y puramente subjetivo me ha hecho desistir de ello. Parecíame inadecuado y casi escandaloso presentarme en calidad de «onirocrítico» ante personas de esta nación, orientada hacia fines prácticos, sin previamente hacerles saber la importancia a que puede aspirar tal anticuado y ridiculizado arte. La interpretación de los sueños es, en realidad, la Vía Regia para llegar al conocimiento de lo inconsciente y la base más firme del psicoanálisis, constituyendo al mismo tiempo un campo de experimentación, en el que todos podemos penetrar y adquirir nuevas e interesantísimas ideas. Cuando se me pregunta cómo se puede llegar a practicar el psicoanálisis, respondo siempre que por el estudio de los propios sueños. Con justo tacto han eludido hasta ahora los adversarios de nuestras teorías penetrar en la crítica de la interpretación de los sueños, o han pasado rápidamente sobre ella con las objeciones más superficiales. Mas si, por el contrario, llegáis a aceptar las soluciones que el psicoanálisis da al problema de la vida onírica, no presentarán ya dificultad ninguna a vuestros ojos las novedades que pensáis encierra nuestra disciplina.

Al estudiar los sueños no hay que olvidar que si nuestras producciones oníricas nocturnas presentan, por un lado, la mayor analogía exterior y el más grande parentesco íntimo con las creaciones de la perturbación mental, por otro, en cambio, son compatibles con una total salud en la vida despierta. No constituye ninguna paradoja afirmar que quien se limite a mirar con asombro, sin intentar llegar a su comprensión, estas alucinaciones, delirios y modificaciones del carácter, que pudiéramos llamar «normales», no puede tampoco tener la menor probabilidad de comprender, más que de un modo totalmente profano, las formaciones anormales de los estados anímicos patológicos. Entre estos profanos podéis contar a casi todos los psiquiatras actuales. Seguidme ahora en una rápida excursión a través del campo de los problemas oníricos.

Cuando nos hallamos despiertos acostumbramos considerar tan despreciativamente nuestros sueños como el paciente las ideas que el investigador psicoanalítico le hace manifestar. Rechazándolos de nuestro pensamiento, los olvidamos generalmente en el acto y por completo. Nuestro desprecio se funda en el extraño carácter que presentan aun aquellos sueños que no son confusos ni descabellados y en el evidente absurdo e insensatez de otros, y nuestra repulsa se basa en las desenfrenadas tendencias, inmorales y desvergonzadas que, en algunos sueños, se manifiestan claramente. En cambio, el mundo antiguo no participó de este nuestro desprecio de los sueños, y en la actualidad tampoco las capas inferiores de nuestro pueblo se dejan engañar con respecto a la estimación que a los mismos debe concederse, y esperan de ellos, como los antiguos, la revelación del porvenir.

Por mi parte confieso que no hallo necesidad de hipótesis mística ninguna para cegar las lagunas de nuestro actual conocimiento y que, por tanto, no he podido hallar jamás nada que confirmara una naturaleza profética de los sueños. Hay muchas cosas de otro género, y también harto maravillosas, que decir sobre ellos.

En primer lugar, no todos los sueños son esencialmente extraños al sujeto que los ha tenido, ni confusos e incomprensibles para él. Examinando los sueños de los niños más pequeños, desde el año y medio de edad, se halla que son grandemente sencillos y fáciles de explicar. El niño pequeño sueña siempre la realización de deseos que han surgido en él el día anterior y que no ha satisfecho. No es necesario ningún arte interpretativo para hallar esta sencilla solución, sino únicamente averiguar lo que el niño hizo o dijo durante el día anterior al sueño. La solución más satisfactoria del problema sería, ciertamente, que también los sueños de los adultos fueran, como los de los niños, realizaciones de sentimientos optativos provocados durante el día del sueño. Y así es en realidad. Las dificultades que es necesario vencer para llegar a esta solución van desapareciendo poco a poco conforme se va haciendo más penetrante el análisis de los sueños.

La primera y más importante de las objeciones es la de que los sueños de los adultos presentan, en general, un contenido ininteligible que no deja reconocer el más pequeño indicio de una realización de deseos. La respuesta a tal objeción es la siguiente: dichos sueños han sufrido una deformación; el proceso psíquico que entrañan hubiera debido hallar originariamente una muy diferente traducción verbal. Hay que diferenciar el *contenido manifiesto del sueño*, tal y como se recuerda con extrema vaguedad por la mañana y se reviste penosamente y con aparente arbitrariedad de palabras, de las *ideas latentes del sueño*, que permanecen en lo inconsciente. Esta deformación del sueño es el mismo proceso que expuse antes en la investigación de la formación de los síntomas histéricos, e indica que tanto en la formación de los sueños como en la de los síntomas actúa el mismo juego de fuerzas anímicas encontradas. El contenido manifiesto del sueño es el sustitutivo deformado de las ideas inconscientes del mismo, y esta deformación es obra de fuerzas defensivas del *yo*, resistencias que durante el estado de vigilia impiden por completo el acceso a la conciencia, a los deseos reprimidos de lo inconsciente, y que, debilitados cuando el sujeto duerme, conservan, sin embargo, energía suficiente para obligar a dichos deseos a envolverse en un disfraz. De este modo resulta tan difícil para el sujeto reconocer el sentido de sus sueños como para el histérico la relación y el significado de sus síntomas.

Que existen ideas latentes del sueño, y que entre ellas y el
contenido manifiesto del mismo se mantiene, en efecto, la
relación antes descrita, son extremos de los que nos con-
vence el análisis de los sueños, análisis cuya técnica es idéntica a la psicoanalítica. Se prescinde por completo de la aparente conexión de los elementos en el sueño manifiesto y se
reúnen todas las ocurrencias que, conforme a la regla psicoanalítica de libre asociación, vayan surgiendo ante cada uno
de dichos elementos, considerados separadamente. Luego,
por el examen del material así reunido, podremos inferir las
ideas latentes del sueño, de igual manera que por las ocurrencias del enfermo ante sus síntomas y recuerdos hemos
adivinado sus ocultos complejos. En las ideas latentes del
sueño así descubiertas puede verse siempre cuán justificado
está igualar los sueños del adulto a los de los niños. Lo que
ahora se sustituye, como verdadero sentido del sueño, al
contenido manifiesto del mismo es siempre claramente
comprensible; aparece ligado a las impresiones del día anterior y se revela como realización de un sueño insatisfecho.
El sueño manifiesto, que es el que por nuestro recuerdo
conocemos al despertar, no puede describirse más que
como una realización *disfrazada* de deseos *reprimidos*.

Por medio de una labor sintética puede llegarse también al
conocimiento del proceso de deformación, que convierte las
ideas inconscientes del sueño en el contenido manifiesto del
mismo, proceso al que damos el nombre de *elaboración del
sueño* y que merece todo nuestro interés teorético, porque en
él podremos estudiar, mejor que en ningún otro, qué insos-
pechados procesos psíquicos son posibles en lo inconsciente, o dicho con mayor precisión, *entre* dos sistemas psíquicos
separados: la conciencia y lo inconsciente. Entre estos nuevos procesos psíquicos se destacan el de la *condensación* y el
del *desplazamiento*. La elaboración del sueño es un caso
especial de las influencias recíprocas de diversas agrupaciones anímicas; esto es, de los resultados del desdoblamiento

anímico, y parece en lo esencial idéntica a aquella labor de deformación que, dada una represión fracasada, transforma en síntomas los complejos reprimidos.

En el análisis de los sueños descubriréis con admiración la insospechada importancia del papel que desempeñan en el desarrollo del hombre las impresiones y los sucesos de la temprana infancia. En la vida onírica del hombre prolonga así su existencia el niño, conservando bien sus peculiaridades y deseos, aun aquellos que han llegado a ser inutilizables en la vida adulta. Con el poder incoercible se presentarán ante nosotros las evoluciones, represiones, sublimaciones y reacciones por medio de las cuales ha surgido del niño, muy diferentemente dispuesto, el hombre llamado normal, sujeto, y en parte víctima, de la civilización tan penosamente alcanzada.

Quiero también llamaros la atención sobre el hecho de que en el análisis de los sueños hemos hallado que lo inconsciente se servía, sobre todo para la representación de complejos sexuales, de un determinado simbolismo, variable en parte individualmente y en parte típicamente fijado, que parece coincidir con el simbolismo cuya existencia sospechamos detrás de nuestros mitos y leyendas. No sería imposible que estas últimas creaciones de los pueblos pudieran hallar su explicación partiendo de los sueños.

He de advertiros, por último, que no debéis dejaros extraviar por la objeción de que la existencia de pesadillas o sueños de angustia contradice nuestra concepción de los sueños como realización de deseos. Aparte de que también estos sueños angustiosos necesitan ser interpretados antes de poder pronunciarse sobre ellos, hay que hacer observar que, en general, la angustia no depende tan sencillamente del contenido del sueño como suele creerse, sin conocer ni tener en cuenta las condiciones de la angustia neurótica. La angustia es una de las reacciones defensivas del *yo* contra aquellos deseos reprimidos que han llegado a adquirir una gran energía, y es, por tanto, muy explicable su existencia en el sueño cuando la formación del mismo se ha puesto excesivamente al servicio de la realización de tales deseos reprimidos.

Vemos, pues, que la investigación de los sueños estaría ya justificada en sí por las conclusiones a que nos lleva sobre cuestiones que sin ella serían tan difíciles de conocer. Mas nosotros hemos llegado a ella en conexión con el tratamiento psicoanalítico de los neuróticos. Por lo dicho hasta ahora, podéis comprender fácilmente cómo la interpretación de los sueños, cuando no es dificultada en exceso por las resistencias del enfermo, conduce al conocimiento de los deseos ocultos y reprimidos del mismo y de los complejos que tales deseos sustentan. Podemos, pues, pasar ahora al tercer grupo de fenómenos anímicos, cuyo estudio ha llegado a ser un medio técnico para el psicoanálisis.

Son éstos los pequeños *actos fallidos* de los hombres, tanto normales como nerviosos; actos a los que no se acostumbra, en general, dar importancia ninguna: el olvido de cosas que podían saberse y que en realidad se saben en otros momentos (por ejemplo, el olvido temporal de los nombres propios); las equivocaciones orales, en las que con tanta frecuencia se incurre; los análogos errores cometidos en la escritura y en la lectura; los actos de aprehensión errónea, y la pérdida y rotura de objetos, etc., cosas todas a las que no se suele buscar una determinación psicológica y que se dejan pasar considerándolas como sucesos casuales y resultantes de la distracción, falta de atención y otras condiciones análogas. A todo ello se agregan los actos y gestos que los hombres ejecutan sin darse cuenta, y, por tanto, claro está que sin atribuirles condición anímica alguna, tales como el juguetear con los objetos, tararear melodías, andarse en los vestidos o en alguna parte de la propia persona y otros manejos semejantes[20]. Estas pequeñeces, *actos fallidos, sintomáticos y casuales,* no se hallan tan desprovistas de significación como parece aceptarse, en general, por un tácito acuerdo; muy al contrario, son extraordinariamente significativas y pueden ser fácil y seguramente interpretadas examinando la situación en la que se ejecutan; examen del que resulta que también constituyen manifestaciones de impulsos e intenciones que deben ser sustraídos a la propia conciencia o que proceden de los mismos complejos y deseos que hemos estudiado como creadores de los síntomas y plasmadores de los sueños. Merecen, por tanto, estos actos ser reconocidos como síntomas, y su observación puede conducir, como la de los sueños, al descubrimiento de los elementos ocultos de la vida anímica. Por ellos revela generalmente el hombre sus más íntimos secretos, y si aparecen con especiales facilidad y frecuencia hasta en individuos sanos, que han logrado llevar a cabo con todo éxito la represión de sus tendencias inconscientes, ello se debe a su futilidad y nimia apariencia. No obstante, pueden aspirar tales actos a una más alta valoración teórica, pues nos muestran que la represión y la formación de sustitutivos tienen también lugar en condiciones de salud normal.

Observaréis que el investigador psicoanalítico se caracteriza por una estricta fe en el determinismo de la vida psíquica. Para él no existe nada pequeño, arbitrario ni casual en las manifestaciones psíquicas; espera hallar siempre una motivación suficiente hasta en aquellos casos en que no se puede sospechar ni inquirir la existencia de la misma, y está incluso preparado a encontrar una *motivación múltiple* del mismo efecto psíquico, mientras que nuestra necesidad casual, que suponemos innata, se declara satisfecha con una única causa psíquica.

Reunid ahora todos los medios que para el descubrimiento de lo escondido, olvidado y reprimido en la vida psíquica poseemos: el estudio de las ocurrencias del paciente provocadas por libre asociación, el de los sueños y el de sus actos fallidos y sintomáticos; añadid a ello la valoración de otros fenómenos que aparecen durante el tratamiento psicoanalítico y sobre los que haré más adelante, al tratar de la «transferencia», algunas observaciones, y llegaréis conmigo a la conclusión de que nuestra técnica es suficientemente eficaz para poder cumplir su cometido, atraer a la conciencia el material psíquico y patógeno, y poner así término a la dolencia provocada por la formación de síntomas sustitutivos. El que en el curso de nuestros esfuerzos terapéuticos logremos enriquecer y hacer más profundo nuestro conocimiento de la vida psíquica de los hombres, tanto normales como enfermos, puede ciertamente ser considerado como un especial atractivo y una ventaja de esta labor.

No sé si abrigaréis la impresión de que la técnica a través de cuyo arsenal acabo de conduciros es de una extraordinaria dificultad. Mi opinión es la de que está proporcionada al objeto cuyo dominio ha de conseguir. Mas lo seguro es que no se trata de algo que pueda improvisarse, sino que tiene que ser aprendido al igual que la técnica histológica o quirúrgica. Quizá os asombre saber que en Europa hemos escuchado multitud de juicios sobre el psicoanálisis, pronunciados por personas que no conocen nada de nuestra técnica ni la han empleado jamás, y que, no obstante, nos pedían, como por burla, que les demostrásemos la exactitud de nuestros resultados. Entre estos impugnadores ha habido, ciertamente, personas a las que en otras materias no faltaba la lógica científica y que, por ejemplo, no hubieran rechazado el resultado de una investigación microscópica por el hecho de no ser apreciable dicho resultado sin aparato ninguno; a simple vista y directamente sobre el preparado anatómico, no hubieran pronunciado tampoco un juicio adverso antes de haber comprobado la cuestión por sí mismos con ayuda del microscopio. Mas, en lo tocante al psicoanálisis, hay que tener en cuenta que la aceptación de sus teorías tiene que luchar con circunstancias muy desfavorables. El psicoanálisis trata de conducir a un reconocimiento consciente de los elementos reprimidos de la vida psíquica, y aquellos que han de juzgarla son también hombres que poseen tales represiones y que quizá sólo a duras penas logran mantenerlas. De este modo tiene nuestra disciplina que despertar en ellos la misma resistencia que despierta en el enfermo, y que fácilmente consigue disfrazarse de repulsa intelectual, y hace surgir argumentos análogos a aquellos que nosotros dominamos en nuestros pacientes por medio de la regla capital antes descrita. Como en los enfermos, hallamos también con frecuencia en nuestros adversarios una extraordinaria influenciación afectiva de la capacidad de juicio, en el sentido de una minoración de la misma. La soberbia de la conciencia que, por ejemplo, rechaza tan despreciativamente los sueños, pertenece a los más enérgicos dispositivos protectores previstos en general en todos nosotros contra la revelación de los complejos inconscientes, y ésta es la causa de que sea tan difícil hacer llegar a los hombres a la convicción de la realidad de lo inconsciente y darles a conocer algo nuevo que contradice su conocimiento consciente.

4.

Desearéis saber ahora qué es lo que con ayuda de los medios técnicos descritos hemos averiguado sobre los complejos patógenos y los deseos reprimidos de los neuróticos.

Ante todo una cosa: la investigación psicoanalítica refiere, con sorprendente regularidad, los síntomas patológicos del enfermo a impresiones de su vida erótica; nos muestra que los deseos patógenos son de la naturaleza de los componentes instintivos eróticos y nos obliga a aceptar que las perturbaciones del erotismo deben ser consideradas como las influencias más importantes de todas aquellas que conducen a la enfermedad. Y esto en ambos sexos.

Sé que esta afirmación no se acepta fácilmente. Hasta aquellos investigadores que siguen con buena voluntad mis trabajos psicológicos se hallan inclinados a opinar que exagero la participación etiológica de los factores sexuales y se dirigen a mí con la pregunta de por qué otros estímulos psíquicos no han de dar también motivo a los fenómenos de la represión y la formación de sustitutivos. A ello puedo contestar que ignoro por qué los estímulos no sexuales carecen de tales consecuencias y que no tendría nada que oponer a que su actuación produjese resultados análogos a los de carácter sexual, pero que la experiencia demuestra que nunca adquieren tal significación e importancia y que lo que más hacen es secundar el efecto de los factores sexuales, sin jamás poder sustituirse a ellos. Este estado de cosas no fue afirmado por mí teóricamente; en 1895, cuando publiqué los *Estudios sobre la histeria,* en colaboración con el doctor Breuer, no había yo llegado aún a este punto de vista, que he tenido forzosamente que aceptar más tarde, conforme mis experimentos iban haciéndose más numerosos y penetrando más en el corazón de la materia.

Entre vosotros, los que habéis acudido a estas conferencias, se hallan algunos de mis más íntimos amigos y discípulos, que me han acompañado en mi viaje hasta aquí. Interrogadlos, y oiréis de sus labios que también ellos acogieron al principio con absoluta incredulidad la afirmación de la decisiva importancia de la etiología sexual; hasta que luego su propia labor analítica los obligó a aceptarla y hacerla suya.

La conducta de los enfermos no facilita ciertamente la aceptación de mi discutida teoría. En lugar de ayudarnos, proporcionándonos de buena voluntad datos sobre su vida sexual, intenta ocultar ésta por todos los medios. Los hombres no son generalmente sinceros en las cuestiones sexuales. No muestran a la luz su sexualidad, sino que la cubren con espesos mantos tejidos de mentiras, como si en el mundo de la sexualidad reinara un cruel temporal. Y no dejan de tener razón: en nuestro mundo civilizado, el sol y el viento no son nada favorables a la actividad sexual; ninguno de nosotros puede realmente mostrar a los demás su erotismo, libre de todo disfraz. Mas cuando los pacientes se dan cuenta de que pueden librarse de toda coerción durante el tratamiento, arrojan aquella mentirosa envoltura, y entonces es cuando se halla uno en situación de formar juicio exacto sobre el discutido problema. Desgraciadamente, los médicos no ocupan con respecto a los demás hombres un lugar de excepción en lo relativo a la conducta personal ante los problemas de la vida sexual, y aun muchos de ellos caen dentro de aquella mezcla de gazmoñería y concupiscencia que en las cuestiones sexuales rige la conducta de la mayoría de los «hombres civilizados».

Continuemos ahora la exposición de nuestros resultados. En otra serie de casos, la investigación psicoanalítica refiere los síntomas no a acontecimientos sexuales, sino a vulgares sucesos traumáticos. Mas esta diferenciación pierde toda su importancia por otro hecho. La labor analítica necesaria para la aclaración absoluta y la definitiva curación de un caso patológico no se detiene nunca en los sucesos del período de enfermedad, sino que llega en todos los casos hasta la pubertad y la temprana infancia del paciente, para tropezar allí con dos sucesos e impresiones determinantes de la posterior enfermedad. Sólo los sucesos de la infancia explican la extremada sensibilidad ante traumas posteriores, y únicamente por el descubrimiento y atracción a la conciencia de estas huellas de recuerdos, casi siempre olvidadas, adquirimos poder suficiente para hacer desaparecer los síntomas. Llegamos aquí al mismo resultado que en la investigación de los sueños; esto es, que son deseos duraderos y reprimidos de la niñez los que para la formación de síntomas han suministrado su energía, sin la cual la reacción a traumas posteriores hubiera tenido lugar normalmente. Y estos poderosos deseos de la niñez deben ser considerados siempre, y con una absoluta generalidad, como sexuales.

Ahora sí que estoy cierto de haber excitado vuestro asombro. ¿Hay, pues, una sexualidad infantil? –preguntaréis–. ¿No es más bien la infancia una edad caracterizada por la ausencia del instinto sexual? Nada de eso: el instinto sexual no entra de repente en los niños al llegar a la pubertad, como nos cuenta el Evangelio que el demonio entró en los cuerpos de los cerdos. El niño posee, desde un principio, sus instintos y actividades sexuales; los trae consigo al mundo, y de ellos se forma, a través de las numerosas etapas de una importantísima evolución, la llamada sexualidad normal del adulto. Ni siquiera es difícil observar las manifestaciones de esta actividad sexual infantil; por el contrario, más bien es necesario poseer cierto arte para dejarlas pasar inadvertidas o interpretarlas erróneamente.

Un favorable destino me ha puesto en situación de acogerme al testimonio de un compatriota vuestro. Indicaré aquí un trabajo del doctor Sanford Bell, publicado en 1902, en el *American Journal of Psychology.* Su autor es un antiguo discípulo de la Clark University, la misma institución en una de cuyas aulas nos hallamos hoy reunidos. En este trabajo, titulado *A preliminary study of the emotion of love between the sexes,* y aparecido tres años antes de mi *Teoría sexual,* dice el autor la misma cosa que yo acabo de exponeros: «La emoción del amor sexual no surge por vez primera en el período de la adolescencia, como se ha pensado hasta ahora»*. El doctor Sanford Bell ha trabajado en esta cuestión, muy a la americana, como diríamos en Europa, reuniendo, en el transcurso de quince años, nada menos que 2.500 observaciones positivas, entre ellas 800 realizadas por él mismo. De los signos por los que se revelan tales enamoramientos infantiles, dice en su trabajo:

* En inglés en el original. *(N. del T.)*

Observando sin prejuicio alguno estas manifestaciones en cientos de parejas de niños, no puede eludirse el atribuirles un origen sexual. El ánimo más deseoso de exactitud tiene que quedar satisfecho cuando a estas observaciones se agrega la confesión de aquellas personas que en su niñez han experimentado tal emoción con una elevada intensidad y cuyos recuerdos infantiles son relativamente precisos *.

Mas cuando el asombro de aquellos de entre vosotros que no quieren creer en la sexualidad infantil llegará a su grado máximo será al oír que muchos de estos niños tempranamente enamorados no han pasado de la tierna edad de tres, cuatro y cinco años.

No me admiraría que estas observaciones de un compatriota vuestro consiguieran vuestro asentimiento con mayor facilidad que las mías. Por mi parte, he logrado hace poco deducir del análisis de un niño de cinco años, que padecía una neurosis de angustia –análisis llevado a cabo por su mismo padre, conforme a las reglas psicoanalíticas–, un cuadro casi completo de las manifestaciones instintivas somáticas en un temprano estadio de la vida erótica infantil. Debo también haceros recordar que mi amigo el doctor C. G. Jung os leía hace pocas horas en esta misma sala las observaciones verificadas en el caso de una niña aún menor, que por el mismo motivo que mi paciente –el nacimiento de un hermanito– reveló emociones sensuales y formaciones de deseos y complejos totalmente análogos. No desespero, pues, de que lleguéis a familiarizaros con la idea, extraña al principio, de la sexualidad infantil, y quiera presentaros todavía el honroso ejemplo del psiquiatra de Zúrich E. Bleuler, que aún no hace muchos años manifestaba «que no lograba comprender mis teorías sexuales» y que posteriormente ha confirmado en su totalidad, por observaciones propias, mi concepción de la sexualidad infantil[21].

* En inglés en el original. (N. del T.)

Es muy explicable que, sean o no investigadores médicos, no quieran los hombres saber nada de la vida sexual del niño. Han olvidado su propia actividad sexual infantil, bajo la presión de la educación civilizadora, y no quieren que se les recuerde lo que han reprimido. Muy distintas serían las convicciones a que llegarían si comenzaran sus investigaciones con un autoanálisis, una revisión y una interpretación de sus recuerdos infantiles.

Rechazad vuestras dudas y seguidme en la aceptación de la existencia de una sexualidad infantil desde los primeros años. El instinto sexual del niño se nos revela como muy complejo, y es susceptible de una descomposición en numerosos elementos de muy diverso origen. Ante todo, es aún independiente de la procreación, a cuyo servicio entrará más tarde, y sirve, por lo pronto, para la consecución de sensaciones de placer, de muy diversos géneros, a las que por sus analogías y conexiones reunimos bajo la común consideración de placer sexual. La fuente principal del placer sexual infantil es el estímulo apropiado de determinadas partes del cuerpo, especialmente excitables; esto es, además de los genitales, la boca, el ano, la abertura del meato, y también la piel y otras superficies sensoriales. Dado que en esta primera fase de la vida sexual infantil la satisfacción es conseguida en el propio cuerpo y aparte de todo objeto exterior, la denominamos, conforme al término implantado por Havelock Ellis, fase del *autoerotismo,* y llamaremos *zonas erógenas* a las partes del cuerpo que intervienen en la consecución del placer. El «chupeteo» o succión productora de placer, observable en los niños más pequeños, es un buen ejemplo de una tal satisfacción autoerótica conseguida en una zona erógena. El primer observador científico de este fenómeno, un pediatra de Budapest llamado Lindner, lo interpretó ya como una satisfacción sexual[22]. Otra satisfacción sexual de esta edad infantil es aquel estímulo masturbatorio de los genitales, que tan gran importancia conserva para la vida posterior y que muchos individuos no logran jamás dominar. Junto a estas y otras actividades autoeróticas, se manifiestan muy tempranamente en el niño aquellos componentes instintivos del placer sexual o, como nosotros acostumbramos a decir, de la libido, que presuponen una persona exterior al sujeto. Estos instintos aparecen en dos formas, activa y pasiva, constituyendo pares antitéticos. Citaré entre ellos, como los de mayor importancia de este grupo, el placer de causar dolor (sadismo), con su contrario pasivo (masoquismo), y el placer visual, de cuyas formas activa y pasiva surgen posteriormente el afán de saber y la tendencia a la exposición artística o teatral. Otras actividades sexuales del niño caen ya dentro de la *elección del objeto,* en la cual se convierte en elemento principal una segunda persona, que debe originariamente su importancia a consideraciones relativas al instinto de conservación. Sin embargo, la diferencia de sexos no desempeña aún en este período infantil un papel decisivo, y sin cometer injusticia alguna puede atribuirse a todos los niños una parte de disposición homosexual.

Esta desordenada vida sexual del niño, muy rica en contenido, pero disociada, y en la cual cada instinto busca por cuenta propia, independientemente de todos los demás, la consecución de placer, experimenta una síntesis y una organización en dos direcciones principales, de tal manera que con el término de la pubertad queda, en la mayoría de los casos, completamente desarrollado el definitivo carácter sexual del individuo. Por un lado, se subordinan los diversos instintos a la primacía de la zona genital, con lo que toda la vida sexual entra al servicio de la procreación, y la satisfacción de dichos instintos queda reducida a la preparación y favorecimiento del acto sexual propiamente dicho. Por otro, la elección del objeto anula el autoerotismo, haciendo que en la vida erótica no quieran ser satisfechos sino en la persona amada todos los componentes del instinto sexual.

Mas no todos los componentes instintivos originales son admitidos en esta definitiva fijación de la vida sexual. Ya antes de la pubertad han sido sometidos determinados instintos, bajo la influencia de la educación, a represiones extraordinariamente enérgicas y han aparecido potencias anímicas tales como el pudor, la repugnancia y la moral, que mantienen, como vigilantes guardianes, dichas represiones. Cuando luego, en la época de la pubertad, llega la marea alta de la necesidad sexual, encuentra en las citadas reacciones o resistencias diques que le marcan su entrada en los caminos, llamados normales, y la hacen imposible vivificar de nuevo los instintos sometidos a la represión. Ésta recae especialmente sobre los placeres infantiles coprófilos, o sea, los relacionados con los excrementos, y, además, sobre la fijación a las personas de la primitiva elección de objeto.

Un principio de Patología general expresa que cada proceso evolutivo trae consigo los gérmenes de la disposición patológica, en cuanto puede ser obstruido o retrasado o no tener lugar sino incompletamente. Esto mismo es aplicable al tan complicado desarrollo de la función sexual, el cual no en todos los individuos se lleva a cabo sin tropiezo alguno, dejando en estos casos, tras de sí, ora anormalidades, ora una disposición a la posterior adquisición de enfermedades por el camino de la regresión. Puede suceder que no todos los instintos parciales se someten a la primacía de la zona genital, y entonces el instinto que ha quedado independiente constituye lo que llamamos una *perversión* y algo que puede sustituir el fin sexual normal por el suyo propio. Sucede muy frecuentemente, como ya hemos indicado, que el autoerotismo no es dominado por completo, defecto del cual dan testimonio, en tiempos posteriores, las más diversas perturbaciones. La original equivalencia de ambos sexos como objetos sexuales puede también mantenerse y resultar de ella una tendencia en la actividad homosexual en la vida adulta, tendencia que puede llegar en determinadas circunstancias a la homosexualidad exclusiva. Esta serie de perturbaciones corresponde a las inhibiciones directas del desarrollo de la función sexual y comprende las *perversiones* y el nada raro *infantilismo* general de la vida sexual.

La disposición a las neurosis debe derivarse también, pero con un camino distinto, de una perturbación del desarrollo sexual. Las neurosis son a las perversiones lo que en fotografía el negativo al positivo. En ellas aparece como sustentadores de los complejos y origen de los síntomas los mismos componentes instintivos que en las perversiones, pero en este caso actúan desde lo inconsciente. Han experimentado, pues, una represión; mas a pesar de la misma, pudieron afirmarse en lo inconsciente. El psicoanálisis nos permite reconocer que una manifestación extremadamente enérgica de estos instintos en épocas muy tempranas conduce a una especie de *fijación* parcial, que constituye un punto débil en el conjunto de la función sexual. Si el ejercicio de la función sexual normal encuentra luego algún obstáculo en la madurez, la represión de la época evolutiva queda rota precisamente en aquellos puntos en los que han tenido lugar fijaciones infantiles.

Me objetaréis quizá ahora que nada de esto es sexualidad. Confieso que he usado esta palabra en un sentido mucho más amplio del que estáis acostumbrados a atribuirle. Pero es muy discutible si no sois vosotros los que la empleáis en un sentido demasiado estrecho cuando la limitáis a los dominios de la procreación. Haciéndolo así, sacrificáis la inteligencia de las perversiones y la conexión entre la perversión, la neurosis y la vida sexual normal, quedando imposibilitados de reconocer, según su verdadera importancia, los comienzos, fácilmente observables, de la vida erótica –somática y psíquica– de los niños. Pero os decidáis o no a dar un más amplio sentido a la palabra discutida, debéis tener siempre en cuenta que el investigador psicoanalítico concibe la sexualidad en aquel amplio sentido al que nos conduce la aceptación de la sexualidad infantil.

Volvamos de nuevo al desarrollo sexual del niño. Quédannos todavía por examinar en él algunos puntos, que antes, dedicada nuestra atención más a las manifestaciones somáticas que a la anímica, de la vida sexual, dejamos escapar. La primitiva elección infantil del objeto, cuya naturaleza obedece a la impotencia del niño para valerse por sí solo, reclama todo nuestro interés. Dirígese, al principio, hacia los guardadores del infantil sujeto y luego, en seguida, hacia sus padres. Según me ha demostrado la observación directa de los niños, confirmada por la investigación analítica de los adultos, la relación del niño con sus padres no está en ningún modo exenta de elementos de excitación sexual. El niño toma a sus dos progenitores, y especialmente a uno de ellos, como objeto de sus deseos eróticos, con lo cual no hace generalmente más que obedecer a un estímulo iniciado por sus propios padres, cuya ternura posee los más claros caracteres de una actividad sexual, si bien desviada en sus fines. El padre prefiere en general a la hija, y la madre, al hijo, y el niño reacciona a ellos con el deseo, si es varón, de hallarse en el supuesto de su padre, o en el de su madre si es hembra. Los sentimientos despertados en estas relaciones entre padres e hijos y en las de los hermanos entre sí no son sólo de naturaleza tierna y positiva, sino también negativos y hostiles. El complejo que de este modo se forma está destinado a una pronta represión; pero ejerce luego, desde lo inconsciente, una magna y duradera influencia, y debemos manifestar nuestra sospecha de que, con sus ramificaciones, constituye el *complejo nódulo (Kernkomplex)* de todas y cada una de las neurosis, hallándonos preparados a encontrarlo con no menos eficacia en otros dominios de la vida psíquica. El mito del rey Edipo, que mata a su padre y toma a su madre por mujer, es una exposición aún muy poco disfrazada del deseo infantil ante el cual se alzan después, rechazándolo, las barreras del incesto. El Hamlet shakespeariano reposa sobre la misma base, aunque más encubierta, del complejo del incesto.

En la época en que el niño está todavía dominado por el complejo nódulo aún no reprimido dedica una importantísima parte de su actividad al servicio de los intereses sexuales; comienza a investigar de dónde vienen los niños, y utilizando los datos que a su observación se ofrecen, adivina de las circunstancias reales más de lo que los adultos pueden sospechar. Generalmente, lo que despierta su interés investigatorio es la amenaza material de la aparición de un nuevo niño, en el que al principio no ve más que un competidor. Bajo la influencia de los instintos parciales que en él actúan llega a formular numerosas *teorías sexuales infantiles,* tales como las de que ambos sexos poseen iguales genitales masculinos y que los niños se conciben comiendo y son paridos por el recto, y que el comercio sexual es un acto de carácter hostil, una especie de sojuzgamiento violento. Mas precisamente el incompleto desarrollo de su constitución sexual y la laguna que en sus conocimientos supone la ignorancia de la forma del aparato genital femenino (vagina) obligan al infantil investigador a abandonar su labor, considerándola inútil. El hecho mismo de esta investigación infantil, así como las pueriles teorías sexuales a que da lugar, presenta gran importancia como determinante para la formación del carácter del niño y del contenido de la neurosis que puede adquirir posteriormente.

Es inevitable y de todo punto normal que el niño haga de sus padres los objetos de su primera elección erótica. Pero su libido no debe permanecer fija en estos primeros objetos, sino tomarlos después únicamente como modelos y pasar de ellos a personas extrañas en la época de la definitiva elección del objeto. El *desligamiento* del niño de sus padres se convierte así en un indispensable deber educativo si el valor social del joven individuo no ha de correr un serio peligro.

Durante la época en la que la represión lleva a cabo la selección entre los instintos parciales de la sexualidad y después, cuando ha de debilitarse la influencia de los padres, la cual ha proporcionado la energía necesaria para estas represiones, recaen sobre la labor educativa importantes deberes, que actualmente no siempre son desempeñados de una manera comprensiva y libre de objeciones.

No vayáis quizá a juzgar que con estas discusiones sobre la vida sexual y la evolución psicosexual del niño nos hemos alejado mucho del psicoanálisis y de la labor curativa de las perturbaciones nerviosas. Si queréis, podéis describir exclusivamente el tratamiento psicoanalítico como una segunda educación dirigida al vencimiento de los restos de la infancia.

5.

Con el descubrimiento de la sexualidad infantil y la referencia de los síntomas neuróticos a componentes instintivos eróticos hemos llegado a establecer algunas inesperadas fórmulas sobre la esencia y las tendencias de las neurosis. Vemos que los hombres enferman cuando, a consecuencia de obstáculos exteriores o falta interna de adaptación, queda vedada para ellos la satisfacción de sus necesidades sexuales en la *realidad,* y vemos que entonces se *refugian en la enfermedad,* para hallar con su ayuda una satisfacción sustitutiva de la que les ha sido negada. Reconocemos que los síntomas patológicos contienen una parte de la actividad sexual del sujeto o a veces su vida sexual entera, y encontramos en el alejamiento de la realidad la tendencia capital, pero también el daño principal de la enfermedad. Sospechamos que la resistencia que nuestros enfermos oponen a su restablecimiento no es de constitución simple, sino compuesta de varios motivos. No solamente se resiste el *yo* del enfermo a levantar las represiones por medio de las cuales ha realizado su evolución, sino que tampoco los instintos sexuales se resignan a prescindir de sus satisfacciones sustitutivas mientras permanezca aún inseguro si la realidad les ofrecerá o no algo mejor.

La fuga en que el sujeto abandona la insatisfactoria realidad para refugiarse en aquello que por su nocividad biológica denominamos enfermedad, pero que jamás deja de ofrecer al enfermo un inmediato placer, se lleva a cabo por el camino de la *regresión,* del retorno, a fases tempranas de la vida sexual, a las que en su época no faltó satisfacción. Esta regresión es aparentemente doble: *temporal,* en cuanto la libido, la necesidad erótica, retrocede a grados evolutivos temporalmente anteriores, y *formal,* en cuanto para la manifestación de esta necesidad se emplean los originales y primitivos medios expresivos psíquicos; mas ambos géneros de regresión se hallan orientados hacia la niñez y se reúnen para la constitución de un estado infantil de la vida sexual.

Cuanto más se penetra en la patogénesis de la enfermedad nerviosa, más se descubre la conexión de las neurosis con otras producciones de la vida psíquica humana, aun con las de un más alto valor. Nosotros, los hombres, con las grandes aspiraciones de nuestra civilización y bajo el peso de nuestras íntimas represiones, hallamos la realidad totalmente insatisfactoria y mantenemos, por tanto, una vida imaginativa, en la cual gustamos de compensar los defectos de la realidad por medio de la producción de realizaciones de deseos. Estas fantasías entrañan mucho de la propia esencia constitucional de la personalidad y también de los impulsos en ella reprimidos para su adaptación a la realidad. El hombre que alcanza grandes éxitos de su vida es aquel que por medio del trabajo logra convertir en realidad sus fantasías. Donde esto fracasa a consecuencia de las resistencias del mundo exterior y de la debilidad del individuo surge el

apartamiento de la realidad; el individuo se retira a su satisfactoria fantasía y, en el caso de enfermedad, convierte su
contenido en síntomas. Bajo determinadas condiciones
favorables, le será aún posible hallar otro camino que, partiendo de dichas fantasías, le conduzca de nuevo a la realidad, salvándole de extrañarse de ella duraderamente por
medio de la regresión a lo infantil. Cuando la persona ene-
mistada con el mundo real posee aquello que llamamos
*dotes artísticas* y cuya psicología permanece aún misteriosa
para nosotros, puede transformar sus fantasías no en síntomas, sino en creaciones artísticas, escapar así a la neurosis y
volver a encontrar por este camino indirecto la relación con
la realidad[23]. En los casos en que a una persistente rebelión
contra el mundo real se une la falta o la insuficiencia de estas
preciosas dotes, resulta inevitable que la libido, siguiendo el
origen de la fantasía, llegue por el camino de la regresión a
la resurrección de los deseos infantiles y con ella a la neurosis. Ésta reemplaza en nuestro días al convento al cual acos-
tumbraban antes retirarse aquellas personas desengañadas
de la vida o que se sentían demasiado débiles para vivirla.

Permitidme que en este punto exponga el resultado capital conseguido por la investigación psicoanalítica de los
neuróticos y que es el de que las neurosis no tienen un especial contenido psíquico que no pueda hallarse también en
los individuos sanos, o como lo ha expresado C. G. Jung,
que los neuróticos enferman a causa de los mismos complejos con los que luchamos los sanos. De circunstancias cuantitativas y de las relaciones de las fuerzas que combaten
entre sí depende que la lucha conduzca a la salud, a la neurosis o a sublimaciones compensadoras.

Os he ocultado hasta ahora algo que constituye la más
importante confirmación de nuestra hipótesis de las fuerzas
instintivas sexuales de la neurosis. Siempre que sometemos
a un nervioso al tratamiento psicoanalítico aparece en él el
extraño fenómeno llamado *transferencia (Uebertragung)*,

consistente en que el enfermo dirige hacia el médico una serie de tiernos sentimientos mezclados frecuentemente con otros hostiles, conducta sin fundamento alguno real y que, según todos los detalles de su aparición, tiene que ser derivada de los antiguos deseos imaginativos devenidos inconscientes. Así, pues, el enfermo vive, en su relación con el médico, aquella parte de su vida sentimental que ya no puede hacer volver a su memoria, y por medio de este vivir de nuevo en la «transferencia» es como queda convencido, tanto de la existencia como del poder de tales impulsos sexuales inconscientes. Los síntomas, que para emplear una comparación tomada de los dominios de la Química son los precipitados de anteriores sucesos eróticos (en el más amplio sentido), no pueden disolverse y ser transformados en otros productos psíquicos más que a la elevada temperatura de la transferencia. El médico desempeña en esta reacción, según acertadísima frase de S. Ferenczi[24], el papel de un *fermento catalítico* que atrae temporalmente los afectos que en el proceso van quedando libres. El estudio de la transferencia nos proporciona también la clave para la inteligencia de la sugestión hipnótica que en un principio empleamos con nuestros enfermos como medio técnico para la investigación de lo inconsciente. El hipnotismo se reveló entonces como un auxiliar terapéutico; pero, en cambio, como un obstáculo para el conocimiento científico de la cuestión, pues si hacía desaparecer las resistencias en determinado campo, no evitaba que se alzasen de nuevo en los límites del mismo, formando impenetrables murallas que impedían todo nuevo avance. No hay que creer que el fenómeno de la transferencia, sobre el cual no puedo extenderme aquí mucho, desgraciadamente, sea un producto de la influenciación psicoanalítica. La transferencia surge espontáneamente en todas las relaciones humanas, lo mismo que en la del enfermo y el médico; es, en general, el verdadero substrato de la influenciación terapéutica y actúa con tanta mayor energía cuanto menos se sospecha su existencia. Así, pues, no es el psicoanálisis el que la crea, sino que se limita a revelarla a la conciencia y se apodera de ella para dirigir los procesos psíquicos hacia el fin deseado. No puedo abandonar el tema de la transferencia sin hacer resaltar que este fenómeno es decisivo no sólo para la convicción del enfermo, sino también para la del médico. Sé que todos mis partidarios han llegado a convencerse de la exactitud de mis afirmaciones sobre la patogénesis de las neurosis precisamente por sus experiencias personales en lo referente a la transferencia, y comprendo muy bien que no se llegue a tal seguridad de juicio en tanto no haya efectuado uno por sí mismo psicoanálisis y haya tenido ocasión de observar directamente los efectos de dicho fenómeno.

A mi juicio existen, por parte del intelecto, dos obstáculos opuestos al reconocimiento de las ideas psicoanalíticas: en primer lugar, lo desacostumbrado de contar con una estricta y absoluta determinación de la vida psíquica, y en segundo, el desconocimiento de las peculiaridades que constituyen la diferencia entre los procesos anímicos inconscientes y los conscientes que nos son familiares. Una de las más extendidas resistencias contra la labor psicoanalítica –tanto en los sanos como en los enfermos– se refiere al último de dichos factores. Se teme causar un daño con el psicoanálisis y se siente miedo de atraer a la conciencia de enfermo los instintos sexuales reprimidos, como si ello trajese consigo el peligro de que dominasen en él las aspiraciones éticas más elevadas y le despojasen de sus conquistas culturales. Se observa que el paciente presenta heridas en su vida anímica, pero se evita tocar a ellas para no aumentar sus sufrimientos. Podemos aceptar y proseguir esta analogía. Es indudablemente más piadoso no rozar las partes enfermas cuando con ello no se ha de saber más que causar dolor. Pero el cirujano no prescinde de investigar el foco de la enfermedad cuando intenta una

operación que ha de producir un restablecimiento duradero, y nadie pensará en culparle de los inevitables sufrimientos que el reconocimiento haya de causar ni de los
fenómenos de reacción que surgen en el operado si con la
intervención quirúrgica alcanza su propósito y consigue
que después de una temporal agravación de su estado llegue el enfermo a una definitiva curación. Análogas son las
circunstancias del psicoanálisis, y éste puede aspirar a ser
considerado igual que la cirugía. El aumento de dolor que
pueda producir al enfermo durante el tratamiento es –dada
una acertada técnica– infinitamente menor que el producido en una intervención quirúrgica, y considerando la gravedad del mal que de curar se trata, aparece como un elemento nada merecedor de tenerse en cuenta. El temido
resultado final de una destrucción del carácter civilizado
por los instintos liberados de la represión es totalmente
imposible, pues este temor no tiene en cuenta algo que
nuestra experiencia nos ha señalado con toda seguridad, y
es que el poder anímico y somático de un deseo, cuando su
represión ha fracasado, es mucho mayor siendo inconsciente que siendo consciente, de manera que con su atracción a la conciencia no se hace sino debilitarlo. El deseo
inconsciente no es susceptible de ser influido y permanece
independiente de toda circunstancia, mientras que el consciente es refrenado por todo lo igualmente consciente contrario a él. La labor psicoanalítica entra así como un venta-
joso sustitutivo de la fracasada represión al servicio de las
aspiraciones civilizadoras más elevadas y valiosas.

   ¿Cuáles son, pues, los destinos de los deseos inconscientes libertados por el psicoanálisis, y cuáles los caminos que
seguimos para impedir que dañen la vida del paciente?
Existen varias soluciones. El resultado más frecuente es el
de que tales deseos quedan ya dominados, durante el tratamiento, por la actividad anímica correcta de los sentimientos más elevados a ellos contrarios. La *represión* es susti-

tuida por una *condenación* llevada a cabo con los medios
más eficaces. Esto se hace posible por el hecho de que lo
que se trata de hacer desaparecer son sólo consecuencias
de anteriores estadios evolutivos del *yo*. El individuo no
llevó a cabo anteriormente más que una represión del instinto inutilizable, porque en dicho momento no se hallaba
él mismo sino imperfectamente organizado y era débil;
mas en su actual madurez y fuerza puede, quizá, dominar
a la perfección lo que le es hostil. Un segundo término de
la labor psicoanalítica es el de que los instintos inconscientes descubiertos pueden ser dirigidos a aquella utilización
que en un desarrollo no perturbado hubiera debido hallar
anteriormente. La extirpación de los deseos infantiles no
es, de ningún modo, el fin ideal del desarrollo. El neurótico ha perdido por sus represiones muchas fuentes de energía anímica, cuyo caudal le hubiese sido muy valioso para
la formación de su carácter y para su actividad en la vida.
Conocemos otro más apropiado proceso de la evolución, la
llamada *sublimación,* por la cual no queda perdida la energía de los deseos infantiles, sino que se hace utilizable diri-
giendo cada uno de los impulsos hacia un fin más elevado
que el inutilizable y que puede carecer de todo carácter
sexual. Precisamente los componentes del instinto sexual
se caracterizan por esta capacidad de sublimación de cambiar su fin sexual por otro más lejano y de un mayor valor
social. A las aportaciones de energía conseguidas de este
modo para nuestras funciones anímicas debemos probablemente los más altos éxitos civilizados. Una temprana
represión excluye la sublimación del instinto reprimido.
Mas, una vez levantada la primera, queda libre de nuevo el
camino para efectuar la segunda.

No debemos, por último, omitir el tercero de los resultados posibles de la labor psicoanalítica. Cierta parte de los
impulsos libidinosos reprimidos tiene derecho a una satisfacción directa, y debe hallarla en la vida. Nuestras aspira-

ciones civilizadoras hacen demasiado difícil la existencia a la mayoría de las organizaciones humanas, coadyuvando así al apartamiento de la realidad y a la formación de la neurosis sin conseguir un aumento de civilización por esta exagerada represión sexual. No debíamos engreírnos tanto como para descuidar por completo lo originariamente animal de nuestra naturaleza, ni debemos tampoco olvidar que la felicidad del individuo no puede ser borrada de entre los fines de nuestra civilización. La plasticidad de los componentes sexuales, que se manifiesta en su capacidad de sublimación, puede constituir una gran tentación de perseguir, por medio de una sublimación progresiva, efectos civilizadores cada vez más grandes. Pero así como no contamos con transformar en nuestras máquinas más de una parte del calor empleado en trabajo mecánico útil, así tampoco debíamos aspirar a apartar de sus fines propios toda la energía del instinto sexual. No es posible conseguir tal cosa, y si la limitación de la sexualidad ha de llevarse demasiado lejos, traerá consigo todos los daños de una exagerada e irregular explotación.

No sé si consideraréis esta última observación como una genialidad mía. Para daros una exacta representación indirecta de este mi convencimiento recurriré a relataros una historia de cuya moraleja podéis encargaros. La literatura alemana nombra una ciudad, la Schilda, a cuyos moradores se atribuye toda clase de ideas astutas. Cuéntase que poseían un caballo con cuyo trabajo y fuerza se hallaban muy contentos; pero que, según ellos, tenía el caro defecto de consumir demasiada avena en sus piensos. En vista de ello, decidieron quitarle poco a poco tan mala costumbre, disminuyendo diariamente su ración en una pequeña cantidad, hasta acostumbrarle a la abstinencia completa. Durante algún tiempo, la cosa marchó admirablemente; llegó un día en que el caballo no comió más que una brizna, y al siguiente debía ya trabajar sin pienso alguno. Mas he aquí que en la mañana de dicho día el perverso animal fue hallado muerto, sin que los ciudadanos de Schilda pudiesen explicarse por qué.

Nosotros nos inclinaríamos a creer que el pobre caballo había muerto de hambre, y que sin una ración de avena no puede esperarse que ningún animal rinda trabajo alguno.

# Compendio del psicoanálisis *

## 1. El aparato psíquico

El psicoanálisis parte de un supuesto básico cuya discusión concierne al pensamiento filosófico, pero cuya justificación radica en sus propios resultados. De lo que hemos dado en llamar nuestro psiquismo o vida mental son dos cosas que conocemos: por un lado, su órgano somático y teatro de acción, el encéfalo o sistema nervioso; por el otro, nuestros actos de consciencia, que se nos dan en forma inmediata y cuya intuición no podría tornarse más directa mediante ninguna descripción. Ignoramos cuanto existe entre estos dos términos finales de nuestro conocimiento; no se da entre ellos ninguna relación directa. Si la hubiera, nos proporcionaría a lo sumo una localización exacta de los procesos de consciencia, sin contribuir en lo mínimo a su mejor comprensión.

* Trabajo inconcluso que Freud comenzó a escribir en Londres el 22 de julio de 1938, y que, bajo el título *Abriss der Psychoanalyse*, fue publicado en 1940.

113

Nuestras dos hipótesis arrancan de estos términos o principios de nuestro conocimiento. La primera de ellas concierne a la localización: presumimos que la vida psíquica es la función de un aparato al cual suponemos espacialmente extenso y compuesto de varias partes, o sea que lo imaginamos a semejanza de un telescopio, de un microscopio o algo parecido. La consecuente elaboración de semejante concepción representa una novedad científica, aunque ya se hayan efectuado determinados intentos en este sentido.

Las nociones que tenemos de este aparato psíquico las hemos adquirido estudiando el desarrollo individual del ser humano. A la más antigua de esas provincias o instancias psíquicas la llamamos *ello;* tiene por contenido todo lo heredado, lo innato, lo constitucionalmente establecido; es decir, sobre todo, los instintos originados en la organización somática, que alcanzan en el *ello* una primera expresión psíquica cuyas formas aún desconocemos [1].

Bajo la influencia del mundo exterior real que nos rodea, una parte del *ello* ha experimentado una transformación particular. De lo que era originalmente una capa cortical dotada de órganos receptores de estímulos y de dispositivos para la protección contra las estimulaciones excesivas, desarrollóse paulatinamente una organización especial que desde entonces oficia de mediadora entre el *ello* y el mundo exterior. A este sector de nuestra vida psíquica le damos el nombre de *yo.*

*Características principales del* yo

En virtud de la relación preestablecida entre la percepción sensorial y la actividad muscular, el *yo* gobierna la motilidad voluntaria. Su tarea consiste en la autoconservación, y la realiza en doble sentido. Frente al mundo *exterior* se percata de los estímulos, acumula (en la memoria) experiencias sobre los mismos, elude (por la fuga) los que son demasiado intensos, enfrenta (por adaptación) los estímulos moderados y, por fin, aprende a modificar el mundo exterior, adecuándolo a su propia conveniencia (actividad). Hacia el *interior*, frente al *ello*, conquista el dominio sobre las exigencias de los instintos, decide si han de tener acceso a la satisfacción, aplazándola hasta las oportunidades y circunstancias más favorables del mundo exterior, o bien suprimiendo totalmente las excitaciones instintivas. En esta actividad el *yo* es gobernado por la consideración de las tensiones excitativas que ya se encuentran en él o que va recibiendo. Su aumento se hace sentir por lo general con *displacer,* y su disminución, como *placer.* Es probable, sin embargo, que lo sentido como placer y como displacer no sean las magnitudes absolutas de esas tensiones excitativas, sino alguna particularidad en el ritmo de sus modificaciones. El *yo* persigue el placer y trata de evitar el displacer. Responde con una *señal de angustia* a todo aumento esperado y previsto del displacer, calificándose de *peligro* el motivo de dicho aumento, ya amenace desde el exterior o desde el interior. Periódicamente el *yo* abandona su conexión con el mundo exterior y se retrae al estado del dormir, modificando profundamente su organización. De este estado de reposo se desprende que dicha organización consiste en una distribución particular de la energía psíquica.

Como sedimento del largo período infantil durante el cual el ser humano en formación vive en dependencia de sus padres, fórmase en el *yo* una instancia especial que perpetúa esa influencia parental y a la que se ha dado el nombre de *super-yo*. En la medida en que se diferencia del *yo* o se le opone, este *super-yo* constituye una tercera potencia que el *yo* ha de tomar en cuenta.

Una acción del *yo* es correcta si satisface al mismo tiempo las exigencias del *yo,* del *super-yo* y de la realidad; es decir, si logra conciliar mutuamente sus demandas respectivas. Los detalles de la relación entre el *yo* y el *super-yo* se tornan perfectamente inteligibles, reduciéndolos a la actitud del niño frente a sus padres. Naturalmente, en la influencia parental no sólo actúa la índole personal de aquéllos, sino también el efecto de las tradiciones familiares, raciales y populares que ellos perpetúan, así como las demandas del respectivo medio social que representan. De idéntica manera, en el curso de la evolución individual el *super-yo* incorpora aportes de sustitutos y sucesores ulteriores de los padres, como los educadores, los personajes ejemplares, los ideales venerados en la sociedad. Se advierte que, a pesar de todas sus diferencias fundamentales, el *ello* y el *super-yo* tienen una cosa en común: ambos representan las influencias del pasado: el *ello,* las heredadas; el *super-yo,* esencialmente las recibidas de los demás, mientras que el *yo* es determinado principalmente por las vivencias propias del individuo; es decir, por lo actual y accidental.

Este esquema general de un aparato psíquico puede asimismo admitirse como válido para los animales superiores, psíquicamente similares al hombre. Debemos suponer que existe un *super-yo* en todo ser que, como el hombre, haya tenido un período más bien prolongado de dependencia infantil. Cabe también aceptar inevitablemente la distinción entre un *yo* y un *ello.*

La psicología animal no ha abordado todavía el interesante problema que aquí se plantea.

## 2.  Teoría de los instintos = Pulsión (TRIEBTHEORIE)

El poderío del *ello* expresa el verdadero propósito vital del organismo individual: satisfacer sus necesidades innatas. No es posible atribuir al *ello* un propósito como el de mantenerse vivo y de protegerse contra los peligros por medio de la angustia: tal es la misión del *yo,* que además está encargado de buscar la forma de satisfacción que sea más favorable y menos peligrosa en lo referente al mundo exterior. El *super-yo* puede plantear, a su vez, nuevas necesidades, pero su función principal sigue siendo la *restricción* de las satisfacciones.

Denominamos *instintos* a las fuerzas que suponemos actuando tras las tensiones causadas por las necesidades del *ello*. Representan las exigencias somáticas planteadas a la vida psíquica, y aunque son la causa última de toda actividad, su índole es esencialmente conservadora: de todo estado que un ser vivo alcanza surge la tendencia a restablecerlo en cuanto haya sido abandonado. Por tanto, es posible distinguir un número indeterminado de instintos, lo que efectivamente suele hacerse en la práctica común. Para nosotros, empero, tiene particular importancia la posibilidad de derivar todos esos múltiples instintos de unos pocos fundamentales. Hemos comprobado que los instintos pueden trocar su fin (por desplazamiento) y que también pueden sustituirse mutuamente, pasando la energía de uno al otro, proceso este que aún no se ha llegado a comprender suficientemente. Tras largas dudas y vacilaciones nos hemos decidido a aceptar sólo dos instintos básicos: el *Eros* y el *instinto de destrucción*. (La antítesis entre los instintos de autoconservación y de conservación de la especie, así como aquella otra entre el amor yoico y el amor objetal, caen todavía dentro de los límites del *Eros*.) El primero de dichos instintos básicos persigue el fin de establecer y conservar unidades cada vez mayores, es decir, tiende a la unión; el instinto de destrucción, por el contrario, busca la disolución de las conexiones, destruyendo así las cosas. En lo que a éste se refiere, podemos aceptar que su fin último es el de reducir lo viviente al estado inorgánico, de modo que también lo denominamos *instinto de muerte*. Si admitimos que la sustancia viva apareció después que la inanimada, originándose de ésta, el instinto de muerte se ajusta a la fórmula mencionada, según la cual todo instinto perseguiría el retorno a un estado anterior. No podemos, en cambio, aplicarla al Eros (o instinto de amor), pues ello significaría presuponer que la sustancia viva fue alguna vez una unidad, destruida más tarde, que tendería ahora a su nueva unión [2].

En las funciones biológicas ambos instintos básicos se antagonizan o combinan entre sí. Así, el acto de comer equivale a la destrucción objeto, con el objetivo final de su incorporación; el acto sexual, a una agresión con el propósito de la más íntima unión. Esta interacción sinérgica y antagónica de ambos instintos básicos da lugar a toda la abigarrada variedad de los fenómenos vitales. Trascendiendo los límites de lo viviente, las analogías con nuestros dos instintos básicos se extienden hasta la polaridad antinómica de atracción y repulsión que rige en el mundo inorgánico [3].

Las modificaciones de la proporción en que se fusionan los instintos tienen las más decisivas consecuencias. Un exceso de agresividad sexual basta para convertir al amante en un asesino perverso, mientras que una profunda atenuación del factor agresivo lo convierte en tímido o impotente.

De ningún modo podríase confinar uno y otro de los instintos básicos a determinada región de la mente; por el contrario, han de encontrarse necesariamente en todas partes. Imaginamos el estado inicial de los mismos suponiendo que toda la energía disponible del Eros –que en adelante llamaremos libido– se encuentra en el *yo-ello* aún indiferenciado y sirve allí para neutralizar las tendencias agresivas que coexisten con aquélla. (Carecemos de un término análogo a *libido* para designar la energía del instinto de destrucción.) Podemos seguir con relativa facilidad las vicisitudes de la libido, pero nos resulta más difícil hacerlo con las del instinto de destrucción.

Mientras este instinto actúa internamente, como instinto de muerte, permanece mudo; sólo se nos manifiesta una vez dirigido hacia afuera, como instinto de destrucción. Tal derivación hacia el exterior parece ser esencial para la conservación del individuo y se lleva a cabo por medio del sistema muscular. Al establecerse el *super-yo*, considerables proporciones del instinto de agresión son fijadas en el interior del *yo* y actúan allí en forma autodestructiva, siendo éste uno de los peligros para la salud a que el hombre se halla expuesto en su camino hacia el desarrollo cultural. En general, contener la agresión es malsano, patógeno. Una persona presa de un acceso de ira suele demostrar cómo se lleva a cabo la transición de la agresividad contenida a la autodestrucción, al orientarse aquélla contra la propia persona: cuando se mesa los cabellos o se golpea la propia cara, siendo evidente que hubiera preferido aplicar a otro este tratamiento. Una parte de la autodestrucción subsiste permanentemente en el interior, hasta que concluye por matar al individuo, quizá sólo una vez que su libido se haya consumido o se haya fijado en alguna forma desventajosa. Así, en términos generales, cabe aceptar que el *individuo* muere por sus conflictos internos, mientras que *la especie* perece en su lucha estéril contra el mundo exterior, cuando éste se modifica de manera tal que ya no puede ser enfrentado con las adaptaciones adquiridas por la especie.

Sería difícil precisar las vicisitudes de la libido en el *ello* y en el *super-yo*. Cuanto sabemos al respecto se refiere al *yo*, en el que está originalmente acumulada toda la reserva disponible de libido. A este estado lo denominamos *protonarcisismo absoluto* (narcisismo primario absoluto); subsiste hasta que el *yo* comienza a caracterizar las representaciones de los objetos con libido; es decir, a convertir libido narcisística en libido objetal. Durante toda la vida el *yo* sigue siendo el gran reservorio del cual emanan las catexias libidinales hacia los objetos y al que se retraen nuevamente, como una masa protoplástica maneja sus seudopodos. Sólo en el estado del pleno enamoramiento el contingente principal de la libido es transferido al objeto, asumiendo éste, en cierta manera, la plaza del *yo*. Una característica de la libido, importante para la existencia, es su *movilidad*, es decir, la facilidad con que pasa de un objeto a otro. Contraria a aquélla es la *fijación* de la libido a determinados objetos, que frecuentemente puede persistir durante la vida entera.

Es innegable que la libido tiene fuentes somáticas, que fluye hacia el *yo* desde distintos órganos y partes del cuerpo, como lo observamos con mayor claridad en aquella parte de la libido que, de acuerdo con su fin instintual, denominamos «excitación sexual».'Las más destacadas de las regiones somáticas que dan origen a la libido se distinguen con el nombre de *zonas erógenas,* aunque en realidad el cuerpo entero es una zona erógena semejante. La mayor parte de nuestros conocimientos respecto del Eros –es decir, de su exponente, la libido– los hemos adquirido estudiando la función sexual, que en la acepción popular, aunque no en nuestra teoría, coincide con el Eros. Pudimos formarnos así una imagen de cómo el impulso sexual, destinado a ejercer tan decisiva influencia en nuestra vida, se desarrolla gradualmente a partir de los sucesivos aportes suministrados por una serie de instintos parciales que representan determinadas zonas erógenas.

### 3.  Desarrollo de la función sexual

De acuerdo con la concepción corriente, la vida sexual humana consiste esencialmente en el impulso de poner los órganos genitales propios en contacto con los de una persona del sexo opuesto. Es acompañado por el beso, la contemplación y la caricia manual de ese cuerpo ajeno, como manifestaciones accesorias y como actos preparatorios. Dicho impulso aparecería con la pubertad, es decir, en la edad de la maduración sexual, y serviría a la procreación; pero siempre se conocieron determinados hechos que no caben en el estrecho marco de esta concepción: 1) es curioso que existan seres para los cuales sólo tienen atractivo las personas del propio sexo y sus órganos genitales; 2) no es menos extraño que existan personas cuyos deseos parecieran ser sexuales, pero que al mismo tiempo descartan completamente los órganos sexuales o su utilización normal: a tales seres se los llama «perversos»; 3) por fin, es notable que ciertos niños, considerados por ello como degenerados, muy precozmente manifiestan interés por sus propios genitales y signos de excitación en los mismos.

Es comprensible que el psicoanálisis despertara sensación y antagonismo cuando, fundándose parcialmente en esos tres hechos inadvertidos, contradijo todas las concepciones populares sobre la sexualidad y arribó a las siguientes comprobaciones fundamentales:

*a)* La vida sexual no comienza sólo en la pubertad, sino que se inicia con evidentes manifestaciones poco después del nacimiento.

*b)* Es necesario establecer una neta distinción entre los conceptos de lo «sexual» y lo «genital». El primero es un concepto más amplio y comprende muchas actividades que no guardan relación alguna con los órganos genitales.

*c)* La vida sexual abarca la función de obtener placer en zonas del cuerpo, una función que ulteriormente es puesta al servicio de la procreación, pero a menudo las dos funciones no llegan a coincidir íntegramente.

Es natural que el interés se concentre en el primero de estos postulados, el más inesperado de todos. Pudo comprobarse, en efecto, que en la temprana infancia existen ciertos signos de actividad corporal a los que sólo un arraigado prejuicio pudo negar el calificativo de sexual y que aparecen vinculados con fenómenos psíquicos que más tarde volveremos a encontrar en la vida amorosa del adulto, como, por ejemplo, la fijación a determinados objetos, los celos, etc. Compruébase, además, que tales fenómenos, surgidos en la primera infancia, forman parte de un proceso

evolutivo perfectamente reglado, pues después de un incremento progresivo alcanzan su máximo hacia el final del
quinto año, para caer luego en un intervalo de reposo.
Mientras dura éste, el proceso se detiene, gran parte de lo
aprendido se pierde y la actividad sufre una suerte de invo-
lución. Finalizado este período, que se denomina «de latencia», la vida sexual continúa en la pubertad, cual si volviera
a florecer. He aquí el hecho del *arranque bifásico* de la vida
sexual, hecho desconocido fuera de la especie humana y
seguramente fundamental para su antropomorfización[4].

No carece de importancia el que los sucesos de este primer período de la sexualidad sean, salvo escasos restos, víctima de la *amnesia infantil*. Nuestras concepciones sobre la
etiología de las neurosis y nuestra técnica de tratamiento
analítico derivan precisamente de estas concepciones, y la
exploración de los procesos evolutivos que acaecen en dicha
época precoz también ha evidenciado la certeza de otras
postulaciones.

La boca es, a partir del nacimiento, el primer órgano que
aparece como zona erógena y que plantea al psiquismo exigencias libidinales. Primero, toda actividad psíquica está
centrada en la satisfacción de las necesidades de esa zona.
Naturalmente, la boca sirve en primer lugar a la autoconservación por medio de la nutrición, pero no se debe confundir la fisiología con la psicología. El chupeteo del niño,
actividad en la que éste persiste con obstinación, es la manifestación más precoz de un impulso hacia la satisfacción
que, si bien originado en la ingestión alimentaria y estimulado por ésta, tiende a alcanzar el placer independientemente de la nutrición, de modo que podemos y debemos
considerarlo sexual.

Ya durante esa fase oral, con la aparición de los dientes,
surgen esporádicamente impulsos sádicos que se generali-
zan mucho más en la segunda fase, denominada «sádico-
anal» porque en ella la satisfacción se busca en las agresio-

nes y en las funciones excretorias. Al incluir las tendencias agresivas en la libido nos fundamos en nuestro concepto de que el sadismo es una mezcla instintual de impulsos puramente libidinales y puramente destructivos, mezcla que desde entonces perdurará durante toda la vida[5].

La tercera fase, denominada «fálica», es como un prolegómeno de la conformación definitiva que adoptará la vida sexual, a la cual se asemeja sobremanera. Es notable que en ella no intervengan los genitales de ambos sexos, sino sólo el masculino (falo). Los genitales femeninos permanecen ignorados durante mucho tiempo; el niño, en su intento de comprender los procesos sexuales, se adhiere a la venerable teoría cloacal, genéticamente bien justificada[6].

Con la fase fálica y en el curso de ella, la sexualidad infantil precoz llega a su máximo y se aproxima a la declinación. En adelante, el varón y la mujer seguirán distintas evoluciones. Ambos han comenzado a poner su actividad intelectual al servicio de la investigación sexual; ambos se basan en la presunción de la existencia universal del pene; pero ahora han de separarse los destinos de los sexos. El varón ingresa en la fase edípica; comienza a manipular su pene con fantasías simultáneas que tienen por tema cualquier forma de actividad sexual del mismo con la madre, hasta que los efectos combinados de alguna amenaza de castración y del descubrimiento de la falta de pene en la mujer le hace experimentar el mayor trauma de su vida, que inaugura el período de latencia, con todas sus repercusiones. La niña, después de un fracasado intento de emular al varón, llega a reconocer su falta de pene, o más bien la inferioridad de su clítoris, sufriendo consecuencias definitivas para la evolución de su carácter; a causa de esta primera defraudación en la rivalidad, a menudo comienza por apartarse de la vida sexual en general.

Sería erróneo suponer que estas tres fases se suceden simplemente; por el contrario, la una se agrega a la otra, se

superponen, coexisten. En las fases precoces cada uno de los
instintos parciales persigue su satisfacción en completa
independencia de los demás; pero en la fase fálica aparecen
los primeros indicios de una organización destinada a
subordinar las restantes tendencias bajo la primacía de los
genitales, representando un comienzo de coordinación de la
tendencia hedonística general con la función sexual. La
organización completa sólo se alcanzará a través de la
pubertad, en una cuarta fase, en la genital. Se establece así
una situación en la cual: 1) se conservan muchas catexias
libidinales anteriores; 2) otras se incorporan a la función
sexual como actos preparatorios y coadyuvantes, cuya satisfacción suministra el denominado placer previo; 3) otras
tendencias son excluidas de la organización, ya sea coartán-
dolas totalmente (represión) o empleándolas de una manera distinta en el *yo,* formando rasgos del carácter o experi-
mentando sublimaciones con desplazamientos de sus fines.

Este proceso no siempre transcurre llanamente. Las inhibiciones de su desarrollo se manifiestan en forma de los
múltiples trastornos que puede sufrir la vida sexual.
Prodúcense entonces fijaciones de la libido a las condiciones de fases anteriores, cuya tendencia, independiente del
fin sexual normal, se califica de *perversión.* Semejante inhibición del desarrollo es, por ejemplo, la homosexualidad,
siempre que llegue a ser manifiesta. El análisis demuestra
que en todos los casos ha existido un vínculo objetal de
carácter homosexual, que casi siempre subsiste, aun *latente-
mente.* La situación se complica porque, en general, no se
trata de que los procesos necesarios para llegar a la solución
normal se realicen plenamente o falten por completo, sino
que también pueden realizarse *parcialmente,* de modo que
el resultado final dependerá de estas relaciones *cuantitativas.* Así, aunque se haya alcanzado la organización genital,
ésta se encontrará debilitada por las porciones de libido que
no hayan seguido su desarrollo, quedando fijadas a objetos

y fines pregenitales. Este debilitamiento se manifiesta en la tendencia de la libido a retornar a sus anteriores catexias pregenitales en casos de insatisfacción genital o de dificultades en el mundo real (regresión).

Estudiando las funciones sexuales hemos adquirido una primera convicción provisional, o más bien una presunción, de dos nociones que demostrarán ser importantes en todo el sector de nuestra ciencia. Ante todo, la de que las manifestaciones normales y anormales que observamos, es decir, la fenomenología, debe ser descrita desde el punto de vista de la dinámica y de la economía (en este caso, desde el punto de vista de la distribución cuantitativa de la libido); luego, que la etiología de los trastornos estudiados por nosotros se encuentra en la historia evolutiva, es decir, en las épocas más precoces del individuo.

## 4. Las cualidades psíquicas

Hemos descrito la estructura del aparato psíquico y las energías o fuerzas que en él actúan; hemos observado asimismo en un ejemplo ilustrativo cómo esas energías, especialmente la libido, se organizan integrando una función fisiológica que sirve a la conservación de la especie. Nada había en todo ello que expresase el particularísimo carácter de lo psíquico, salvo, naturalmente, el hecho empírico de que aquel aparato y aquellas energías constituyen el fundamento de las funciones que denominamos nuestra vida anímica. Nos ocuparemos ahora de cuanto es únicamente característico de ese psiquismo, de lo que, según opinión muy generalizada, hasta coincide realmente con lo psíquico, a exclusión de todo lo demás.

El punto de partida de dicho estudio está dado por el singular fenómeno de la consciencia, un hecho refractario a toda explicación y descripción. No obstante, cuando alguien se refiere a la consciencia, sabemos al punto por propia experiencia lo que con ello se quiere significar [7].

Muchas personas, psicólogas o no, se conforman con aceptar que la consciencia sería lo único psíquico, y en tal caso, la psicología no tendría más objeto que discernir, en la fenomenología psíquica, percepciones, sentimientos, procesos cogitativos y actos volitivos. Se acepta generalmente, empero, que estos procesos conscientes no forman series cerradas y completas en sí mismas, de modo que sólo cabe la alternativa de admitir que existen procesos físicos o somáticos concomitantes de lo psíquico, siendo evidente que forman series más completas que las psíquicas, pues sólo algunas, pero no todas, tienen procesos paralelos conscientes. Nada más natural, pues, que poner el acento, en psicología, sobre esos procesos somáticos, reconocerlos como lo esencialmente psíquico, tratar de establecer otra categoría para los procesos conscientes. Mas a esto se resisten la mayoría de los filósofos y muchos que no lo son, declarando que la noción de algo psíquico que fuese inconsciente sería contradictoria en sí misma.

He aquí precisamente lo que el psicoanálisis se ve obligado a establecer y lo que constituye su segunda hipótesis fundamental. Postula que lo esencialmente psíquico son esos supuestos procesos concomitantes somáticos, y al hacerlo, comienza por hacer abstracción de la cualidad de consciencia. Con todo, no se encuentra solo en esta posición, pues muchos pensadores, como, por ejemplo, Theodor Lipps, han afirmado lo mismo con idénticas palabras. Por lo demás, la general insuficiencia de la concepción corriente de lo psíquico ha dado lugar a que se hiciera cada vez más perentoria la incorporación de algún concepto de lo inconsciente en el pensamiento psicológico, aunque fue planteado en forma tan vaga e imprecisa que no pudo ejercer influencia alguna sobre la ciencia.

Ahora bien: parecería que esta disputa entre el psicoanálisis y la filosofía sólo se refiriese a una insignificante cuestión de definiciones; es decir, a si el calificativo de «psíquico»
habría de ser aplicado a una u otra serie. En realidad, sin
embargo, esta decisión es fundamental, pues mientras la psicología de la consciencia jamás logró trascender esas series
fenoménicas incompletas, evidentemente subordinadas a
otros sectores, la nueva concepción de que lo psíquico sería
en sí inconsciente permitió convertir la psicología en una
ciencia natural como cualquier otra. Los procesos de que se
ocupa son en sí tan incognoscibles como los de otras ciencias, como los de la química o la física; pero es posible establecer las leyes a las cuales obedecen, es posible seguir en
tramos largos y continuados sus interrelaciones e interde-
pendencias; es decir, es posible alcanzar lo que se considera
una «comprensión» del respectivo sector de los fenómenos
naturales. Al hacerlo, no se puede menos que establecer nuevas hipótesis y crear nuevos conceptos, pero éstos no deben
ser menospreciados como testimonios de nuestra ignorancia, sino valorados como conquistas de la ciencia dotadas del
mismo valor aproximativo que las análogas construcciones
intelectuales auxiliares de otras ciencias naturales, quedando librado a la experiencia renovada y decantada el modifi-
carlas, corregirlas y precisarlas. Así, no ha de extrañarnos el
que los conceptos básicos de la nueva ciencia, sus principios
(instinto, energía nerviosa, etcétera) permanezcan durante
cierto tiempo tan indeterminados como los de las ciencias
más antiguas (fuerza, masa, gravitación).

Toda ciencia reposa en observaciones y experiencias
alcanzadas por medio de nuestro aparato psíquico; pero
como nuestra ciencia tiene por objeto precisamente a ese
aparato, dicha analogía toca aquí a su fin. En efecto, realiza-
mos nuestras observaciones por medio del mismo aparato
perceptivo, y precisamente con ayuda de las lagunas en lo
psíquico [8], completando las omisiones con inferencias

plausibles y traduciéndolas al material consciente. Así, establecemos, en cierto modo, una serie complementaria consciente para lo psíquico inconsciente. La relativa certeza de nuestra ciencia psicológica reposa sobre la solidez de esas deducciones, pero quien profundice en esta labor comprobará que nuestra técnica resiste a toda crítica.

En el curso de esta labor se nos imponen las diferenciaciones que calificamos como *cualidades psíquicas*. No es necesario caracterizar lo que denominamos *consciente*, pues coincide con la consciencia de los filósofos y del habla cotidiana. Para nosotros todo lo psíquico restante constituye lo *inconsciente*. Pero al punto nos vemos obligados a establecer en este inconsciente una importante división. Algunos procesos fácilmente se tornan conscientes, y aunque dejen de serlo, pueden volver a la consciencia sin dificultad: como suele decirse, pueden ser reproducidos o recordados. Esto nos advierte que la consciencia misma no es sino un estado muy fugaz. Cuanto es consciente, únicamente lo es por un instante, y el que nuestras percepciones no parezcan confirmarlo es sólo una contradicción aparente, debida a que los estímulos de la percepción pueden subsistir durante cierto tiempo, de modo que aquélla bien puede repetirse. Todo esto se advierte claramente en la percepción consciente de nuestros procesos intelectivos, que si bien pueden persistir, también pueden extinguirse en un instante. Todo lo inconsciente que se conduce de esta manera, que puede trocar tan fácilmente su estado inconsciente por el consciente, convendrá calificarlo, pues, como «susceptible de consciencia» o *preconsciente*. La experiencia nos ha demostrado que difícilmente existen procesos psíquicos, por más complicados que sean, que no puedan en ocasiones permanecer preconscientes, aunque por lo regular irrumpen a la consciencia, como lo expresamos analíticamente. Otros procesos y contenidos psíquicos no tienen acceso tan fácil a la conscienciación, sino que es preciso inferirlos, adivinarlos y traducirlos a la expresión consciente, en la manera ya descrita. Para estos procesos reservamos, en puridad, el calificativo de *inconscientes*.

Por tanto, hemos atribuido tres cualidades a los procesos psíquicos: éstos pueden ser conscientes, preconscientes o inconscientes. La división entre las tres clases de contenidos que llevan estas cualidades no es absoluta ni permanente. Como vemos, lo preconsciente se torna consciente sin nuestra intervención, y lo inconsciente puede volverse consciente mediante nuestros esfuerzos, que a menudo nos permiten advertir la oposición de fuertes resistencias. Al realizar esta tentativa en el prójimo, no olvidemos que el relleno consciente de sus lagunas perceptivas, es decir, la construcción que le ofrecemos, aún no significa que hayamos tornado conscientes en él los respectivos contenidos inconscientes. Hasta este momento, el material se encontrará en su mente en dos versiones: una, en la reconstrucción consciente que acaba de recibir; otra, en su estado inconsciente original. Nuestros tenaces esfuerzos suelen lograr entonces que ese inconsciente se le torne consciente al propio sujeto, coincidiendo así ambas versiones en una sola. En los distintos casos varía la magnitud del esfuerzo necesario, el cual nos permite apreciar el grado de la resistencia contra la conscienciación. Lo que en el tratamiento analítico, por ejemplo, es resultado de nuestro esfuerzo, también puede ocurrir espontáneamente: un contenido generalmente inconsciente se transforma en preconsciente y llega luego a la consciencia, como ocurre profusamente en los estados psicóticos. Deducimos de ello que el mantenimiento de ciertas resistencias internas es una condición ineludible de la normalidad. En el estado del dormir prodúcese regularmente tal disminución de las resistencias, con la consiguiente irrupción de contenidos inconscientes, quedando establecidas así las condiciones para la formación de los sueños. Inversamente, contenidos preconscientes pueden sustraerse por un tiempo a nuestro alcance, quedando bloqueados por resistencias, como es el caso en los olvidos fugaces, o bien un pensamiento preconsciente puede volver transitoriamente al estado inconsciente, fenómeno que parece constituir la condición básica del chiste. Veremos que una reversión similar de contenidos (o procesos) preconscientes al estado inconsciente desempeña un importante papel en la causa de los trastornos neuróticos.

Presentada con este carácter general y simplificado, la doctrina de las tres cualidades de lo psíquico parece ser más bien una fuente de insuperable confusión que un aporte al esclarecimiento. Mas no olvidemos que no constituye una teoría propiamente dicha, sino un primer inventario de los hechos de nuestra observación, ajustado en lo posible a esos hechos, sin tratar de explicarlos. Las complicaciones que revela demuestran a las claras las dificultades especiales que debe superar nuestra investigación. Es de presumir, sin embargo, que aún podremos profundizar esta doctrina si perseguimos las relaciones entre las cualidades psíquicas y las provincias o instancias del aparato psíquico que hemos postulado; pero también estas relaciones están lejos de ser simples.

La conscienciación se halla vinculada, ante todo, a las percepciones que nuestros órganos sensoriales reciben del mundo exterior. Por consiguiente, para la consideración topográfica es un fenómeno que ocurre en la capa cortical más periférica del *yo*. Sin embargo, también tenemos informaciones conscientes del interior de nuestro cuerpo, sensaciones que ejercen sobre nuestra vida psíquica una influencia aún más perentoria que las percepciones exteriores, y en determinadas circunstancias los propios órganos sensoriales también transmiten sensaciones, por ejemplo, dolorosas, además de sus percepciones específicas. Pero ya que estas sensaciones –como se las llama para diferenciarlas de las percepciones conscientes– también emanan de los órganos terminales y ya que concebimos a todos éstos como prolongaciones y apéndices de la capa cortical, bien podemos mantener la mencionada afirmación. La única diferencia residiría en que el propio cuerpo reemplaza al mundo exterior para los órganos terminales de las sensaciones e impresiones internas.

Procesos conscientes en la periferia del *yo*; todos los demás, en el *yo*, inconscientes: he aquí la situación más simple que podríamos concebir. Bien puede ser valedera en los animales, pero en el hombre se agrega una complicación por la cual también los procesos internos del *yo* pueden adquirir la cualidad de consciencia. Esta complicación es obra de la función del lenguaje, que conecta sólidamente los contenidos yoicos con restos mnemónicos de percepciones visuales y, particularmente, acústicas. Merced a este proceso, la periferia perceptiva de la capa cortical también puede ser estimulada, y en medida mucho mayor, desde el interior: procesos internos, como los ideativos y las secuencias de representaciones, pueden tornarse conscientes, siendo necesario un mecanismo particular que discierna ambas posibilidades: he aquí la denominada *prueba de la realidad.* Con ello ha caducado la ecuación «percepción = realidad (mundo exterior)», llamándose *alucinaciones* los errores que ahora pueden producirse fácilmente y que ocurren con regularidad en el sueño.

El interior del *yo,* que comprende ante todo los procesos cogitativos o intelectivos, tiene la cualidad de preconsciente. Ésta es característica y privativa del *yo,* mas no sería correcto aceptar que la conexión con los restos mnemónicos del lenguaje sea el requisito esencial del estado preconsciente, pues éste es independiente de aquél, aunque la condición del lenguaje permite suponer certeramente la índole preconsciente de un proceso. El estado preconsciente, caracterizado de una parte por su vinculación con los restos verbales, es, sin embargo, algo particular, cuya índole no queda agotada por esas dos características. Prueba de ello es

que grandes partes del *yo* –y, ante todo, del *super-yo,* al que
no se puede negar el carácter de preconsciente–, por lo
general permanecen inconscientes en el sentido fenomeno-
lógico. Ignoramos por qué esto debe ser así. Más adelante
trataremos de abordar el problema de la verdadera índole
de lo preconsciente.

Lo inconsciente es la única cualidad dominante en el *ello.*
El *ello* y lo inconsciente se hallan tan íntimamente ligados
como el *yo* y lo preconsciente, al punto que dicha relación
es aún más exclusiva en aquel caso. Un repaso de la historia
evolutiva del individuo y de su aparato psíquico nos permite comprobar una importante distinción en el *ello.* Originalmente, desde luego, todo era *ello;* el *yo* se desarrolló
del *ello* por la incesante influencia del mundo exterior.
Durante esta lenta evolución, ciertos contenidos del *ello*
pasaron al estado preconsciente y se incorporaron así al
*yo;* otros permanecieron intactos en el *ello,* formando su
núcleo, difícilmente accesible. Mas durante este desarrollo
el joven y débil *yo* volvió a desplazar al estado inconsciente
ciertos contenidos ya incorporados, abandonándolos, y se
condujo de igual manera frente a muchas impresiones nuevas que podría haber incorporado, de modo que éstas,
rechazadas, sólo pudieron dejar huellas en el *ello.* Teniendo
en cuenta su origen, denominamos lo *reprimido* a esta
parte del *ello.* Poco importa que no siempre podamos discernir claramente entre ambas categorías de contenidos
*éllicos,* que corresponden aproximadamente a la división
entre el acervo innato y lo adquirido durante el desarrollo
del *yo.*

Si aceptamos la división topográfica del aparato psíquico
en un *yo* y en un *ello,* con la que corre paralela la diferenciación de las cualidades preconsciente e inconsciente; si,
por otra parte, sólo consideramos estas cualidades como
*signos* de la diferencia, pero no como la misma esencia de
éstas, ¿en qué reside entonces la verdadera índole del estado

que se revela en el *ello* por la cualidad de lo inconsciente, y en el *yo* por la de lo preconsciente? ¿En qué consiste la diferencia entre ambos?

Pues bien: nada sabemos de esto, y nuestros escasos conocimientos apenas se elevan lastimosamente sobre el tenebroso fondo formado por esta incertidumbre. Nos hemos aproximado aquí al verdadero y aún oculto enigma de lo psíquico. Siguiendo la costumbre impuesta por otras ciencias naturales, aceptamos que en la vida psíquica actúa una especie de energía, pero carecemos de todos los asideros necesarios para abordar su conocimiento mediante analogías con otras formas energéticas. Creemos reconocer que la energía nerviosa o psíquica existe en dos formas: una libremente móvil y otra más bien ligada; hablamos de catexias e hipercatexias de los contenidos, y aún nos atrevemos a suponer que una «hipercatexia» establece una especie de síntesis entre distintos procesos, síntesis en cuyo curso la energía libre se convierte en ligada. Más lejos no hemos podido llegar, pero nos atenemos a la noción de que también la diferencia entre el estado inconsciente y el preconsciente radica en semejantes condiciones dinámicas, noción que nos permitiría comprender que el uno puede transformarse en el otro, ya sea espontáneamente o mediante nuestra intervención.

Tras todas esas incertidumbres asoma, empero, un nuevo hecho cuyo descubrimiento debemos a la investigación psicoanalítica. Hemos aprendido que los procesos del inconsciente o del *ello* obedecen a leyes distintas de las que rigen los procesos en el *yo* preconsciente. En su conjunto, denominamos a estas leyes *proceso primario,* en contradicción con el *proceso secundario,* que regula el suceder del preconsciente, del *yo.* Así, pues, el estudio de las cualidades psíquicas no ha resultado, a la postre, estéril.

## 5. La interpretación de los sueños como modelo ilustrativo

Poco nos revelará la investigación de los estados normales y estables, en los cuales los límites del *yo* frente al *ello,* asegurados por resistencias (anticatexias), se han mantenido firmes; en los cuales el *super-yo* no se diferencia del *yo* porque ambos trabajan en armonía. Sólo pueden sernos útiles los estados de conflicto y rebelión, cuando el contenido del *ello* inconsciente tiene perspectivas de irrumpir al *yo* y a la consciencia, y cuando el *yo* a su vez, vuelve a defenderse contra esa irrupción. Sólo en estas circunstancias podemos realizar observaciones que corroboren o rectifiquen lo que hemos dicho con respecto a ambos partícipes del mecanismo psíquico. Mas semejante estado es precisamente el reposo nocturno, el dormir, y por eso la actividad psíquica durante el dormir, actividad que vivenciamos como sueños, constituye nuestro más favorable objeto de estudio. Además, nos permite eludir la tan repetida objeción de que estructuraríamos la vida psíquica normal de acuerdo con comprobaciones patológicas, pues el sueño es un fenómeno habitual en la vida de todo ser normal, por más que sus características discrepen de las producciones que presenta nuestra vida de vigilia.

Como todo el mundo sabe, el sueño puede ser confuso, incomprensible y aun absurdo; sus contenidos pueden contradecir todas nuestras nociones de la realidad, y en él nos conducimos como dementes al adjudicar, mientras soñamos, realidad objetiva a los contenidos del sueño.

Nos abrimos camino a la comprensión («interpretación») del sueño aceptando que cuanto recordamos como tal, después de haber despertado, no es el verdadero proceso onírico, sino sólo una fachada tras la cual se oculta éste. He aquí la diferenciación que hacemos entre un *contenido onírico manifiesto* y las *ideas latentes del sueño*. Al proceso que convierte éstas en aquél lo llamamos *elaboración onírica*. El estudio de la elaboración onírica nos suministra un excelente ejemplo de cómo el material inconsciente del *ello*, tanto el originalmente inconsciente como el reprimido, se impone al *yo*, se torna preconsciente y, bajo el rechazo del *yo*, sufre aquellas transformaciones que conocemos como *deformación onírica*. No existe característica alguna del sueño que no pueda ser explicada de tal manera.

Lo más conveniente será que comencemos señalando la existencia de dos clases de motivos para la formación onírica. O bien un impulso instintivo (un deseo inconsciente), por lo general reprimido, adquiere durante el reposo la fuerza necesaria para imponerse en el *yo*, o bien un deseo insatisfecho subsistente en la vida diurna, un tren de ideas preconsciente, con todos los impulsos conflictuales que le pertenecen, ha sido reforzado durante el reposo por un elemento inconsciente. Hay, pues, sueños que proceden del *yo*. Para ambos rige el mismo mecanismo de formación onírica, y también la imprescindible precondición dinámica es una y la misma. El *yo* revela su origen relativamente tardío y derivado del *ello*, por el hecho que transitoriamente deja en suspenso sus funciones y permite el retorno a un estado anterior. Como no podría ser correctamente de otro modo, lo realiza rompiendo sus relaciones con el mundo exterior y retirando sus catexias de los órganos sensoriales. Puede afirmarse justificadamente que con el nacimiento queda establecida una tendencia a retornar a la vida intrauterina que se ha abandonado; es decir, un instinto de dormir. El dormir representa ese regreso al vientre materno. Dado que el *yo* despierto gobierna la motilidad, esta función es paralizada en el estado de reposo, tornándose con ello superfluas buena parte de las inhibiciones impuestas al *ello* inconsciente. El retiro o la atenuación de estas «anticatexias» permite ahora al *ello* una libertad que ya no puede ser perjudicial. Las prue-

bas de la participación del *ello* inconsciente en la formación
onírica son numerosas y convincentes: *a)* La memoria onírica tiene mucho más vasto alcance que la memoria vigil. El
sueño trae recuerdos que el soñante ha olvidado y que le son
inaccesibles durante la vigilia. *b)* El sueño recurre sin límite
alguno a símbolos lingüísticos cuya significación podemos
establecer gracias a nuestra experiencia. Proceden probablemente de fases pretéritas de la evolución del lenguaje. *c)* Con
gran frecuencia, la memoria onírica reproduce impresiones
de la temprana infancia del soñante, impresiones de las que
no sólo podemos afirmar con seguridad que han sido olvidadas, sino también que se tornaron inconscientes debido a
la represión. Sobre esto se basa el empleo casi imprescindible
del sueño para reconstruir la prehistoria del soñante, como
intentamos hacerlo en el tratamiento analítico de las neurosis. *d)* Además, el sueño trae a colación contenidos que no
pueden proceder ni de la vida adulta ni de la infancia olvidada del soñante. Nos vemos obligados a considerarlos como
una parte de *herencia arcaica* que el niño trae consigo al
mundo, antes de cualquier experiencia propia, como resultado de las experiencias de sus antepasados. Las analogías de
este material filogenético las hallamos en las más viejas
leyendas de la humanidad y en sus costumbres subsistentes.
De este modo, el sueño se convierte en una fuente nada
desdeñable de la prehistoria humana.

Pero lo que hace al sueño tan valioso para nuestros
conocimientos es la circunstancia de que el material inconsciente, al irrumpir en el *yo,* trae consigo sus propias modalidades dinámicas. Queremos decir con ello que los pensamientos preconscientes mediante los cuales se expresa aquél
son tratados en el curso de la elaboración onírica como si
fueran partes inconscientes del *ello,* y en el segundo tipo
citado de formación onírica, los pensamientos preconscientes que se han reforzado con los impulsos instintivos
inconscientes son reducidos a su vez al estado inconsciente.

Sólo mediante este camino nos enteramos de las leyes que rigen los mecanismos inconscientes y de sus diferencias frente a las reglas conocidas del pensamiento vigil. Así, la elaboración onírica es esencialmente un caso de elaboración inconsciente de procesos ideativos preconscientes. Para recurrir a un símil de la historia: los conquistadores foráneos no gobiernan el país conquistado de acuerdo con la ley que encuentran en éste, sino de acuerdo con la propia. Mas es innegable que el resultado de la elaboración onírica es una transacción, un compromiso entre dos partes. Puede reconocerse el influjo de la organización del *yo,* aún no del todo paralizada, en la deformación impuesta al material inconsciente y en las tentativas, harto precarias a menudo, de conferir al todo una forma que pueda ser aceptada por el *yo (elaboración secundaria).* En nuestro símil esto vendría a ser la expresión de la pertinaz resistencia que ofrecen los conquistados.

Las leyes de los procesos inconscientes que así se manifiestan son muy extrañas y bastan para explicar casi todo lo que en el sueño nos parece tan enigmático. Cabe mencionar entre ellas, ante todo, la notable tendencia a la *condensación,* una tendencia a formar nuevas unidades con elementos que en el pensamiento vigil seguramente habríamos mantenido separados. Por consiguiente, a menudo un único elemento del sueño manifiesto representa toda una serie de ideas oníricas latentes, como si fuese una alusión común a todas ellas, y, en general, la extensión del sueño manifiesto es extraordinariamente breve en comparación con el exuberante material del que ha surgido. Otra particularidad de la elaboración onírica, no del todo independiente de la anterior, es la facilidad del *desplazamiento* de las intensidades psíquicas (catexias) de un elemento al otro, sucediendo a menudo que un elemento accesorio de las ideas oníricas aparezca en el sueño manifiesto como el más importante; recíprocamente, elementos esenciales de las ideas oníricas son sólo representados en el sueño manifiesto por insignificantes alusiones. Además, a la elaboración onírica suelen bastarle concordancias harto inaparentes para sustituir un elemento por otro en todas las operaciones subsiguientes. Es fácil imaginar en qué medida estos mecanismos de la condensación y del desplazamiento pueden dificultar la interpretación del sueño y la revelación de las relaciones entre el sueño manifiesto y las ideas oníricas latentes. Al comprobar estas dos tendencias a la condensación y al desplazamiento, nuestra teoría llega a la conclusión de que en el *ello* inconsciente la energía se encuentra en estado de libre movilidad, y que al *ello* le importa, más que cualquier otra cosa, la posibilidad de descargar sus magnitudes de excitación[9]; nuestra teoría aplica ambas propiedades para caracterizar el proceso primario que hemos atribuido al *ello*.

El estudio de la elaboración onírica nos ha enseñado asimismo muchas otras peculiaridades, tan notables como importantes, de los procesos inconscientes, entre las que sólo unas pocas hemos de mencionar aquí. Las reglas decisivas de la lógica no rigen en el inconsciente, del que cabe afirmar que es el dominio de lo ilógico. Tendencias con fines opuestos subsisten simultánea y conjuntamente en el inconsciente, sin que surja la necesidad de conciliarlas; o bien ni siquiera se influyen mutuamente, o, si lo hacen, no llegan a una decisión, sino a una transacción que necesariamente debe ser absurda, pues comprende elementos mutuamente inconciliables. De acuerdo con ello, las contradicciones no son separadas, sino tratadas como si fueran idénticas, de modo que en el sueño manifiesto todo elemento puede representar también su contrario. Ciertos filólogos han reconocido que lo mismo ocurre en las lenguas más antiguas, y que las antonimias, como «fuerte-débil», «claro-oscuro», «alto-bajo», fueron expresadas primitivamente por una misma raíz, hasta que dos variaciones del mismo radical separaron ambas significaciones antagónicas. En una lengua tan evolucionada como el latín subsistirían aún restos de este doble sentido primitivo, como, por ejemplo, en las voces *altus* («alto» y «bajo») y *sacer* («sagrado» y «execrable»), entre otras.

Teniendo en cuenta la complicación y la multiplicidad de las relaciones entre el sueño manifiesto y el contenido latente que tras él se oculta, cabe preguntarse, desde luego, por qué camino se podría deducir el uno del otro, y si al hacerlo dependeremos tan sólo de una feliz adivinación, apoyada quizá por la traducción de los símbolos que aparecen en el sueño manifiesto. Podemos responder que en la gran mayoría de los casos el problema se resuelve satisfactoriamente, pero sólo con ayuda de las asociaciones que el propio soñante agrega a los elementos del contenido manifiesto. Cualquier otro procedimiento será arbitrario e inseguro. Las asociaciones del soñante, en cambio, traen a la luz los eslabones intermedios, que insertamos en la laguna entre el sueño manifiesto y su contenido latente, reconstruyendo con su ayuda a éste, es decir, «interpretamos» aquél. No debe extrañar que esta labor interpretativa, de sentido contrario a la elaboración onírica, no alcance en ocasiones plena seguridad.

Aún queda por explicar la razón dinámica de que el *yo* durmiente emprenda el esfuerzo de la elaboración onírica. Afortunadamente, es fácil hallarla. Todo sueño en formación exige al *yo,* con ayuda del inconsciente, la satisfacción de un instinto, si el sueño surge del *ello,* o la solución de un conflicto, la eliminación de una duda, la adopción de un propósito, si el sueño emana de un resto de la actividad preconsciente vigil. Pero el *yo* durmiente está embargado por el deseo de mantener el reposo, percibiendo esa exigencia como una molestia y tratando de eliminarla. Logra este fin mediante un acto de aparente concesión, ofreciendo a la exigencia una *realización del deseo* inofensiva en estas circunstancias, realización mediante la cual consigue eliminar la exigencia. La función primordial de la elaboración onírica es, precisamente, la sustitución de la exigencia por la rea-

lización del deseo. Quizá no sea superfluo ilustrar tal circunstancia mediante tres simples ejemplos: un sueño de
hambre, uno de comodidad y otro animado por la necesidad sexual. Mientras duerme, se hace sentir en el soñante la
necesidad de comida, de modo que sueña con un opíparo
banquete y sigue durmiendo. Desde luego, tenía la alternativa de despertarse para comer o de seguir durmiendo;
pero ha optado por la última, satisfaciendo el hambre en el
sueño, por lo menos momentáneamente, pues si su apetito
continúa, seguramente acabará por despertarse. En cuanto
al segundo caso: el soñante debe despertar para llegar a
determinada hora al hospital; mas sigue durmiendo y sueña
que ya se encuentra allí, aunque en calidad de enfermo que
no necesita abandonar su lecho. Por fin, supongamos que de
noche sienta ansias de gozar de un objeto sexual prohibido,
como la mujer de un amigo; sueña entonces con el acto
sexual, pero no con esa persona, sino con otra que lleva el
mismo nombre, aunque le es indiferente; o bien sus objeciones se expresan haciendo que la amada quede anónima.

Desde luego, no todos los casos son tan simples; particularmente en los sueños que se originan en restos diurnos no
solucionados y que en el estado de reposo ha hallado sólo un
reforzamiento inconsciente, a menudo no es fácil revelar el
impulso motor inconsciente y demostrar su realización del
deseo, pero cabe aceptar que existe en todos los casos. La
regla de que el sueño es una realización de deseos fácilmente despertará incredulidad si se recuerda cuántos sueños tienen un contenido directamente penoso, o aun provocan el
despertar con angustia, sin mencionar siquiera los tan frecuentes sueños carentes de tonalidad afectiva determinada.
El argumento del sueño de angustia, empero, no resiste al
análisis, pues no debemos olvidar que el sueño siempre es el
resultado de un conflicto, una especie de transacción conci-
liadora. Lo que para el *ello* inconsciente es una satisfacción,
puede ser, por eso mismo, motivo de angustia para el *yo*.

A medida que avanza la elaboración onírica, unas veces se impondrá más el inconsciente y otras se defenderá más enérgicamente el *yo*. En la mayoría de los casos los sueños de angustia son aquellos cuyo contenido ha sufrido la menor deformación. Si la exigencia del inconsciente se torna excesiva, de modo que el *yo* durmiente no sea capaz de rechazarla con los medios a su alcance, entonces abandona el deseo de dormir y retorna a la vida vigil. He aquí, pues, una definición que abarca todos los casos de la experiencia; el sueño es siempre una *tentativa* de eliminar la perturbación del reposo mediante la realización de un deseo, es decir, es el guardián del reposo. Esta tentativa puede tener éxito más o menos completo; pero también puede fracasar, y entonces el durmiente se despierta, al parecer por ese mismo sueño. También al bravo serenos que ha de amparar el reposo del villorrio, en ciertas circunstancias no le queda más remedio que alborotar y despertar a los vecinos durmientes.

Para concluir estas consideraciones agregaremos unas palabras que justifiquen nuestra prolongada dedicación al problema de la interpretación onírica. Se ha demostrado que los mecanismos inconscientes revelados por el estudio de la elaboración onírica, que nos han servido para explicar la formación del sueño, nos facilitan también la comprensión de los curiosos síntomas que atraen nuestro interés hacia las neurosis y las psicosis. Semejante coincidencia nos permite abrigar grandes esperanzas.

SEGUNDA PARTE: APLICACIONES PRÁCTICAS

## 6.  La técnica psicoanalítica

El sueño es, por consiguiente, una psicosis, con todas las absurdidades, las formaciones delirantes y las ilusiones de

una psicosis. Pero es una psicosis de breve duración, inofensiva, que aún cumple una función útil, que es iniciada
con el consentimiento de su portador y concluida por un
acto voluntario de éste. Sin embargo, no deja de ser una psicosis, y nos demuestra cómo hasta una alteración de la vida
psíquica tan profunda como ésta puede anularse y ceder la
plaza a la función normal. En vista de ello, ¿acaso es demasiada osadía esperar que también sería posible someter a
nuestro influjo y llevar a la curación las temibles enfermedades espontáneas de la vida psíquica?

Poseemos ya algunos conocimientos necesarios para
emprender esta tarea. Según dimos por establecido, el *yo*
tiene la función de enfrentar la triple demanda de la realidad, del *ello* y del *super-yo*, sin afectar su organización ni
menoscabar su autonomía. La condición básica de los estados patológicos que estamos considerando debe consistir,
pues, en un debilitamiento relativo o absoluto del *yo*, que le
impida cumplir sus funciones. La exigencia más difícil que
se le plantea al *yo* probablemente sea la dominación de las
exigencias instintuales del *ello*, tarea para la cual debe mantener activas grandes magnitudes de anticatexias. Pero también las exigencias del *super-yo* pueden tornarse tan fuertes
e inexorables que el *yo* se encuentre como paralizado en sus
restantes funciones. Sospechamos que en los conflictos eco-
nómicos así originados, el *ello* y el *super-yo* suelen hacer
causa común contra el hostigado *yo*, que trata de aferrarse a
la realidad para mantener su estado normal. Si los dos primeros, empero, se tornan demasiado fuertes, pueden llegar
a quebrantar y modificar la organización del *yo*, de modo
que su relación adecuada con la realidad quede perturbada
o aun abolida. Ya lo hemos visto en el sueño: si el *yo* se desprende de la realidad del mundo exterior, cae, por influjo
del mundo interior, en la psicosis.

Sobre estas mismas nociones se funda nuestro plan terapéutico. El *yo* ha sido debilitado por el conflicto interno;

debemos acudir en su ayuda. Sucede como en una guerra civil que sólo puede ser decidida mediante el socorro de un aliado extranjero. El médico analista y el *yo* debilitado del paciente, apoyados en el mundo real exterior, deben tomar partido contra los enemigos, es decir, contra las exigencias instintuales del *ello* y las demandas del *super-yo*. Concertamos un pacto con nuestro aliado. El *yo* enfermo nos promete la más completa sinceridad, es decir, promete poner a nuestra disposición todo el material que le suministra su autopercepción; por nuestra parte, le aseguramos la más estricta discreción y ponemos a su servicio nuestra experiencia en la interpretación del material influido por el inconsciente. Nuestro saber ha de compensar su ignorancia, ha de restituir a su *yo* la hegemonía sobre las provincias perdidas de la vida psíquica. En este pacto consiste la situación analítica.

Mas apenas hemos dado este paso, ya nos espera la primera defraudación, la primera llamada a la cautela. Para que el *yo* del enfermo sea un aliado útil en nuestra labor común será preciso que, a pesar de todo el hostigamiento por las potencias enemigas, haya conservado cierta medida de coherencia, cierto resto de reconocimiento de las exigencias que le plantea la realidad. Pero no esperemos tal cosa en el *yo* del psicótico, que nunca podrá cumplir semejante pacto y apenas si podrá concertarlo. Al poco tiempo habrá arrojado nuestra persona, junto con la ayuda que le ofrecemos, al montón de los elementos del mundo exterior que ya nada le importan. Con ello reconocemos la necesidad de renunciar a la aplicación de nuestro plan terapéutico en el psicótico, renuncia que quizá sea definitiva, o quizá sólo transitoria, hasta que hayamos encontrado otro plan más apropiado para ese propósito.

Pero aún existe otra clase de enfermos psíquicos, sin duda muy emparentados con los psicóticos: la inmensa masa de los neuróticos graves. Tanto las causas de su enfermedad como los mecanismos patogénicos de la misma tienen que ser idénticos, o por lo menos muy análogos; pero, en cambio, su *yo* ha demostrado ser más resistente, no ha llegado a desorganizarse tanto. Pese a todos sus trastornos y a la consiguiente inadecuación, muchos de ellos aún consiguen imponerse en la vida real. Quizá estos neuróticos se muestren dispuestos a aceptar nuestra ayuda, de modo que limitaremos a ellos nuestro interés y trataremos de ver cómo y hasta qué punto podemos «curarlos».

Nuestro pacto lo concertamos, pues, con los neuróticos: plena sinceridad contra estricta discreción. Este trato impresiona como si sólo quisiéramos oficiar de confesores laicos; pero la diferencia es muy grande, pues no deseamos averiguar solamente lo que el enfermo sabe y oculta ante los demás, sino que también ha de contarnos lo que él mismo *no* sabe. Con tal objeto le impartimos una definición más precisa de lo que comprendemos por sinceridad. Lo comprometemos a ajustarse a la *regla fundamental* del análisis, que en el futuro habrá de regir su conducta para con nosotros. No sólo deberá comunicarnos lo que sea capaz de decir intencionalmente y de buen grado, lo que le ofrece el mismo alivio que cualquier confesión, sino también todo lo demás que le sea presentado por su autoobservación, cuanto le venga a la mente, por más que le sea *desagradable* decirlo y aunque le parezca *carente de importancia* o aun *insensato* y *absurdo*. Si después de esta indicación consigue abolir su autocrítica, nos suministrará una cantidad de material: ideas, ocurrencias, recuerdos, que ya se encuentran bajo el influjo del inconsciente, que a menudo son derivados directos de éste y que nos colocan en situación de conjeturar sus contenidos inconscientes reprimidos, cuya comunicación al paciente ampliará el conocimiento que su propio *yo* tiene de su inconsciente.

Pero la intervención de su *yo* está lejos de limitarse a suministrarnos, en pasiva obediencia, el material solicitado y a aceptar crédulamente nuestra traducción del mismo. Lo que sucede en realidad es algo muy distinto: algo que en parte podríamos prever y que en parte ha de sorprendernos. Lo más extraño es que el paciente no se conforma con ver en el analista, a la luz de la realidad, un auxiliador y consejero, al que además remunera sus esfuerzos y que, a su vez, estaría muy dispuesto a conformarse con una función parecida a la del guía en una ardua excursión alpina; por el contrario, el enfermo ve en aquél una copia –una reencarnación– de alguna persona importante de su infancia, de su pasado, transfiriéndole, pues, los sentimientos y las reacciones que seguramente correspondieron a ese modelo pretérito. Este fenómeno de la *transferencia* no tarda en revelarse como un factor de insospechada importancia; por un lado, un instrumento de valor sin igual; por otro, una fuente de graves peligros. Esta transferencia es *ambivalente:* comprende actitudes positivas y afectuosas, tanto como negativas y hostiles frente al analista, que por lo general es colocado en lugar de un personaje parental, del padre o de la madre. Mientras la transferencia sea positiva, nos sirve admirablemente: altera toda situación analítica, deja a un lado el propósito racional de llegar a curar y de liberarse del sufrimiento. En su lugar aparece el propósito de agradar al analista, de conquistar su aplauso y su amor, que se convierte en el verdadero motor de la colaboración del paciente; el débil *yo* se fortalece, y bajo el influjo de dicho propósito el paciente logra lo que de otro modo le sería imposible: abandona sus síntomas y se cura aparentemente; todo esto, simplemente por el amor al analista. Éste deberá confesarse, avergonzado, que emprendió una difícil tarea sin sospechar siquiera cuán extraordinarios poderes le vendrían a las manos.

La relación de transferencia entraña además otras dos ventajas. El paciente, colocando al analista en lugar de su padre –o de su madre–, también le confiere el poderío que su *super-yo* ejerce sobre el *yo,* pues estos padres fueron, como sabemos, el origen del *super-yo.* El nuevo *super-yo* tiene ahora la ocasión de llevar a cabo una especie de *reeducación* del neurótico y puede corregir los errores cometidos por los padres en su educación. Aquí debemos advertir, empero, contra el abuso de este nuevo influjo. Por más que al analista le tiente convertirse en maestro, modelo e ideal de otros; por más que le seduzca crear seres a su imagen y semejanza, deberá recordar que no es ésta su misión en el vínculo analítico y que traiciona su deber si se deja llevar por tal inclinación. Con ello no hará sino repetir un error de los padres, que aplastaron con su influjo la independencia del niño, y sólo sustituirá la antigua dependencia por una nueva. Muy al contrario, en todos sus esfuerzos por mejorar y educar al paciente, el analista siempre deberá respetar su individualidad. La medida del influjo que se permitirá legítimamente deberá ajustarse al grado de inhibición evolutiva que halle en su paciente. Algunos neuróticos han quedado tan infantiles, que aun en el análisis sólo es posible tratarlos como a niños.

La transferencia tiene también otra ventaja: el paciente nos representa en ella, con plástica nitidez, un trozo importante de su vida que de otro modo quizá sólo hubiese descrito insuficientemente. En cierto modo, *actúa* ante nosotros, en lugar de referir.

Veamos ahora el reverso de esta relación. La transferencia, al reproducir los vínculos con los padres, también asume su ambivalencia. No se podrá evitar que la actitud positiva frente al analista se convierta algún día en negativa, hostil. Tampoco ésta suele ser más que una repetición del pasado. La docilidad frente al padre (si de éste se trata), la conquista de su favor, surgieron de un deseo erótico dirigido a su persona. En algún momento esta pretensión también surgirá en la transferencia, exigiendo satisfacción. Pero en la situación analítica no puede menos que tropezar con una frustración, pues las relaciones sexuales reales entre paciente y analista están excluidas, y tampoco las formas más sutiles de satisfacción, como la preferencia, la intimidad, etcétera, no serán concedidas por el analista sino en exigua medida. Semejante rechazo sirve de pretexto para el cambio de actitud, como probablemente ocurrió también en la infancia del paciente.

Los éxitos terapéuticos alcanzados bajo el dominio de la transferencia positiva justifican la sospecha de su índole *sugestiva*. Una vez que la transferencia negativa adquiere supremacía, son barridos como el polvo por el viento. Advertimos con horror que todos los esfuerzos realizados han sido vanos. Hasta lo que podíamos considerar como un progreso intelectual definitivo del paciente –su comprensión del psicoanálisis, su confianza en la eficacia de éste– ha desaparecido en un instante. Se conduce como un niño sin juicio propio, que cree ciegamente en quien haya conquistado su amor, pero en nadie más.

A todas luces, el peligro de estos estados transferenciales reside en que el paciente confunda su índole, tomando por vivencias reales y actuales lo que no es sino un reflejo del pasado. Si él (o ella) llega a sentir la fuerte pulsión erótica que se esconde tras la transferencia positiva, cree haberse enamorado apasionadamente; al virar la transferencia, se considera ofendido y despreciado, odia al analista como a un enemigo y está dispuesto a abandonar el análisis. En ambos casos extremos habrá echado al olvido el pacto aceptado al iniciar el tratamiento; en ambos casos se habrá tornado inepto para la prosecución de la labor en común. En cada una de estas situaciones el analista tiene el deber de arrancar al paciente de tal ilusión peligrosa, mostrándole sin cesar que lo que toma por una nueva vivencia real es sólo un espejismo del pasado. Y para evitar que caiga en un estado inaccesible a toda prueba, el analista procurará evitar que tanto el enamoramiento como la hostilidad alcancen grados extremos. Se consigue tal cosa advirtiendo precozmente al paciente contra esa eventualidad y no dejando pasar inadvertidos los primeros indicios de la misma. Esta prudencia en el manejo de la transferencia suele rendir copiosos frutos. Si, como sucede generalmente, se logra aclarar al paciente la verdadera naturaleza de los fenómenos transferenciales, se habrá restado un arma poderosa a la resistencia, cuyos peligros se convertirán ahora en beneficios, pues el paciente nunca olvidará lo que haya vivenciado en las formas de la transferencia; tendrá para él mayor fuerza de convicción que cuanto haya adquirido de cualquier otra manera.

Nos resulta muy inconveniente que el paciente *actúe* fuera de la transferencia, en lugar de limitarse a recordar; lo ideal para nuestros fines sería que fuera del tratamiento se condujera de la manera más normal posible, expresando sólo en la transferencia sus reacciones anormales.

Nuestros esfuerzos para fortalecer el *yo* debilitado parten de la ampliación de su autoconocimiento. Sabemos que esto no es todo; pero es el primer paso. La pérdida de tal conocimiento de sí mismo implica para el *yo* un déficit de poderío e influencia, es el primer indicio tangible de que se encuentra cohibido y coartado por las demandas del *ello* y del *super-yo*. Así, la primera parte del socorro que pretendemos prestarle es una labor intelectual de parte nuestra y una invitación a colaborar en ella para el paciente. Sabemos que esta primera actividad ha de allanarnos el camino hacia otra tarea más dificultosa, cuya parte dinámica no habremos perdido de vista durante aquella introducción. El material para nuestro trabajo lo tomamos de distintas fuentes: de lo que nos informa con sus comunicaciones y asociaciones libres, de lo que nos revela en sus transferencias, de lo que recogemos en la interpretación de sus sueños, de lo que traducen sus *actos fallidos*. Todo este material nos permite reconstruir tanto lo que le sucedió alguna vez, siendo luego olvidado, como lo que ahora sucede en él, sin que lo comprenda. Mas en todo esto nunca dejaremos de discernir estrictamente nuestro saber del suyo. Evitaremos comunicarle al punto cosas que a menudo adivinamos inmediatamente, y tampoco le diremos todo lo que creamos haber descubierto. Reflexionaremos detenidamente sobre la oportunidad en que convenga hacerle partícipe de alguna de nuestras inferencias; aguardaremos el momento que nos parezca más oportuno, decisión que no siempre resulta fácil. Por regla general, diferimos la comunicación de una inferencia, su explicación, hasta que el propio paciente se le haya aproximado tanto, que sólo le quede por dar un paso, aunque éste sea precisamente la síntesis decisiva. Si procediéramos de otro modo, si lo abrumáramos con nuestras interpretaciones antes de estar preparado para ellas, nuestras explicaciones no tendrían resultado alguno, o bien provocarían una violenta erupción de la *resistencia,* que podría dificultar o aun tornar problemática la prosecución de nuestra labor común. Pero si lo hemos preparado suficientemente, a menudo logramos que el paciente confirme al punto nuestra construcción y recuerde, a su vez, el suceso interior o exterior que había sido olvidado. Cuanto más fielmente coincida la construcción con los detalles de lo olvidado, tanto más fácil será lograr su asentimiento. Nuestro saber de este asunto se habrá convertido entonces también en su *saber.*

Al mencionar la resistencia hemos abordado la segunda parte, la más importante de nuestra tarea. Ya sabemos que el *yo* se protege contra la irrupción de elementos indeseables del *ello* inconsciente y reprimido mediante anticatexias cuya integridad es una condición ineludible de su funcionamiento normal. Ahora bien: cuanto más acosado se sienta el *yo,* tanto más tenazmente se aferrará, casi aterrorizado, a esas anticatexias con el fin de proteger su precaria existencia contra nuevas irrupciones. Pero esta tendencia defensiva no armoniza con los propósitos de nuestro tratamiento. Por el contrario, queremos que el *yo,* envalentonado por la seguridad que le promete nuestro apoyo, ose emprender la ofensiva para reconquistar lo perdido. En este trance la fuerza de las anticatexias se nos hace sentir como *resistencias* contra nuestra labor. El *yo* retrocede, asustado, ante empresas que le parecen peligrosas y que amenazan provocarle displacer; para que no se nos resista es preciso que lo animemos y aplaquemos sin cesar. A esta resistencia, que perdura durante todo el tratamiento, renovándose con cada nuevo avance del análisis, la llamamos, un tanto incorrectamente, *resistencia de la represión.* Ya veremos que no es la única clase de resistencia cuya aparición debemos esperar. Es interesante advertir que en esta situación se invierten, en cierta manera, los secuaces de cada bando, pues el *yo* se resiste a nuestra llamada, mientras que el inconsciente, por lo general enemigo nuestro, acude en nuestra ayuda, animado por su «empuje de afloramiento» natural, ya que ninguna tendencia suya es tan poderosa como la de irrumpir al *yo* y ascender a la consciencia a través de las barreras que se le han impuesto. La lucha desencadenada cuando alcanzamos nuestro propósito y logramos inducir al *yo* a que supere sus resistencias se lleva a cabo bajo nuestra condición y con nuestro auxilio. Es indiferente qué desenlace tenga: si llevará a que el *yo* acepte, previo nuevo examen, una exigencia instintiva que hasta el momento había repudiado, o a que vuelva a rechazarla, esta vez definitivamente. En ambos casos se habrá eliminado un peligro permanente, se habrán ampliado los límites del *yo* y se habrá tornado superfluo un costoso despliegue de energía.

La superación de las resistencias es aquella parte de nuestra labor que demanda mayor tiempo y máximo esfuerzo. Pero también rinde sus frutos, pues significa una modificación favorable del *yo*, que subsistirá y se impondrá durante la vida del paciente, cualquiera que sea el destino de la transferencia. Al mismo tiempo, eliminamos paulatinamente aquella modificación del *yo* establecida bajo el influjo del inconsciente, pues cada vez que hallamos derivados del mismo *yo* nos apresuramos a señalar su origen ilegítimo e incitamos al *yo* a rechazarlos. Recordemos que una de las condiciones básicas de nuestro pactado auxilio consistía en que dicha modificación del *yo* por irrupción de elementos inconscientes no hubiese sobrepasado determinada medida.

A medida que progresa nuestra labor y que se ahondan nuestros conocimientos de la vida psíquica del neurótico, resaltan con creciente claridad dos nuevos factores que merecen la mayor consideración como fuentes de resistencia. Ambos son completamente ignorados por el enfermo y no pudieron ser tenidos en cuenta al concertar nuestro pacto; además no se originan en el *yo* del paciente. Podemos englobarlos en el término común de «necesidad de estar enfermo» o «necesidad de sufrimiento»; pero responden a distintos orígenes, aunque por lo demás sean de índole similar. El primero de estos dos factores es el sentimiento de culpabilidad o la consciencia de la culpabilidad, como también se lo llama, pasando por alto el hecho de que el enfermo no lo siente ni se percata de él. Trátase, evidentemente, de la contribución aportada a la resistencia por un *super-yo* que se ha tornado particularmente severo y cruel. El individuo no ha de curar, sino que seguirá enfermo, pues no merece nada mejor. Esta resistencia no perturba en realidad nuestra labor intelectual, pero le resta eficacia, y aunque nos permite a menudo superar una forma de sufrimiento neurótico, se dispone inmediatamente a sustituirla por otra y, en último caso, por una enfermedad somática. Este sentimiento de culpabilidad explica también la ocasional curación o mejoría de graves neurosis bajo el influjo de desgracias reales; en efecto, se trata tan sólo de que uno esté sufriendo, no importa de qué manera. La tranquila resignación con que tales personas suelen soportar su pesado destino es muy notable, pero también reveladora. Al combatir esta resistencia hemos de limitarnos a hacerla consciente y a tratar de demoler paulatinamente el *super-yo* hostil.

No es tan fácil revelar la existencia de otra resistencia, ante cuya eliminación nos encontramos particularmente inermes. Entre los neuróticos existen algunos en los cuales, a juzgar por todas sus reacciones, el instinto de autoconservación ha experimentado nada menos que una inversión diametral. Estas personas no parecen perseguir otra cosa sino dañarse a sí mismas y autodestruirse; quizá también pertenezcan a este grupo las que realmente concluyen por suicidarse. Suponemos que en ellas se han producido vastas tormentas de los instintos, que liberaron excesivas cantidades del instinto de destrucción dirigido hacia dentro. Tales pacientes no pueden tolerar la posibilidad de ser curados por nuestro tratamiento y se le resisten con todos los medios a su alcance. Pero nos apresuramos a confesar que se trata de casos cuyo esclarecimiento aún no hemos logrado del todo.

Contemplemos una vez más la situación en que nos hemos colocado con nuestra tentativa de auxiliar al *yo* neurótico. Éste ya no puede cumplir la tarea que le impone el mundo externo, inclusive la sociedad humana. No dispone de todas sus experiencias; se le ha sustraído gran parte de su caudal mnemónico. Su actividad está inhibida por estrictas prohibiciones del *super-yo;* su energía se consume en inútiles tentativas de rechazar las exigencias del *ello.* Además, las incesantes irrupciones del *ello* han quebrantado su organización, lo han dividido, ya no le permiten establecer una síntesis ordenada y lo dejan a merced de tendencias opuestas entre sí, de conflictos no solucionados, de dudas no resueltas. En primer lugar, hacemos que este *yo* debilitado del paciente participe en la labor interpretativa puramente intelectual, que persigue el relleno provisorio de las lagunas de su patrimonio psíquico; dejamos que nos transfiera la autoridad de su *super-yo;* lo hostigamos para que asuma la lucha por cada una de las exigencias del *ello,* y para que venza las resistencias así despertadas. Simultáneamente, restablecemos el orden en su *yo,* investigando los contenidos y los impulsos que han irrumpido del inconsciente y exponiéndolos a la crítica mediante la reducción a su verdadero origen. Aunque servimos al paciente en distintas funciones –como autoridad, como sustitutos de los padres, como maestros y educadores–, nuestro mayor auxilio se lo rendimos cuando, en calidad de analistas, elevamos al nivel normal los procesos psíquicos de su *yo,* cuando tornamos preconsciente lo que llegó a convertirse en inconsciente y reprimido, volviendo a restituirlo así al dominio del *yo.* Por parte del paciente contamos con la ayuda de algunos factores racionales, como la necesidad de curación motivada por su sufrimiento y el interés intelectual que en él podemos despertar por las teorías y revelaciones del psicoanálisis; pero la ayuda más poderosa es la transferencia positiva que el paciente nos ofrece. En cambio, tenemos por enemigos la transferencia negativa, la resistencia represiva del *yo,* es decir, el displacer que le inspira el pesado trabajo que se le encarga; además, el sentimiento de culpabilidad surgido de su relación con el *super-yo* y la necesidad de estar enfermo motivada por las profundas transformaciones de su economía instintual. La parte que corresponda a estos dos últimos factores decidirá el carácter leve o grave de un caso. Independientemente de estos factores, pueden reconocerse aún otros de carácter favorable o desfavorable. Así, de ningún modo puede convenirnos cierta inercia psíquica, cierta viscosidad de la libido, reacia a abandonar sus fijaciones; por otra parte, desempeña un gran papel favorable la capacidad de la persona para sublimar sus instintos, así como su facultad para elevarse sobre la cruda vida instintiva y, por fin, el poder relativo de sus funciones intelectuales.

No puede defraudarnos, sino que consideraremos muy comprensible, la conclusión de que el resultado final de la lucha emprendida depende de las relaciones *cuantitativas,* del caudal de energía que podamos movilizar a nuestro

favor en el paciente, comparado con la suma de las energías
que desplieguen las instancias hostiles a nuestros esfuerzos.
También aquí Dios está con los batallones más fuertes[10]: por
cierto que no logramos vencer siempre, pero al menos
podemos reconocer casi siempre por qué no hemos venci-
do. Quien haya seguido nuestra exposición animado tan
sólo por un interés terapéutico, quizá se aparte con desprecio después de esta confesión. Pero la terapia sólo nos concierne aquí en la medida en que opera con recursos psicológicos, y por el momento no disponemos de otros. El futuro
podrá enseñarnos a influir directamente, mediante sustancias químicas particulares, sobre las cantidades de energía y
sobre su distribución en el aparato psíquico. Quizá surjan
aún otras posibilidades terapéuticas todavía insospechadas;
por ahora no disponemos de nada mejor que la técnica psicoanalítica, y por eso no se debería desdeñarla, pese a todas
sus limitaciones.

## 7.  Un ejemplo de la labor psicoanalítica

Hemos logrado una noción general del aparato psíquico, de
las partes, órganos e instancias que lo componen, de las
fuerzas que en él actúan, de las funciones que desempeñan
sus distintas partes. Las neurosis y las psicosis son los estados en los cuales se manifiestan los trastornos funcionales
del aparato. Hemos elegido las neurosis como objeto de
nuestro estudio porque sólo ellas parecen accesibles a los
métodos de que disponemos. Mientras nos esforzamos por
influirlas, recogemos observaciones que nos ofrecen una
noción de su origen y de su modo de transformación.

Anticiparemos uno de nuestros resultados principales a
la descripción que nos disponemos a emprender. Las neurosis no tienen causas específicas, como, por ejemplo, las

enfermedades infecciosas. Sería vana tarea tratar de buscar en ellas un factor patógeno. Transiciones graduales llevan de ellas a la así llamada normalidad, y, por otra parte, quizá no exista ningún estado reconocidamente normal en el que no se pudieran comprobar asomos de rasgos neuróticos. Los neuróticos traen consigo disposiciones innatas más o menos idénticas a las de otros seres; sus vivencias son las mismas y tienen los mismos problemas que resolver. ¿Por qué entonces su vida es tanto peor y tan difícil? ¿Por qué sufren en ella mayor displacer, angustia y dolor?

La respuesta a esta cuestión no puede ser difícil. Son *disarmonías cuantitativas* las responsables de las inadecuaciones y sufrimientos de los neuróticos. Como sabemos, las causas determinantes de todas las configuraciones que puede adoptar la vida psíquica humana deben buscarse en el interjuego de las disposiciones congénitas y las experiencias accidentales. Ahora bien: determinado instinto puede estar dotado de una disposición innata demasiado fuerte o demasiado débil; cierta capacidad puede quedar rudimentaria o no desarrollarse suficientemente en la vida; por otra parte, las impresiones y las vivencias exteriores pueden plantear demandas dispares en los distintos individuos, y las que aún son accesibles a la constitución de uno, ya podrán representar una empresa insuperable para la de otro. Estas diferencias cuantitativas decidirán la diversidad de los desenlaces.

No tardaremos en advertir, empero, la insuficiencia de esta explicación, que es demasiado general, que explica demasiado. La etiología planteada rige para todos los casos de sufrimiento, miseria e incapacidad psíquica; pero no se puede llamar neuróticos a todos los estados así causados. Las neurosis tienen características específicas, son padecimientos de especie peculiar. Por consiguiente, a pesar de todo, tendremos que hallar causas específicas para ellas, o bien imaginarnos que entre las tareas impuestas a la vida

psíquica hay algunas en las que fracasa con particular facilidad, de modo que la peculiaridad de los fenómenos neuróticos, tan notable a menudo, sería reducible a esa circunstancia, sin que necesitemos contradecir nuestras anteriores
afirmaciones. De ser cierto que las neurosis no discrepan
esencialmente de lo normal, su estudio promete suministrarnos preciosas contribuciones al conocimiento de esa
normalidad. Al emprenderlo, quizá descubriremos los
«puntos débiles» de toda organización normal.

Esta presunción nuestra se confirma, pues la experiencia
analítica enseña que existe, en efecto, una demanda instintual cuya superación es particularmente propensa a fracasar o a resultar sólo parcialmente; además, que hay una
época de la vida a la cual cabe referir exclusiva o predominantemente la formación de la neurosis. Ambos factores
–naturaleza del instinto y período de la vida– exigen consideración separada, por más que tengan bastantes vínculos
entre sí.

Podemos pronunciarnos con cierta seguridad sobre el
papel que desempeña el período de la vida. Parece que las
neurosis sólo pueden originarse en la primera infancia
(hasta los seis años), aunque sus síntomas no lleguen a
manifestarse sino mucho más tarde. La neurosis infantil
puede exteriorizarse durante breve tiempo o aun pasar
completamente inadvertida. En todos los casos, la neurosis
ulterior arranca de ese prólogo infantil. Quizá sea una
excepción la denominada neurosis traumática, motivada
por un susto desmesurado, por profundas conmociones
somáticas, como choques de ferrocarril, derrumbamientos,
etcétera.; por lo menos, hasta ahora no conocemos sus vinculaciones con la condición infantil. Es fácil explicar la pre-
dilección etiológica por el primer período de la infancia.
Como sabemos, las neurosis son afecciones del *yo*, y no es
de extrañar que éste, mientras es débil, inmaduro e incapaz
de resistencia, fracase ante tareas que más tarde podría

resolver con la mayor facilidad. (En tal caso, tanto las demandas instintuales interiores como las excitaciones del mundo exterior actúan en calidad de «traumas», particularmente si son favorecidas por ciertas disposiciones.) El inerme *yo* se defiende contra ellas mediante tentativas de fuga *(represiones)*, que más tarde demostrarán ser ineficaces e implicarán restricciones definitivas del desarrollo ulterior. El daño que sufre el *yo* bajo el efecto de sus primeras vivencias puede parecernos desmesurado; pero bastará recordar, como analogía, los distintos efectos que se obtienen en las experiencias de Roux al pinchar con la aguja una masa de células germinativas en plena división y al dirigir el pinchazo contra el animal adulto, desarrollado de aquel germen. Ningún ser humano queda a salvo de tales vivencias traumáticas; ninguno se verá libre de las represiones que ellas suscitan, y quizá semejantes reacciones azarosas del *yo* hasta sean imprescindibles para alcanzar otro objetivo puesto a ese período de la vida. En efecto, el pequeño ser primitivo ha de convertirse, al cabo de unos pocos años, en un ser humano civilizado; deberá cubrir, en abreviación casi inaudita, un trecho inmenso de la evolución cultural humana. La posibilidad de hacerlo está dada en sus disposiciones hereditarias; pero casi siempre será imprescindible la ayuda de la educación y del influjo parental que, como predecesores del *super-yo*, restringen la actividad del *yo* con prohibiciones y castigos, estimulando o imponiendo las represiones. Por tanto, no olvidemos incluir también la influencia cultural entre las condiciones determinantes de la neurosis. Nos damos cuenta de que al bárbaro le resulta fácil ser sano; para el hombre civilizado es una pesada tarea. Comprenderemos el anhelo de tener un *yo* fuerte y libre de trabas; pero, como lo muestra la época actual, esa aspiración es profundamente adversa a la cultura. Así, pues, ya que las demandas culturales son representadas por la educación en el seno de la familia, también deberemos considerar en la etiología de las neurosis ese carácter biológico de la especie humana que es su prolongado período de dependencia infantil.

En cuanto al otro elemento, el factor instintual específico, descubrimos aquí una interesante disonancia entre la teoría y la experiencia. Teóricamente no hay objeción alguna contra la suposición de que cualquier demanda instintual podría dar lugar a esas mismas represiones, con todas sus consecuencias; pero nuestra observación nos demuestra invariablemente, en la medida en que podemos apreciarlo, que las excitaciones patogénicas proceden de los instintos parciales de la vida sexual. Podría decirse que los síntomas de las neurosis siempre son, o bien satisfacciones sustitutivas de algún impulso sexual, o medidas dirigidas a impedir su satisfacción, aunque por lo general representan transacciones entre ambas tendencias, tal como de acuerdo con las leyes que rigen al inconsciente pueden llegar a ser concertadas entre pares antagónicos. Por ahora no podemos colmar esta laguna de nuestra teoría; toda decisión al respecto es dificultada aún más por la circunstancia de que la mayoría de los impulsos de la vida sexual no son de naturaleza puramente erótica, sino productos de fusiones de elementos eróticos con componentes del instinto de destrucción. Mas no puede caber la menor duda de que aquellos instintos que se manifiestan fisiológicamente como sexualidad desempeñan un papel predominante y de insospechada magnitud en la causación de las neurosis –y aún queda por establecer si su intervención no es quizá exclusiva–. Además, debe tenerse en cuenta que ninguna otra función ha sido repudiada tan enérgicamente y consecuentemente como la sexual en el curso de la evolución recorrida por la cultura. Nuestra teoría deberá conformarse con las siguientes alusiones, que revelan un nexo más profundo: que el primer período de la infancia, durante el cual comienza a diferenciarse el *yo* del *ello*, es también la época del primer florecimiento de la sexualidad, que finaliza con el período de latencia; que no puede considerarse casual el hecho de que esta importante época previa sea objeto, más tarde, de la amnesia infantil; por fin, que en la evolución del animal hacia el hombre deben haber tenido suma importancia ciertas modificaciones biológicas de la vida sexual, como precisamente aquel arranque bifásico de la función, la pérdida del carácter periódico de la excitabilidad sexual y el cambio en la relación entre la menstruación femenina y la excitación masculina. La ciencia futura tendrá la misión de integrar en conceptos nuevos estas nociones todavía inconexas. No es la psicología, sino la biología, la que al respecto presenta una laguna. Quizá no estemos errados al decir que el punto débil de la organización del *yo* reside en su actitud frente a la función sexual, como si la antinomia biológica entre la conservación de sí mismo y la conservación de la especie hubiese hallado aquí expresión psicológica.

Dado que la experiencia analítica nos ha convencido de la plena veracidad que reviste la tan común afirmación de que el niño sería psicológicamente el padre del adulto y de que las vivencias de sus años primeros tendrían inigualada importancia para toda su vida futura, será particularmente interesante para nosotros comprobar si existe algo así como una experiencia central de ese período infantil. Ante todo, nos llaman la atención las consecuencias de ciertos influjos que no afectan a todos los niños, por más que ocurran con no poca frecuencia, como, por ejemplo, los abusos sexuales cometidos por adultos en niños, la seducción de éstos por otros niños mayores (hermanos y hermanas) y –cosa ésta que nos resulta inesperada– la conmoción que las relaciones sexuales entre adultos (padres) producen en los niños cuando llegan a presenciarlas como testigos auditivos o visuales, por lo general en una época en que no se les atribuiría interés ni comprensión por tales vivencias, ni tampoco la capacidad de recordarlas ulteriormente. Es fácil comprobar la

medida en que la susceptibilidad sexual del niño es despertada por semejantes vivencias y cómo sus propias tendencias sexuales son dirigidas por aquéllas hacia determinadas
vías que ya no lograrán abandonar más. Dado que dichas
impresiones sufren la represión, ya sea inmediatamente o
en cuanto traten de retornar como recuerdos, constituyen la
condición básica para la compulsión neurótica que más
tarde impedirá al *yo* dominar su función sexual y que,
probablemente, lo inducirá a apartarse de ésta en forma
definitiva. Esta última reacción tendrá por consecuencia una
neurosis; pero, en caso de que no se produzca, aparecerán
múltiples perversiones o una insubordinación completa de
esta función, tan importante no sólo para la procreación,
sino también para toda la conformación de la existencia.

Por instructivos que sean tales casos, nuestro interés es
atraído aún más por la influencia de una situación que
todos los niños están condenados a experimentar y que
resulta irremediablemente de la prolongada dependencia
infantil y de la vida en común con los padres. Me refiero al
*complejo de Edipo,* así denominado porque su tema esencial
se encuentra también en la leyenda griega del rey Edipo,
cuya representación por un gran dramaturgo ha llegado
felizmente a nuestros días. El héroe griego mata a su padre
y toma por mujer a su madre. La circunstancia de que lo
haga sin saberlo, al no reconocer como padres suyos a
ambos personajes, constituye una discrepancia frente a la
situación analítica, que comprendemos con facilidad y que
aun consideramos irremediable.

Tendremos que descubrir aquí, por separado, el desarrollo del varón y de la niña –del hombre y de la mujer–, pues la
diferencia sexual adquiere ahora su primera expresión psicológica. El hecho biológico de la dualidad de los sexos se
alza ante nosotros cual un profundo enigma, como un término final de nuestros conocimientos, resistiendo toda
reducción a nociones más fundamentales. El psicoanálisis

no contribuyó con nada a la aclaración de este problema, que evidentemente es pleno patrimonio de la biología. En la vida psíquica sólo hallamos reflejos de esa gran polaridad, cuya interpretación es dificultada por el hecho, hace mucho tiempo sospechado, de que ningún individuo se limita a las modalidades reactivas de un solo sexo, sino que siempre concede cierto margen a las del sexo opuesto, igual que su cuerpo lleva, junto a los órganos desarrollados de un sexo, también los rudimentos atrofiados y a menudo inútiles del otro. Para diferenciar en la vida psíquica lo masculino de lo femenino, recurrimos a una equivalencia empírica y convencional, precaria a todas luces. Llamamos masculino a todo lo fuerte y activo; femenino, a cuanto es débil y pasivo. Este hecho de que la bisexualidad sea también psicológica pesa sobre todas nuestras indagaciones y dificulta su descripción.

El primer objeto erótico del niño es el pecho materno que lo nutre; el amor aparece en anaclisis con la satisfacción de las necesidades nutricias. Al principio, el pecho seguramente no es discernido del propio cuerpo, y cuando debe ser separado de éste, desplazado hacia «afuera» por sustraerse tan frecuentemente al anhelo del niño, se lleva consigo, en calidad de «objeto», una parte de la catexia libidinal originalmente narcisista. Este primer objeto se completa más tarde hasta formar la persona total de la madre, que no sólo alimenta, sino también cuida al niño y le despierta muchas otras sensaciones corporales, tanto placenteras como displacientes. En el curso de la puericultura la madre se convierte en primera seductora del niño. En estas dos relaciones arraiga la singular, incomparable y definitivamente establecida importancia de la madre como primero y más poderoso objeto sexual, como prototipo de todas las vinculaciones amorosas ulteriores, tanto en uno como en el otro sexo. Al respecto, las disposiciones filogenéticas tienen tal supremacía sobre las vivencias accidentales del individuo, que no importa en lo mínimo si el niño realmente succionó el pecho de la madre o si fue alimentado con biberón y no pudo gozar jamás el cariño del cuidado materno. En ambos casos su desarrollo sigue idéntico camino, y en el segundo, la añoranza ulterior quizá sea aún más poderosa. Por más tiempo que el niño haya sido alimentado por el pecho materno, el destete siempre dejará en él la convicción de que fue demasiado breve, demasiado escaso.

Esta introducción no es superflua, pues aguzará nuestra comprensión de la intensidad que alcanza el complejo de Edipo. El varón de dos a tres años que llega a la fase fálica de su evolución libidinal, que percibe sensaciones placenteras emanadas de su miembro viril y que aprende a procurárselas a su gusto mediante la estimulación manual, conviértese al punto en amante de la madre. Desea poseerla físicamente, de las maneras que le hayan permitido adivinar sus observaciones y sus presunciones acerca de la vida sexual; busca seducirla mostrándole su miembro viril, cuya posesión le produce gran orgullo; en una palabra, su masculinidad precozmente despierta lo induce a sustituir ante ella al padre, que ya fue antes su modelo envidiado a causa de la fuerza corporal que en él percibe y de la autoridad con que lo encuentra investido. Ahora el padre se convierte en un rival que se opone en su camino y a quien quisiera eliminar. Si durante la ausencia del padre pudo compartir el lecho de la madre, siendo desterrado de éste una vez retornado aquél, lo impresionarán profundamente las vivencias de la satisfacción experimentada al desaparecer el padre y de la defraudación sufrida al regresar éste. He aquí el tema del complejo de Edipo, que la leyenda griega trasladó del mundo fantástico infantil a una pretendida realidad. En nuestras condiciones culturales este complejo sufre invariablemente un terrorífico final.

La madre ha comprendido perfectamente que la excitación sexual del niño está dirigida a su propia persona, y en algún momento se le ocurrirá que no sería correcto dejarla en libertad. Cree actuar acertadamente al prohibirle la masturbación, pero esta prohibición tiene escaso efecto, y a lo sumo lleva a que se modifique la forma de la autosatisfacción. Por fin, la madre recurre al expediente más violento, amenazándolo con quitarle esa cosa con la cual el niño la desafía. Generalmente delega en el padre la realización de la amenaza, para tornarla más terrible y digna de crédito: le contará todo al padre, y éste le cortará el miembro. Aunque parezca extraño, tal amenaza sólo surte efecto siempre que antes y después de ella haya sido cumplida otra condición, pues, en sí misma, al niño le parece demasiado inconcebible que tal cosa pueda suceder. Pero si al proferirse dicha amenaza puede recordar el aspecto de un órgano genital femenino, o si poco después llega a ver tal órgano, al cual le falta, en efecto, esa parte apreciada por sobre todo lo demás, entonces toma en serio lo que le han dicho y, cayendo bajo la influencia del *complejo de castración,* sufre el trauma más poderoso de su joven existencia [11].

Las consecuencias de la amenaza de castración son múltiples e imprevisibles, interviniendo en todas las relaciones del niño con el padre y la madre, y, más tarde, con el hombre y la mujer en general. La masculinidad del niño casi nunca soporta esa primera conmoción. A fin de salvar su miembro sexual, renuncia más o menos completamente a la posesión de la madre, y a menudo su vida sexual lleva para siempre la carga de aquella prohibición. Si en él existe un poderoso componente femenino –como lo expresamos en nuestra terminología–, éste adquirirá mayor fuerza al coartarse la masculinidad. El niño cae en una actitud pasiva frente al padre, en la misma actitud que atribuye a la madre. Las amenazas le habrán hecho abandonar la masturbación, pero no las fantasías acompañantes que, siendo ahora la única forma de satisfacción sexual que ha conservado, son producidas en grado mayor que antes; en esas fantasías seguirá identificándose con el padre, pero al mismo tiempo y quizá predominantemente, también con la madre. Los derivados y los productos de transformación de tales fantasías masturbatorias precoces suelen integrar su *yo* ulterior y participar aun en la formación de su carácter. Independientemente de esta estimulación de su feminidad, se acrecentará en grado sumo el temor y el odio al padre. La masculinidad del niño se retrotrae en cierta manera hacia una actitud de terquedad frente al padre, actitud que dominará compulsivamente su futura conducta en la sociedad humana. Como residuo de la fijación erótica a la madre, suele establecerse una excesiva dependencia de ella, que más tarde continuará con la sujeción a la mujer. Ya no se atreve a amar a la madre, pero no puede arriesgarse a dejar de ser amado por ella, pues en tal caso correría peligro de que ésta lo traicionara con el padre y lo expusiera a la castración. Estas vivencias, con todas sus condiciones previas y sus consecuencias, de las que sólo hemos descrito alguna, sufren una represión muy enérgica, y de acuerdo con las leyes del *ello* inconsciente, todas la pulsiones afectivas y las reacciones mutuamente antagonistas que otrora fueron activadas se conservan en el inconsciente dispuestas a perturbar después de la pubertad la evolución ulterior del *yo*. Cuando el proceso somático de la maduración sexual reanime las antiguas fijaciones libidinales aparentemente superadas, la vida sexual quedará inhibida, careciendo de unidad y desintegrándose en impulsos mutuamente antagónicos.

Evidentemente, el impacto de la amenaza de castración sobre la vida sexual germinante del niño no siempre tiene estas terribles consecuencias. Una vez más, la medida en que se produzca o se evite el daño dependerá de las relaciones *cuantitativas*. Todo ese suceso, que podemos considerar como la experiencia central de los años infantiles, como máximo problema de la temprana existencia y como fuente más poderosa de ulteriores inadecuaciones, es olvidado tan completamente, que su reconstrucción en la labor analítica

tropieza con la más decidida incredulidad por parte del
adulto. Más aún, el rechazo de esos hechos llega a tal extremo, que se pretende condenar al silencio toda mención del
espinoso tema y que, con curiosa ceguera intelectual, se
pasan por alto las expresiones más claras del mismo. Así,
por ejemplo, pudo oírse la objeción de que la leyenda del rey
Edipo nada tendría que ver, en el fondo, con esta construcción del análisis, pues se trataría de un caso totalmente distinto, ya que Edipo no sabía que era a su padre a quien había
matado ni su madre con quien se había casado. Al decir tal
cosa se olvida que semejante deformación es imprescindible
para dar expresión poética al tema y que no introduce en
éste nada extraño, sino que sólo aprovecha hábilmente los
elementos que el asunto contiene. La ignorancia de Edipo es
una representación cabal del carácter inconsciente que la
experiencia entera adquiere en el adulto, y la inexorabilidad
del oráculo que absuelve o que debería absolver al héroe
representa el reconocimiento de la inexorabilidad del destino, que ha condenado a todos los hijos a sufrir el complejo
de Edipo. En cierta ocasión, un psicoanalista señaló la facilidad con que el enigma de otro héroe literario, del moroso
Hamlet de Shakespeare, puede resolverse reduciéndolo al
complejo de Edipo, ya que el príncipe sucumbe ante la tentativa de castigar en otra persona algo que coincide con la
sustancia de sus propios deseos edípicos. La incomprensión
general del mundo literario, empero, mostró entonces cuán
grande es la disposición de la mayoría de los hombres a aferrarse a sus represiones infantiles [12].

No obstante, más de un siglo antes de surgir el psicoanálisis, el filósofo francés Diderot confirmó la importancia del
complejo de Edipo al expresar en los siguientes términos la
diferencia entre prehistoria y cultura: «Si le petit sauvage
était abandonné à lui-même, qu'il conservâ toute son imbé-
cillité, et qu'il réunît au peu de raison de l'enfant au berceau
la violence des passions de l'homme de trente ans, il tordrait

le cou à son père et coucherait avec sa mère» [13]. Me atrevo a declarar que si el psicoanálisis no tuviese otro mérito que la revelación del complejo de Edipo reprimido, esto sólo bastaría para hacerlo acreedor a contarse entre las conquistas más valiosas de la humanidad.

En la niña pequeña los efectos del complejo de castración son más uniformes, pero no menos decisivos. Naturalmente, la niña no tiene motivo para temer que perderá el pene, pero debe reaccionar frente al hecho de que no lo tiene. Desde el principio envidia al varón por el órgano que posee, y podemos afirmar que toda su evolución se desarrolla bajo el signo de la envidia fálica. Comienza por hacer infructuosas tentativas de imitar al varón y más tarde trata de compensar su defecto con esfuerzos de mayor éxito, que por fin pueden conducirla a la actitud femenina normal. Si en la fase fálica trata de procurarse placer como el varón, mediante la estimulación manual de los genitales, no logra a menudo una satisfacción suficiente y extiende su juicio de inferioridad de su pene rudimentario a toda su persona. Por lo común, abandona pronto la masturbación, porque no quiere que ésta le recuerde la superioridad del hermano o del compañero de juegos, y se aparta de toda forma de sexualidad.

Si la niña persiste en su primer deseo de convertirse en varón, terminará en caso extremo como homosexualidad manifiesta, y en todo caso expresará en su conducta ulterior rasgos claramente masculinos, eligiendo una profesión varonil o algo por el estilo. El otro camino lleva al abandono de la madre amada, a quien la hija, bajo el influjo de la envidia fálica, no puede perdonar el que la haya traído al mundo tan insuficientemente dotada. En medio de este resentimiento abandona a la madre y la sustituye, en calidad de objeto amoroso, por otra persona: por el padre. Cuando se ha perdido un objeto amoroso, la reacción más obvia consiste en identificarse con él, como si se quisiera recuperarlo desde dentro por medio de la identificación. La niña pequeña aprovecha este mecanismo y la vinculación con la madre cede la plaza a la identificación con la madre. La hijita se coloca en lugar de la madre, como por otra parte siempre lo hizo en sus juegos; quiere suplantarla ante el padre, y odia ahora a la madre que antes amara, aprovechando una doble motivación: la odia tanto por los celos como por el rencor que le guarda debido a su falta de pene. Al principio, su nueva relación con el padre puede tener por contenido el deseo de disponer de su pene, pero pronto culmina en el deseo de que el padre le regale un hijo. De tal manera, el deseo del hijo ocupa el lugar del deseo fálico, o al menos se desdobla de éste.

Es interesante que la relación entre los complejos de Edipo y de castración se presente en la mujer de manera tan distinta y aun antagónica a la que adopta en el hombre. Como sabemos, en éste la amenaza de castración pone fin al complejo de Edipo; en la mujer nos enteramos de que, por el contrario, el efecto de la falta de pene la impulsa hacia su complejo de Edipo. La mujer no sufre gran perjuicio si permanece en su actitud edípica femenina, para la cual se ha propuesto el nombre de «complejo de Electra». En tal caso elegirá a su marido de acuerdo con las características paternas y estará dispuesta a reconocer su autoridad. Su anhelo de poseer un pene, anhelo en realidad inextinguible, puede llegar a satisfacerse si logra completar el amor al órgano convirtiéndolo en amor al portador del mismo, tal como lo hizo antes, al progresar del pecho materno a la persona de la madre.

Si preguntamos a un analista cuáles son, en su experiencia, las estructuras psíquicas de sus pacientes más inaccesibles a su influjo, veremos que en la mujer es la envidia fálica y en el hombre la actitud femenina frente al propio sexo, actitud que, necesariamente, tendría por condición previa la pérdida del pene.

Tercera parte: Resultados teóricos

## 8. El aparato psíquico y el mundo exterior

Todos los conocimientos generales y las premisas que mencionamos en el primer capítulo fueron adquiridos, naturalmente, mediante una minuciosa y paciente labor individual, de la que dimos un ejemplo en el capítulo precedente. Quisiéramos examinar ahora los beneficios para nuestro saber surgidos de aquella labor y los caminos que se abren a nuevos progresos. En ese examen advertiremos con sorpresa cuán frecuentemente nos vimos obligados a trascender los límites de la ciencia psicológica, pero tendremos en cuenta que los fenómenos que nos ocupan no pertenecen únicamente a la psicología, sino que también tienen su faz orgánica y biológica, y, en consecuencia, al construir el psicoanálisis hemos hecho también importantes descubrimientos biológicos y no pudimos rehuir nuevas hipótesis de esta índole.

Limitémonos, por el momento, a la psicología. Ya reconocimos que no es posible separar científicamente la normalidad psíquica de la anormalidad, de modo que, pese a su importancia práctica, sólo cabe atribuir valor convencional a esta diferenciación. Con ello hemos fundado nuestro derecho a comprender la vida psíquica normal mediante la indagación de sus trastornos, cosa que no sería lícita si estos estados patológicos, estas neurosis y psicosis reconocieran causas específicas, de efecto similar al de los cuerpos extraños en patología.

El estudio de un trastorno psíquico fugaz, inofensivo y aun útil, que ocurre durante el reposo, nos ha suministrado la clave de las enfermedades anímicas permanentes y nocivas para la existencia. Ahora nos permitimos afirmar que la psicología de la consciencia no fue capaz de comprender la función psíquica normal mejor que el sueño. Los datos de la autopercepción consciente, los únicos de que disponía, se han revelado en todo respecto insuficientes para penetrar la plenitud y la complejidad de los procesos psíquicos, para revelar sus conexiones y para reconocer así las causas determinantes de su perturbación.

Nuestra hipótesis de un aparato psíquico espacialmente extenso, adecuadamente integrado y desarrollado bajo el influjo de las necesidades vitales; un aparato que sólo en un determinado punto y bajo ciertas condiciones da origen a los fenómenos de consciencia, nos ha permitido establecer la psicología sobre una base semejante a la de cualquier otra ciencia natural, como, por ejemplo, la física. Ésta como aquélla persiguen el fin de revelar, tras las propiedades (cualidades) del objeto investigado, que se dan directamente a nuestra percepción, algo que sea más independiente de la receptividad selectiva de nuestros órganos sensoriales y que se aproxime más al supuesto estado de cosas real. No esperemos captar este último, pues, según vemos, toda nueva revelación psicológica debe volver a traducirse al lenguaje de nuestras percepciones, del cual evidentemente no podemos librarnos. He aquí la esencia y la limitación de la psicología. Es como si en la física declarásemos: contando con la suficiente agudeza visual, comprobaríamos que un cuerpo, sólido al parecer, consta de partículas de determinada forma, dimensión y posición relativa. Entre tanto, tratamos de llevar al máximo, mediante recursos artificiales, la capacidad de rendimiento de nuestros órganos sensoriales; pero cabe esperar que todos estos esfuerzos nada cambiarán en definitiva. Lo real siempre seguirá siendo «incognoscible». La elaboración intelectual de nuestras percepciones sensoriales primarias nos permite reconocer en el mundo exterior relaciones y dependencias que pueden ser reproducidas o reflejadas fielmente en el mundo interior de nuestro pensamiento, poniéndonos su conocimiento en situación de «comprender» algo en el mundo exterior, de preverlo y, posiblemente, modificarlo. Así procedemos también en psicoanálisis. Hemos hallado recursos técnicos que permiten colmar las lagunas de nuestros fenómenos conscientes, y los utilizamos tal como los físicos emplean el experimento. Por ese camino elucidamos una serie de procesos que, en sí mismos, son «incognoscibles»; los insertamos en la serie de los que no son conscientes, y si afirmamos, por ejemplo, la intervención de un determinado recuerdo inconsciente, sólo queremos decir que ha sucedido algo absolutamente inconceptuable para nosotros, pero algo que, si hubiese llegado a nuestra consciencia, sólo hubiese podido ser así, y no de otro modo.

Naturalmente, en cada caso dado la crítica decidirá el derecho y el grado de seguridad que nos asisten para tales inferencias e interpolaciones; no puede negarse que esa decisión plantea a menudo arduas dificultades, expresadas en la falta de unanimidad entre los psicoanalistas. La novedad del asunto, es decir, la falta de experiencia, es parcialmente responsable de este estado de cosas, pero también interviene un factor inherente al propio tema, ya que en psicología no siempre se trata, como en física, de cosas que sólo pueden despertar frío interés científico. Así, no nos extraña si una psicoanalista que no se ha convencido suficientemente de la intensidad de su propia envidia fálica tampoco es capaz de prestar la debida consideración a ese factor en sus pacientes. Mas, a la postre, estos errores originados en la ecuación personal no tienen mayor importancia. Si releyéramos viejos tratados de microscopia, nos asombraríamos de las extraordinarias condiciones que entonces debía cumplir el observador, cuando la técnica de ese intrumento aún estaba en pañales, mientras que hoy ni siquiera se mencionan esas condiciones.

No podemos bosquejar aquí un cuadro completo del aparato psíquico y de sus funciones; por otra parte, tampoco lo permitiría el hecho de que el psicoanálisis aún no ha tenido tiempo de estudiar a fondo todas esas funciones. Por consiguiente, nos limitaremos a repetir con mayor extensión los hechos reseñados en el capítulo inicial.

El núcleo de nuestra esencia está formado por el oscuro *ello,* que no se comunica directamente con el mundo exterior y sólo es accesible a nuestro conocimiento por intermedio de otra instancia psíquica. En este *ello* actúan los *instintos* orgánicos, formados a su vez por la fusión en proporción variable de dos fuerzas primordiales (Eros y destrucción), y diferenciados entre sí por sus respectivas relaciones con órganos y sistemas orgánicos. La única tendencia de estos instintos es la de alcanzar su satisfacción, que procuran alcanzar mediante determinadas modificaciones de los órganos, con ayuda de objetos del mundo exterior. Mas la satisfacción instintual inmediata e inescrupulosa, tal como la exige el *ello,* llevaría con harta frecuencia a peligrosos conflictos con el mundo exterior y a la destrucción del individuo. El *ello* no tiene consideración alguna por la seguridad individual, no reconoce el miedo o, para decirlo mejor, aunque puede producir los elementos sensoriales de la angustia, no es capaz de aprovecharlos. Los procesos posibles en y entre los supuestos elementos psíquicos del *ello (proceso primario)* discrepan ampliamente de los que la percepción consciente nos muestra en nuestra vida intelectual y afectiva; además, para ellos no rigen las restricciones críticas de la lógica, que rechaza una parte de esos procesos, considerándolos inaceptables y tratando de anularlos.

El *ello,* aislado del mundo exterior, tiene un mundo propio de percepciones. Percibe con extraordinaria agudeza ciertas alteraciones de su interior, especialmente las oscilaciones en la tensión de sus necesidades instintuales, oscilaciones que se conscencian como sensaciones de la serie placer-displacer. Desde luego, es difícil indicar qué vías y con ayuda de qué órganos terminales de la sensibilidad llegan a producirse esas percepciones. De todos modos, no cabe duda que las autopercepciones –tanto las sensaciones cenestésicas indiferenciadas como las sensaciones de placer-displacer– dominan con despótica tiranía los procesos del *ello*. El *ello* obedece al inexorable principio del placer; mas no sólo el *ello* se conduce así. Parecería que también las actividades de las restantes instancias psíquicas sólo consiguen modificar el principio del placer, pero no anularlo, de modo que subsiste el problema –de suma importancia teórica y aún no resuelto– de cómo y cuándo se logra superar el principio del placer, si es que ello es posible. La noción de que el principio del placer requiere la reducción –y en el fondo quizá aun la extinción– de las tensiones instintuales (es decir, un estado de *nirvana)* nos conduce a relaciones aún no consideradas entre el principio del placer y las dos fuerzas primordiales: Eros e instinto de muerte.

La otra instancia psíquica, la que creemos conocer mejor y en la cual nos resulta más fácil reconocernos a nosotros mismos –el denominado *yo*–, se ha desarrollado de aquella capa cortical del *ello* que, adaptada a la recepción y a la exclusión de estímulos, se encuentra en contacto directo con el mundo exterior (con la *realidad).* Partiendo de la percepción consciente, el *yo* ha sometido a su influencia sectores cada vez mayores y capas cada vez más profundas del *ello,* exhibiendo en la sostenida dependencia del mundo exterior el sello indeleble de su primitivo origen, algo así como el «Made in Germany». Su función psicológica consiste en elevar los procesos del *ello* a un nivel dinámico superior (por ejemplo, convirtiendo energía libremente móvil en energía ligada, como corresponde al estado preconsciente); su función constructiva, en cambio, consiste en interponer entre la exigencia instintual y el acto destinado a satisfacerla una actividad intelectiva que, previa orientación en el presente y utilizando experiencias interiores, trata de prever las consecuencias de los actos propuestos por medio de acciones experimentales o «tanteos». De esta manera el *yo* decide si la tentativa de satisfacción debe ser realizada o diferida, o si la exigencia del instinto no habrá de ser suprimida totalmente por peligrosa (he aquí el principio de la *realidad).* Así como el *ello* persigue exclusivamente el beneficio placentero, así el *yo* está dominado por la consideración de la seguridad. El *yo* tiene por función la autoconservación, que parece ser desdeñada por el *ello.* Utiliza las sensaciones de angustia como señales que indican peligros amenazantes para su integridad. Dado que los rastros mnemónicos, pueden tornarse conscientes igual que las percepciones, en particular por su asociación con los residuos verbales, surge aquí la posibilidad de una confusión que podría llevar a desconocer la realidad. El *yo* se protege contra esto estableciendo la función del *juicio* o *examen de realidad,* que, merced a las condiciones reinantes al dormir, bien puede quedar abolida en los sueños. El *yo,* afanoso de subsistir en un medio lleno de fuerzas mecánicas abrumadoras, es amenazado por peligros que proceden principalmente de la realidad exterior, pero no sólo de allí. El propio *ello* es una fuente de peligros similares, en virtud de dos causas muy distintas. Ante todo, los instintos excesivamente fuertes pueden perjudicar al *yo* de manera análoga a los «estímulos» exorbitantes del mundo exterior. Es verdad que no pueden destruirlo, pero sí pueden aniquilar la organización dinámica que caracteriza al *yo,* volviendo a convertirlo en una parte del *ello.* Además, la experiencia habrá enseñado al *yo* que la satisfacción de una exigencia instintual, tolerable por sí misma, implicaría peligros emanados del mundo exterior, de modo que la propia demanda instintual se convierte así en un peligro. Por consiguiente, el *yo* combate en dos frentes: debe defender su existencia contra un mundo exterior que amenaza aniquilarlo, tanto como contra un mundo interior demasiado exigente. Emplea contra ambos los mismos métodos de defensa, pero la protección contra el

enemigo interno es particularmente inadecuada. Debido a
la identidad de origen con este enemigo, y a la íntima vida
en común que ambos han llevado ulteriormente, el *yo* halla
la mayor dificultad en escapar a los peligros interiores que
subsisten como amenazas aun cuando puedan ser dome-
ñados transitoriamente.

Ya sabemos que el débil e inmaduro *yo* del primer período infantil queda definitivamente lisiado por los esfuerzos
que se le imponen para defenderse contra los peligros carac-
terísticos de esa época de la vida. El amparo de los padres
protege al niño contra los peligros que lo amenazan desde
el mundo exterior, pero debe pagar esta seguridad con el
miedo a la *pérdida del amor,* que lo dejaría indefenso a merced de los peligros exteriores. Dicho factor hace sentir su
decisiva influencia en el desenlace del conflicto cuando el
varón llega a la situación del complejo de Edipo, dominán-
dolo la amenaza dirigida contra su narcisismo por la castración, reforzada desde fuentes primordiales. Impulsado por
la fuerza combinada de ambas influencias –por el peligro
real inmediato y por el filogenético, recordado–, el niño
emprende sus tentativas de defensa (represiones), que, si
bien parecen eficaces por el momento, resultarán psicológicamente inadecuadas en cuanto la reanimación ulterior de
la vida sexual haya exacerbado las exigencias instintivas que
otrora pudieron ser rechazadas. Biológicamente expresada,
esta condición equivale a un fracaso del *yo* en su tarea de
dominar las excitaciones del primer período sexual, porque
su inmadurez no le permite enfrentarlas. En este retardo de
la evolución yoica frente a la evolución libidinal reconocemos la condición básica de las neurosis, y hemos de concluir
que éstas podrían evitarse si se le ahorrase dicha tarea al *yo*
infantil; es decir, si se dejase en plena libertad la vida sexual
del niño, como sucede en muchos pueblos primitivos. La
etiología de las afecciones neuróticas quizá sea más comple-
ja de lo que aquí hemos descrito, pero en todo caso hemos

logrado destacar una parte sustancial de la complejidad etiológica. Tampoco debemos olvidar las influencias filogenéticas, que de alguna manera aún ignorada están representadas en el *ello* y que seguramente actúan sobre el *yo*, en esa época precoz, con mayor poder que en fases ulteriores. Por otra parte, alcanzamos a entrever que un represamiento tan precoz del instinto sexual, una adhesión tan decidida del joven *yo* al mundo exterior, contra el mundo interior, actitud que se le impone merced a la prohibición de la sexualidad infantil, no puede dejar de ejercer influencia decisiva sobre la futura aptitud cultural del individuo. Las demandas instintuales, apartadas de su satisfacción directa, se ven obligadas a adoptar nuevas vías que llevan a satisfacciones sustitutivas, y en el curso de esos rodeos pueden ser desexualizadas, aflojándose su vinculación con sus fines instintivos originales. Así, podemos anticipar la noción de que muchos de nuestros tan preciados bienes culturales han sido adquiridos a costa de la sexualidad, por la coerción de las energías instintivas sexuales.

Hasta ahora siempre nos hemos visto obligados a destacar que el *yo* debe su origen y sus más importantes características adquiridas a la relación con el mundo exterior real; en consecuencia, estamos preparados para aceptar que los estados patológicos del *yo*, en los cuales vuelve a aproximarse más al *ello*, se fundan en la anulación o el relajamiento de esa relación con el mundo exterior. De acuerdo con esto, la experiencia clínica nos demuestra que la causa desencadenante de una psicosis radica en que, o bien la realidad se ha tornado intolerablemente dolorosa, o bien los instintos han adquirido extraordinaria exacerbación, cambios que deben surtir idéntico efecto, teniendo en cuenta las exigencias contrarias planteadas al *yo* por el *ello* y por el mundo exterior. El problema de las psicosis sería simple e inteligible si el desprendimiento del *yo* con respecto a la realidad pudiese efectuarse íntegramente. Pero esto sucede, al parecer, sólo en raros

casos, o quizá nunca. Aun en estados que se han apartado
de la realidad del mundo exterior en medida tal como los de
confusión alucinatoria (amencia), nos enteramos, por las
comunicaciones que nos suministran los enfermos una vez
curados, que aun entonces se mantuvo oculta en un rincón
de su mente –como suelen expresarlo–, una persona normal
que dejaba pasar ante sí la fantasmagoría patológica, como si
fuera un observador imparcial. No sé si cabe aceptar que
siempre sucede así, pero podría aducir experiencias similares en otras psicosis menos tormentosas. Recuerdo un caso
de paranoia crónica en el que, después de cada acceso de
celos, un sueño ofrecía al analista la representación correcta
del motivo, libre de todo elemento delirante. Resultaba así la
interesante contradicción de que, mientras por lo general
descubrimos en los sueños del neurótico los celos que no
aparecen en su vida diurna, en este caso de un psicótico el
delirio dominante durante el día aparecía rectificado por el
sueño. Quizá podamos presumir, con carácter general, que
el fenómeno presentado por todos los casos semejantes es
una *escisión* psíquica. Se han formado dos actitudes psíquicas, en lugar de una sola: la primera, que tiene en cuenta la
realidad y que es normal; la otra, que aparta al *yo* de la realidad bajo la influencia de los instintos. Ambas actitudes subsisten la una junto a la otra. El resultado final dependerá de
su fuerza relativa. Si la última tiene o adquiere mayor potencia, quedará establecida con ello la precondición de la psicosis. Si la relación se invierte, se producirá una curación
aparente del trastorno delirante. Pero en realidad sólo se
habrá retirado al inconsciente, como también se debe colegir
a través de numerosas observaciones que el delirio se encontraba desarrollado durante mucho tiempo, hasta que por fin
llegó a desencadenarse manifiestamente.

El punto de vista según el cual en todas las psicosis debe
postularse una *escisión del yo* no merecería tal importancia
si no se confirmara también en otros estados más semejan-

tes a las neurosis, y finalmente también en estas últimas. Por primera vez me convencí de ello en casos de _fetichismo_. Esta anormalidad, que puede incluirse entre las perversiones, se basa, como sabemos, en que el enfermo, casi siempre del sexo masculino, no acepta la falta del pene de la mujer, defecto que le resulta desagradable en extremo, pues representa la prueba de que su propia castración es posible. Por eso reniega de sus propias percepciones sensoriales, que le han demostrado la ausencia del pene en los genitales femeninos, y se aferra a la convicción contraria. Pero la percepción renegada no ha dejado de ejercer toda su influencia, pues el enfermo no tiene el coraje de afirmar haber visto realmente un pene. En cambio, toma otra cosa, una parte del cuerpo o un objeto, y le confiere el papel del pene que por nada quisiera echar de menos. Por lo común se trata de algo que realmente vio entonces, cuando contempló los genitales femeninos, o bien de algo que se presta para sustituir simbólicamente al pene. Pero sería injusto calificar de escisión yoica a este mecanismo de formación del fetiche, pues se trata de una transacción alcanzada con ayuda del desplazamiento, tal como ya lo conocemos en el sueño. Pero nuestras observaciones nos muestran algo más. El fetiche fue creado con el propósito de aniquilar la prueba según la cual la castración sería posible, de modo que permitiera evitar la angustia de castración. Si la mujer poseyera un pene, como otros seres vivientes, ya no sería necesario tener que temblar por la conservación del propio pene.

Ahora bien: también nos encontramos con fetichistas que han desarrollado la misma angustia de castración que los no fetichistas, reaccionando frente a ella de idéntica manera. En su conducta se expresan, pues, al mismo tiempo dos presuposiciones contrarias. Por un lado reniegan del hecho de su percepción, según la cual no han visto pene alguno en los genitales femeninos; pero por el otro lado reconocen la falta de pene en la mujer y extraen de ella las conclusiones corres-

pondientes. Ambas actitudes subsisten la una junto a la otra
durante la vida entera, sin afectarse mutuamente. He aquí lo
que justificadamente puede llamarse una *escisión del yo*. Esta
circunstancia también nos permite comprender que el fetichismo sólo esté, con tal frecuencia, parcialmente desarrollado. No domina con carácter exclusivo la elección del objeto, sino que deja lugar para una medida más o menos considerable de actitudes sexuales normales, y a veces aun llega a
restringirse a un papel modesto o a una mera insinuación.
Por consiguiente, los fetichistas nunca logran desprender
completamente su *yo* de la realidad del mundo exterior.

No debe creerse que el fetichismo represente un caso
excepcional en lo que a escisión del *yo* se refiere, pues no es
más que una condición particularmente favorable para su
estudio. Retomemos nuestra indicación de que el *yo* infantil, bajo el dominio del mundo real, liquida las exigencias
instintuales inconvenientes mediante la denominada represión. Completémosla ahora con la nueva comprobación de
que en la misma época de su vida el *yo* se ve a menudo en la
situación de rechazar una pretensión del mundo exterior
que le resulta penosa, cosa que logra mediante la *renegación*
o *repudiación* de las percepciones que lo informan de esa
exigencia planteada por la realidad. Tales repudiaciones son
muy frecuentes no sólo entre los fetichistas; cada vez que
logramos estudiarlas resultan ser medidas de alcance parcial, tentativas incompletas para desprenderse de la realidad. El rechazo siempre se complementa con una aceptación;
siempre se establecen dos oposiciones antagónicas y mutuamente independientes, que dan por resultado una escisión
del *yo*. El desenlace depende, una vez más, de cuál de ambas
posiciones logre alcanzar la mayor intensidad.

Los hechos concernientes a la escisión yoica que aquí
hemos descrito no son tan originales y extraños como parecería a primera vista. En efecto, el que la vida psíquica de una
persona presente en relación con determinada conducta dos

actitudes distintas, opuestas entre sí y mutuamente independientes, responde a una característica general de las neurosis,
sólo que en este caso una de aquéllas pertenece al *yo,* y la antagónica, estando reprimida, forma parte del *ello.* La diferencia
ente ambos casos es, en esencia, topográfica o estructural, y
no siempre es fácil decidir ante cuál de ambas posibilidades
nos encontramos en un caso determinado. Mas la concordancia importante entre ambos casos reside en lo siguiente: cualquier cosa que emprenda el *yo* en sus tentativas de defensa, ya
sea que repudie una parte el mundo exterior real o que pre-
tenda rechazar una exigencia instintual del mundo interior, el
éxito jamás será pleno y completo. Siempre surgirán dos actitudes antagónicas, de las cuales también la subordinada, la
más débil, dará lugar a complicaciones psíquicas. Para finali-
zar, sólo señalaremos cuán poco nos enseñan nuestras percepciones conscientes de todos estos procesos.


## 9.  El mundo interior

Para transmitir el conocimiento de una simultaneidad com-
pleja no tenemos otro recurso sino su descripción sucesiva,
de modo que todas nuestras representaciones adolecen
básicamente de una simplificación unilateral, siendo preciso que se las complemente, que se las reestructure y, al
mismo tiempo, que se las rectifique.

La noción de un *yo* que media entre el *ello* y el mundo
exterior, que asume las demandas instintuales del primero
para conducirlas a su satisfacción, que recoge percepciones
en el segundo y las utiliza como recuerdos, que, preocupado
por su propia conservación, se defiende contra demandas
excesivas de ambas partes, guiándose en todas sus decisio-
nes por los consejos de un principio del placer modificado;
esta noción sólo rige, en realidad, para el *yo* hasta el final del

primer período infantil (alrededor de los cinco años). Hacia esa época se produce una importante modificación. Una parte del mundo exterior es abandonada, por lo menos parcialmente, como objeto, y en cambio es incorporada al *yo* mediante la identificación; es decir, se convierte en parte integrante del mundo interior. Esta nueva instancia psíquica continúa las funciones que anteriormente desempeñaron las personas correspondientes del mundo exterior: observa al *yo*, le imparte órdenes, lo corrige y lo amenaza con castigos, tal como lo hicieron los padres, cuya plaza ha venido a ocupar. A esta instancia la llamamos *super-yo*, y en sus funciones judicativas la sentimos como *conciencia*. No deja de ser notable que el *super-yo* despliegue a menudo una severidad de la cual los padres reales no sentaron precedentes, y también que no sólo llame a rendir cuentas al *yo* por sus actos cabales, sino también por sus pensamientos o intenciones no realizadas, que parece conocer perfectamente. Recordamos aquí que también el héroe de la leyenda edípica se siente culpable por sus actos y se impone un autocastigo, pese a que la compulsión del oráculo debería redimirlo de toda culpa, tanto en nuestro juicio como en el propio. El *super-yo* es, en efecto, el heredero del complejo de Edipo, y sólo queda establecido una vez liquidado éste. Por consiguiente, su excesivo rigor no se ajusta a un prototipo real, sino que corresponde a la intensidad del rechazo dirigido contra la tentación del complejo de Edipo. Quizá haya una vaga sospecha de esta circunstancia en las afirmaciones de filósofos y creyentes, según las cuales el hombre no adquiriría su sentido moral por la educación o por la influencia de la vida en sociedad, sino que sería implantado en él por una fuente superior.

Mientras el *yo* opera en plena concordancia con el *super-yo,* no es fácil discernir las manifestaciones de ambos, pero las tensiones y las discrepancias entre ellos se expresan con gran claridad. El tormento causado por los reproches de la conciencia corresponde exactamente al miedo del niño a perder el amor, amenaza reemplazada en él por la instancia moral. Por otra parte, cuando el *yo* resiste con éxito a la tentación de hacer algo que sería objetable por el *super-yo*, se siente exaltado en su autoestima y reforzado en su orgullo, como si hubiese hecho una preciosa adquisición. De tal manera, el *super-yo* continúa desempeñando ante el *yo* el papel de un mundo exterior, por más que se haya convertido en parte integrante del mundo interior. Para todas las épocas ulteriores de la vida representará la influencia de la época infantil del individuo, de los cuidados, la educación y la dependencia de los padres; en suma, la influencia de la infancia, tan prolongada en el ser humano por la convivencia familiar. Y con ello no sólo perduran las cualidades personales de esos padres, sino también todo lo que a su vez tuvo alguna influencia determinante sobre ellos; es decir, las inclinaciones y las normas del estado social en el cual viven, las disposiciones y tradiciones de la raza de la cual proceden. Quien prefiera las formulaciones generales y las distinciones precisas podrá decir que el mundo exterior, al cual se encuentra expuesto el individuo una vez separado de los padres, representa el poderío del presente; su *ello*, en cambio, con todas sus tendencias heredadas, representa el pasado orgánico; por fin, el *super-yo*, adquirido más tarde, representa ante todo el pasado cultural, que el niño debe, en cierta manera, reexperimentar en los pocos años de su primera infancia. Sin embargo, tales generalizaciones difícilmente pueden tener vigencia universal. Una parte de las conquistas culturales se sedimenta evidentemente en el *ello;* mucho de lo que el *super-yo* trae consigo despertará, pues, un eco en el *ello;* parte de lo que el niño vivencia por primera vez tendrá efecto reforzado, porque repite una arcaica vivencia filogenética:

Was du ererbt von deinen Vätern hast,
Erwirb es, um es zu besitzen [14].

De tal manera, el *super-yo* asume una especie de posición intermedia entre el *ello* y el mundo exterior, reúne en sí las influencias del presente y del pasado. En el establecimiento del *super-yo* vemos, en cierta manera, un ejemplo de cómo el presente se convierte en el pasado...

# Múltiple interés del psicoanálisis *

## 1.  Interés psicológico del psicoanálisis

El psicoanálisis es un procedimiento médico que aspira a la curación de ciertas formas de nerviosidad (neurosis). En un trabajo publicado en 1910 hube ya de describir la evolución del psicoanálisis desde su punto de partida en el método *catártico*, de J. Breuer, y sus relaciones con las teorías de Charcot y P. Janet [1].

Como ejemplos de las formas patológicas accesibles al psicoanálisis pueden ser citadas las convulsiones e inhibiciones de la histeria y los diversos síntomas de la neurosis obsesiva (actos e ideas obsesivas). Trátase de estados que desaparecen a veces espontáneamente y responden de un modo caprichoso, hasta ahora inexplicado, a la influencia personal del médico. En las formas graves de las perturbaciones mentales propiamente dichas no alcanza el psicoanálisis resultado positivo alguno. Pero tanto en la psicosis como en las neurosis nos facilita por vez primera en la historia de la Medicina una visión de los orígenes y el mecanismo de estas enfermedades.

* Publicado en la revista *Sciencia,* Bolonia, 1913.

Esta importancia médica del psicoanálisis no justifica la tentativa de presentarla en un círculo de hombres de estudio interesados por la síntesis de las ciencias, y mucho menos cuando tal empresa habría de parecer prematura mientras una gran parte de los psiquiatras y neurólogos continúe mostrándose opuesto al nuevo método terapéutico y rechace tanto sus hipótesis como sus resultados. Si, no obstante, considero legítima esta tentativa es porque el psicoanálisis aspira a interesar a hombres de ciencia distintos de los psiquiatras, pues se extiende a otros varios sectores científicos diferentes y establece entre ellos y la patología de la vida psíquica relaciones insospechadas.

Dejaré, pues, a un lado, por ahora, el interés médico del psicoanálisis y trataré de demostrar, con una serie de ejemplos, mis anteriores asertos sobre nuestra joven ciencia.

Tanto en el hombre normal como en los enfermos tropezamos con una serie de expresiones mímicas y verbales y con numerosos productos mentales que no han llegado a ser hasta ahora objeto de la Psicología por haberlos considerado meramente como resultados de una perturbación orgánica o de una disminución anormal de la capacidad funcional del aparato anímico. Me refiero a las funciones fallidas (equivocaciones orales o en la escritura, olvidos, etc.), a los actos casuales y a los sueños de los normales y a los ataques convulsivos, delirios, visiones, ideas y actos obsesivos de los neuróticos. Estos fenómenos –en cuanto no han pasado, como las funciones fallidas, totalmente inadvertidos– se han venido adscribiendo a la Patología, esforzándose en hallarles explicaciones *fisiológicas* que jamás han resultado satisfactorias. El psicoanálisis ha demostrado, en cambio, que todos estos fenómenos pueden ser explicados e integrados en el conjunto conocido del suceder psíquico por medio de hipótesis de naturaleza puramente psicológica. Nuestra disciplina ha restringido así el radio de acción de la Fisiología, conquistando, en cambio, para la Psicología una parte considerable de la Patología. La máxima fuerza probatoria corresponde aquí a los fenómenos normales, sin que pueda acusarse al psicoanálisis de transferir a lo normal conocimientos extraídos del material patológico, pues aporta sus pruebas independientemente unas de otras en cada uno de dichos sectores y muestran así que los procesos normales y los llamados patológicos siguen las mismas reglas.

De los fenómenos normales a que nos venimos refiriendo, esto es, de los observables en hombres normales, dedicaremos atención preferente a dos: las funciones fallidas y los sueños.

Las funciones fallidas, o sea el olvido ocasional de palabras y nombres, el de propósitos, las equivocaciones orales en la lectura y la escritura, el extravío de objetos, la pérdida definitiva de los mismos, determinados errores contrarios a nuestro mejor conocimiento, algunos gestos y movimientos habituales; todo esto que reunimos bajo el nombre común de funciones fallidas del hombre sano y normal ha sido, en general, muy poco atendido por la Psicología, atribuyéndose a la «distracción» y considerándose derivado de la fatiga, de la falta de atención o de un efecto accesorio de ciertos leves estados patológicos. La investigación analítica ha demostrado con suficiente certeza que tales factores últimamente citados constituyen, todo lo más, circunstancias favorables a la producción de los fenómenos de referencia, pero nunca condiciones indispensables de la misma. Las funciones fallidas son verdaderos fenómenos psíquicos y entrañan siempre un sentido y una tendencia, constituyendo la expresión de determinadas intenciones, que a consecuencia de la situación psicológica dada no encuentran otro medio de exteriorizarse. Tal situación es, por lo general, la correspondiente a un conflicto psíquico y en ella queda privada de expresión directa y derivada por caminos indirectos la tendencia vencida. El individuo que comete el acto fallido puede darse cuenta de él y puede conocer separadamente la tendencia reprimida que en su fondo existe, pero ignora, en cambio, casi siempre y hasta que el análisis se lo revela, la relación causal existente entre la tendencia y el acto. Los análisis de las funciones fallidas son, muchas veces, fáciles y rápidos. Una vez advertido el fallo por el sujeto, su primera ocurrencia suele traer consigo la explicación buscada.

Los actos fallidos constituyen el material más cómodo para confirmar las hipótesis psicoanalíticas. En un trabajo que data de 1904 he reunido numerosos ejemplos de este orden, con su interpretación correspondiente, colección que ha sido luego aumentada por las aportaciones de otros obervadores [2].

El motivo que más frecuentemente nos mueve a reprimir una intención, obligándola así a contentarse con hallar expresión indirecta en un acto fallido, es la evitación de displacer. De este modo olvidamos tenazmente un nombre propio cuando abrigamos hacia la persona a quien corresponde un secreto enfado o dejamos de realzar propósitos que sólo a disgusto hubiéramos llevado a cabo, forzados, por ejemplo, por las conveniencias sociales. Perdemos un objeto cuando nos hemos enemistado con la persona a quien nos recuerda o que nos lo ha regalado. Tomamos un tren equivocado cuando emprendemos el viaje a disgusto y hubiéramos querido permanecer en donde estábamos a trasladarnos a lugar distinto. Donde más claramente se nos muestra la evitación de displacer como causa de estos fallos funcionales es en el olvido de impresiones y experiencias, circunstancia observada ya por autores preanalíticos. La memoria es harto parcial y presenta una gran disposición a excluir de la reproducción aquellas impresiones a las que va unido un afecto penoso, aunque no siempre lo consiga.

En otros casos el análisis de un acto fallido resulta menos sencillo y conduce a soluciones menos transparentes a causa de la intervención de un proceso, al que damos el nombre de *desplazamiento*. Así cuando olvidamos el nombre de una persona contra la cual nada tenemos, el análisis nos hace ver que dicho nombre ha despertado asociativamente el recuerdo de otra persona de nombre igual o semejante que nos inspira disgusto. El olvido del nombre de la persona inocente ha sido consecuencia de tal relación, resultando así que la intención de olvidar ha sufrido una especie de desplazamiento a lo largo de un determinado camino asociativo.

La intención de evitar displacer no es la única causa de los actos fallidos. El análisis descubre en muchos casos otras tendencias que, habiendo sido reprimidas en la situación correspondiente, han tenido que manifestarse como perturbaciones de una función. Así, las equivocaciones orales delatan muchas veces pensamientos que el sujeto quería mantener ocultos a su interlocutor. Varios grandes poetas han comprendido este sentido de tales equivocaciones y las han empleado en sus obras. La pérdida de objetos valiosos resulta ser muchas veces un sacrificio, encaminado a alejar una desgracia temida, no siendo ésta la única superstición que aún se impone a los hombres cultos bajo la forma de un acto fallido. El extravío temporal de objetos no es, por lo común, sino la realización inconsciente del deseo de verlos desaparecer, y su rotura, la de sustituirlos por otros mejores.

La explicación psicoanalítica de las funciones fallidas trae consigo, no obstante la insignificancia de esos fenómenos, cierta modificación de nuestra concepción del mundo. Hallamos, además, que el hombre normal aparece movido por tendencias contradictorias con mucha mayor frecuencia de lo que sospechábamos. El número de acontecimientos a los que damos el nombre de «casuales» queda considerablemente limitado. En cierto modo resulta consolador pensar que la pérdida de objetos no constituye casi nunca una casualidad, y que nuestra torpeza no es muchas veces sino un disfraz de intenciones ocultas. Mucha mayor importancia entraña el descubrimiento analítico de una participación inconfesada de la propia voluntad del sujeto en numerosos accidentes graves, que de otro modo hubieran sido adscritos a la casualidad. Este hallazgo del psicoanálisis viene a hacer aún más espinosa la diferenciación entre la muerte por accidente casual y el suicidio, tan difícil ya en la práctica.

La explicación de los actos fallidos presenta, desde luego, un innegable valor teórico por la sencillez de la solución y la frecuencia de tales fenómenos en el hombre normal. Pero, como el resultado del psicoanálisis, no es comparable en importancia al obtenido en la aplicación de la misma a otro fenómeno distinto de la vida anímica de los hombres sanos. Me refiero a la interpretación de los sueños, con la cual comienza el psicoanálisis a situarse enfrente de la ciencia oficial. La investigación médica considera los sueños como un fenómeno puramente somático, desprovisto de todo sentido y significación, no viendo en ello sino la reacción del órgano anímico, dormido a estímulos somáticos, que le fuerzan a despertar parcialmente. El psicoanálisis, superando la singularidad, la incoherencia y el absurdo del fenómeno onírico, lo eleva a la categoría de un acto psíquico que posee sentido e intención propios y ocupa un lugar en la vida anímica del individuo. Para ello, los estímulos somáticos no son sino uno de los materiales que la formación de los sueños elabora. Entre estas dos concepciones de los sueños no hay acuerdo posible. En contra de la concepción fisiológica, testimonia su infertilidad. A favor del psicoanálisis puede aducirse el haber traducido con pleno sentido y aplicado al descubrimiento de la más íntima vida anímica del hombre millares de sueños.

En un trabajo publicado en 1900 he tratado el importantísimo tema de la interpretación de los sueños, teniendo luego la satisfacción de comprobar que casi todos mis colaboradores en la investigación psicoanalítica han confirmado y propulsado, con sus propias aportaciones, las teorías por mí iniciadas en el mismo [3]. Hoy en día se reconoce unánimemente que la interpretación de los sueños es la piedra angular de la labor psicoanalítica y que sus resultados constituyen la más importante aportación del psicoanálisis a la Psicología.

No me es posible exponer aquí la teoría por medio de la cual se llega a la interpretación de los sueños, ni tampoco fundamentar los resultados a los que ha conducido la elaboración psicoanalítica de los mismos. Habré, pues, de limitarme a señalar algunos nuevos conceptos, comunicar los resultados analíticos y acentuar su importancia para la psicología normal.

Así pues, el psicoanálisis nos enseña lo siguiente: todo sueño posee un sentido; su singularidad procede de las deformaciones que ha sufrido la expresión del mismo; su absurdo es intencionado y expresa la burla, el insulto y la contradicción; su incoherencia es diferente para la interpretación. Lo que del sueño recordamos al despertar no es sino su contenido manifiesto. Aplicando a este contenido manifiesto la técnica interpretadora, llegamos a las ideas latentes que se esconden detrás de él, confiándole su representación. Estas ideas latentes no son ya singulares, incoherentes ni absurdas, sino elementos plenamente significativos de nuestro pensamiento despierto. El proceso que ha transformado las ideas latentes del sueño en el contenido manifiesto del mismo es designado por nosotros con el nombre de *elaboración del sueño,* y es el que lleva a cabo la deformación, a consecuencia de la cual no reconocemos ya en el contenido del sueño las ideas del mismo.

La elaboración onírica es un proceso de un orden desconocido antes en Psicología y presenta un doble interés. En primer lugar, nos descubre procesos nuevos, tales como la *condensación* (de representaciones) y el *desplazamiento* (del acento psíquico desde una representación a otra), que no hemos hallado en el pensamiento despierto o sólo como base de los llamados errores mentales. Pero, además, nos permite adivinar en la vida anímica un dinamismo cuya acción permanecía oculta a nuestra percepción consciente. Advertimos que existe en nosotros una *censura*, una instancia examinadora que decide si una representación emergente debe o no llegar a la conciencia, y excluye inexorablemente, dentro de su radio de acción, todo lo que puede producir displacer o despertarlo de nuevo. Recordaremos que tanto de esta tendencia a evitar el displacer provocado por el recuerdo como de los conflictos surgidos entre las tendencias de la vida anímica encontramos ya indicios en el análisis de las funciones fallidas.

El estudio de la elaboración de los sueños nos impone una concepción de la vida psíquica que parece resolver las cuestiones más discutidas de la Psicología. La elaboración onírica nos obliga a suponer la existencia de una actividad psíquica *inconsciente* más amplia e importante que la enlazada a la conciencia, y ya conocida y explotada. (Sobre este punto retornaremos al ocuparnos del interés filosófico del psicoanálisis.) Asimismo nos permite llevar a cabo una articulación del aparato psíquico en varias instancias o sistemas, y demuestra que en el sistema de la actividad anímica insconsciente se desarrollan procesos de naturaleza muy distintos a la de los que son percibidos en la conciencia.

La función de la elaboración onírica no es sino la de mantener el estado de reposo. «El sueño (fenómeno onírico) es el guardián del estado de reposo.» Por su parte, las ideas del sueño pueden hallarse al servicio de las más diversas funciones anímicas. La elaboración onírica cumple su cometido, representando realizado, en forma alucinatoria, un *deseo* emergente de las ideas del sueño.

Puede decirse sin temores que el estudio psicoanalítico de los sueños ha procurado la primera visión de una psicología abismal o psicología de lo inconsciente no sospechada hasta ahora [4]. La psicología normal habrá, pues, de sufrir modificaciones fundamentales para armonizarse con estos nuevos conocimientos.

No nos es posible llevar a cabo, dentro de los límites de este trabajo, una exposición completa del interés psicológico de la interpretación de los sueños. Dejando bien afirmado que los sueños son un fenómeno pleno de sentido, y como tal *objeto de la Psicología,* pasaremos a ocuparnos de los descubrimientos aportados a la Psicología por el psicoanálisis en el terreno patológico. Si las novedades psicológicas deducidas del estudio de los sueños y de las funciones fallidas poseen existencia y valores reales, habrán de ayudarnos a la explicación de otros fenómenos. Así sucede, en efecto, y el psicoanálisis ha demostrado que las hipótesis de la actividad anímica inconsciente, la censura y la represión, la deformación y la producción de sustitutivos, deducidas del análisis de aquellos fenómenos normales, nos facilitan por vez primera la comprensión de toda una serie de fenómenos patológicos, proporcionándonos, por decirlo así, la clave de todos los enigmas de la psicología de las neurosis. Los sueños se constituyen de este modo en prototipo normal de todos los productos psicopatológicos y su comprensión nos descubre los mecanismos psíquicos de las neurosis y psicosis.

Partiendo de sus investigaciones sobre los niños ha podido edificar el psicoanálisis una psicología de las neurosis, que una continuada labor va haciendo cada vez más completa. Para la demostración aquí intentada del interés psicológico de nuestra disciplina sólo precisamos tratar con cierta amplitud dos puntos de aquel magno conjunto: la demostración de que muchos fenómenos de la Patología, que se creía deber explicar fisiológicamente, son actos psíquicos, y la de que los procesos que producen los resultados anormales pueden ser atribuidos a fuerzas motoras psíquicas.

Aclaremos la primera de estas afirmaciones con algunos ejemplos. Los ataques histéricos han sido reconocidos, hace ya mucho tiempo, como signos de una elevada excitación emotiva y equiparados a las explosiones de afecto. Charcot intentó encerrar la diversidad de sus formas en fórmulas descriptivas. J. Janet descubrió la representación inconsciente que actúa detrás de estos ataques. El psicoanálisis ha visto en ellos representaciones mímicas de escenas vividas o fantaseadas, que ocupan la imaginación del enfermo sin que el mismo tenga conciencia de ellas. El sentido de tales pantomimas queda velado a los ojos del espectador por medio de condensaciones y deformaciones de los actos representados. Este punto de vista resulta aplicable a todos los demás síntomas típicos de los enfermos histéricos.

Todos ellos son, en efecto, representaciones mímicas o alucinatorias, de fantasías que dominan inconscientemente su vida emotiva, y significan una satisfacción de secretos deseos reprimidos. El carácter atormentador de estos síntomas procede del conflicto interior provocado en la vida anímica de tales enfermos por la necesidad de combatir dichos impulsos optativos inconscientes.

En otra afección neurótica –la neurosis obsesiva– quedan sujetos los pacientes a la penosa ejecución de un ceremonial sin sentido aparente, constituido por la repetición de actos totalmente indiferentes, tales como los de lavarse o vestirse, la obediencia a preceptos insensatos o la observación de misteriosas inhibiciones. Para la labor psicoanalítica constituyó un triunfo llegar a demostrar que todos estos afectos obsesivos, hasta los más insignificantes, poseen pleno sentido y reflejan por medio de un material indiferente los conflictos de la vida, la lucha entre las tentativas y las coerciones morales, el mismo deseo rechazado y los castigos y penitencias con los que se quiere compensar. En otra distinta forma de la misma enfermedad padece el sujeto ideas penosas, representaciones obsesivas cuyo contenido se le impone imperiosamente, acompañadas de afectos cuya naturaleza e intensidad no corresponden casi nunca al contenido de las ideas obsesivas. La investigación analítica ha demostrado aquí que tales efectos se hallan perfectamente justificados, correspondiendo a reproches basados, por lo menos, en una *realidad psíquica*. Pero las ideas adscritas a dichos afectos no son ya las primitivas, sino otras distintas, enlazadas a ellos por un desplazamiento (sustitución) de algo reprimido. La reducción de estos desplazamientos abre el camino hasta el conocimiento de las ideas reprimidas y nos demuestra que el enlace del afecto y la representación es perfectamente adecuado.

En otra afección nerviosa, la incurable demencia precoz (parafrenia, esquizofrenia), en la cual los enfermos muestran una absoluta indiferencia, hallamos frecuentemente como únicos actos ciertos movimientos y gestos, uniformemente repetidos, a los que se ha dado el nombre de «estereotipias». La investigación analítica de tales actos (llevada a cabo por C. G. Jung) ha permitido reconocer en ellos residuos de actos mímicos plenos de sentido, por medio de los cuales se creaban ante una expresión los impulsos optativos que dominaban al sujeto. La aplicación de las hipótesis analíticas a los discursos más absurdos y a las actitudes y gestos más singulares de estos enfermos ha permitido su comprensión y su integración en la vida anímica conjunta del sujeto.

Análogamente sucede con los delirios, alucinaciones y sistemas delirantes de otros diversos enfermos mentales. Allí donde parecía reinar la más singular arbitrariedad ha descubierto la labor psicoanalítica una norma, un orden y una coherencia. Las más diversas formas patológicas psíquicas han sido reconocidas como resultados de procesos idénticos en el fondo, susceptibles de ser aprehendidos y descritos por medio de conceptos psicológicos. En todas partes hallamos la actuación del *conflicto psíquico* descubierto en la elaboración de los sueños: la *represión* de determinados impulsos instintivos, rechazados a lo inconsciente por otras fuerzas psíquicas; los *productos reactivos* de las fuerzas represoras y los *productos sustitutivos* de las fuerzas reprimidas, pero no despojadas totalmente de su energía. Por todas partes también encontramos en estos procesos aquellos otros –la condensación y el desplazamiento– que nos fueron dados a conocer por el estudio de los sueños. La diversidad de las formas patológicas observadas en la clínica de Psiquiatría depende de otros dos factores: de la multiplicidad de los mecanismos psíquicos de que dispone la labor de la represión y de la multiplicidad de las disposiciones historicoevolutivas que permiten a los impulsos reprimidos llegar a constituirse en productos sustitutivos.

Una buena mitad de la labor psiquiátrica es encomendada por el psicoanálisis a la Psicología. Pero constituirá un grave error suponer que el análisis aspira a una concepción puramente psicológica de las perturbaciones anímicas. No puede desconocer que la otra mitad de la labor psiquiátrica tiene por contenido la influencia de factores orgánicos (mecánicos, tóxicos, infecciosos) sobre el aparato anímico. En la etiología de los trastornos psíquicos no admite, ni aun para los más leves, como lo son las neurosis, un origen puramente psicógeno, sino que busca su motivación en la influenciación de la vida anímica por un elemento indudablemente orgánico, del que más adelante trataremos.

Los resultados psicoanalíticos, susceptibles de alcanzar una importante significación para la Psicología general, son demasiado numerosos para que podamos detallarlos en este breve trabajo. Únicamente citaremos, sin detenernos en su examen, dos puntos determinados: el modo inequívoco en que el psicoanálisis reclama para los procesos afectivos la primacía en la vida anímica y su demostración de que en el hombre normal se da, lo mismo que en el enfermo, una insospechada perturbación y obnubilación afectiva del intelecto.

## 2. El interés del psicoanálisis para las ciencias no psicológicas

a) *Interés filológico*

Al postular el interés filológico del psicoanálisis voy seguramente más allá de la significación usual de la palabra «Filología», o sea «ciencia del lenguaje», pues bajo el concepto de lenguaje no me refiero tan sólo a la expresión del pensamiento en palabras, sino también al lenguaje de los gestos y a todas las demás formas de expresión de la actividad anímica, como, por ejemplo, la escritura. Ha de tenerse en cuenta que las interpretaciones del psicoanálisis son, en primer lugar, traducciones de una forma expresiva extraña a nosotros a otra familiar a nuestro pensamiento. Cuando interpretamos un sueño no hacemos sino traducir del «lenguaje del sueño» al de nuestra vida despierta un cierto contenido mental (las ideas latentes del sueño). Al efectuar esta labor aprendemos a conocer las peculiaridades de aquel lenguaje onírico y experimentamos la impresión de que pertenece a un sistema de expresión altamente arcaico. Así, se observa que la negación no encuentra jamás en él una expresión especial directa, y que un mismo elemento sirve de representación a ideas antitéticas. O dicho de otro modo: en el lenguaje de los sueños, los conceptos son todavía ambivalentes; reúnen en sí significaciones opuestas, condición que, según las hipótesis de los filólogos, presentaban también las más antiguas raíces de las lenguas históricas [5]. Otro carácter singular de nuestro lenguaje onírico es el frecuentísimo empleo de símbolos, circunstancia que permite en una cierta medida una traducción del contenido del sueño, sin el auxilio de las asociaciones individuales. La esencia de estos símbolos no ha sido aún totalmente aprehendida por la investigación; trátase de sustituciones y comparaciones, basadas en analogías claramente visibles en algunos casos, mientras que en otros escapa por completo a nuestra percepción consciente al sospechar *tertium comparationis*. Estos últimos símbolos serían precisamente los que habrían de proceder de las fases más primitivas del desarrollo del lenguaje y de la formación de conceptos. En el sueño son predominantemente los órganos y las funciones sexuales lo que experimenta una representación simbólica en vez de directa. El filólogo Hons Sperber, de Upsala, ha intentado probar en un reciente trabajo que aquellas palabras que designaban primitivamente actividades sexuales han experimentado, merced a tales procesos comparativos, numerosos cambios de sentido[6].

Teniendo en cuenta que los medios de representación del sueño son principalmente imágenes visuales y no palabras, habremos de equipararlo más adecuadamente a un sistema de escritura que a un lenguaje. En realidad, la interpretación de un sueño es una labor totalmente análoga a la de descifrar una antigua escritura figurada, como la de los jeroglíficos egipcios. En ambos casos hallamos elementos no destinados a la interpretación o, respectivamente, a la lectura, sino a facilitar, en calidad de determinativos, la comprensión de otros elementos. La múltiple significación de diversos elementos del sueño encuentra también su reflejo en estos antiguos sistemas gráficos, lo mismo que la omisión de ciertas relaciones que en uno y otro caso han de ser deducidas del contexto.

Si una tal concepción de la representación del sueño no ha sido aún ampliamente desarrollada, ha sido tan sólo porque el psicoanalítico carece de aquellos conocimientos que el filólogo podría aplicar a un tema como el de los sueños.

Puede decirse que el lenguaje de los sueños es la forma expresiva de la actividad anímica inconsciente; pero lo inconsciente habla más de un solo dialecto. Entre las variadas condiciones psicológicas que caracterizan y diferencian entre sí las distintas formas de neurosis hallamos también constantes cambios de la expresión de los impulsos anímicos inconscientes. Mientras que el lenguaje anímico de la histeria coincide por completo con el lenguaje figurado de los sueños, las visiones, etc., tropezamos, en cambio, con productos idiomáticos especiales para el lenguaje ideológico de la neurosis obsesiva y de las parafrenias (demencia precoz y paranoia), productos que en toda una serie de casos podemos ya comprender y relacionar entre sí. Aquello que una histérica representa por medio de *vómitos* se exteriorizará en las enfermas de neurosis obsesivas por medio de penosas medidas preventivas contra la *infección* y en las parafrénicas por medio de la acusación o la sospecha de que se trata de *envenenarlas*. Lo que así encuentra tan diversa expresión no es sino el deseo reprimido y rechazado a lo inconsciente de *engendrar en su seno un hijo,* o, correlativamente, la defensa de la paciente contra tal deseo.

## b)  *Interés filosófico*

En cuanto la Filosofía tiene como base la Psicología, habrá de atender ampliamente a las aportaciones psicoanalíticas a dicha ciencia y reaccionar a este nuevo incremento de nuestros conocimientos como viene reaccionando a todos los progresos importantes de las ciencias especiales. El descubrimiento de las actividades anímicas inconscientes ha de obligar muy especialmente a la Filosofía a tomar su partido, y en el caso de inclinarse del lado del psicoanálisis, a modificar sus hipótesis sobre la relación entre lo psíquico y lo físico, hasta que correspondan a los nuevos descubrimientos. Los filósofos se han ocupado, desde luego, repetidamente del problema de lo inconsciente, pero adoptando, en general –salvo contadas excepciones–, una de las dos posiciones siguientes: o han considerado lo inconsciente como

algo místico, inaprehensible e indemostrable, cuya relación con lo anímico permanecía en la oscuridad, o han
identificado lo psíquico con lo inconsciente, deduciendo
luego de esta definición que algo que era inconsciente no
podía ser psíquico ni, por tanto, objeto de la Psicología.
Estas actitudes proceden de haber enjuiciado los filósofos lo
inconsciente sin conocer antes los fenómenos en la actividad anímica inconsciente y, en consecuencia, sin sospechar
su extraordinaria afinidad con los fenómenos conscientes,
ni los caracteres que de ellos los diferencian. Si después de
adquirir un tal conocimiento de los fenómenos inconscientes mantiene aún alguien la identificación de lo consciente
con lo psíquico, y niega, por tanto, a lo inconsciente todo
carácter anímico, no habremos ya de objetarle sino que tal
diferenciación no tiene nada de práctica, toda vez que, partiendo de su íntima relación con lo consciente, resulta fácil
describir lo inconsciente y seguir sus desarrollos, cosa
imposible de conseguir, por lo menos hasta ahora, partiendo del proceso físico. Lo inconsciente debe, pues, permanecer siendo considerado como objeto de la Psicología.

Todavía existe otro aspecto desde el cual puede la
Filosofía recibir el impulso del psicoanálisis, y es pasando a
ser objeto de la misma. Los sistemas y teorías filosóficos son
obra de un limitado número de personas de individualidad
sobresaliente, y la Filosofía es la disciplina en la que mayor
papel desempeña la personalidad del hombre de ciencia.
Ahora bien: el psicoanálisis nos permite dar una psicografía
de la personalidad (véase luego su interés sociológico). Nos
enseña a conocer las unidades afectivas –los complejos dependientes de los instintos– que hemos de presuponer en
todo individuo, y nos inicia en el estudio de las transformaciones y los resultados finales generados por estas fuerzas
instintivas. Descubre las relaciones existentes entre las disposiciones constitucionales de la persona, sus destinos y los
rendimientos que puede alcanzar merced a dotes especiales.

Ante la obra artística le es posible adivinar, con más o menos seguridad, la personalidad que tras de ella se esconde, y de este modo puede descubrir la motivación subjetiva e individual de las teorías filosóficas, surgidas de una labor lógica imparcial, y señalar a la crítica los puntos débiles del sistema. Esta crítica no es ya cometido del psicoanálisis, pues, naturalmente, la determinación psicológica de una teoría no excluye su corrección científica.

c) *Interés biológico*

El psicoanálisis no ha tenido, como otras ciencias modernas, la suerte de ser acogida con un esperanzado interés por parte de aquellos a quienes preocupan los progresos del conocimiento. Durante mucho tiempo se le negó toda atención, y cuando no fue ya posible desoírla, los que se habían tomado el trabajo de someterla a un detenido enjuiciamiento la hicieron objeto de una violenta hostilidad, dependiente de razones afectivas. La causa de tan contraria acogida ha sido el descubrimiento hecho por nuestra disciplina en sus primeros objetos de investigación de que las enfermedades nerviosas eran la expresión de un trastorno de la *función sexual,* descubrimiento que la condujo a consagrarse a investigar dicha función, tanto tiempo desatendida. Ahora bien, cualquiera que se mantenga fiel al principio de que los juicios científicos no deben sufrir la influencia de las actitudes afectivas habrá de reconocer a esta orientación investigadora del psicoanálisis un alto interés biológico, viendo en las resistencias a ella opuestas una nueva prueba de sus afirmaciones.

El psicoanálisis ha hecho justicia a la función sexual humana, investigando minuciosamente su extraordinaria importancia para la vida anímica y práctica, importancia señalada ya por muchos poetas y algunos filósofos, pero jamás reconocida por la ciencia. Tal investigación exigía como premisa una ampliación del concepto de la sexualidad, indebidamente restringido, justificada por determinadas transgresiones sexuales (las llamadas perversiones) y por la conducta del niño. Se demostró imposible seguir afirmando la asexualidad de la infancia hasta la repentina eclosión de los impulsos sexuales en la época de la pubertad. Una observación imparcial y libre de prejuicios probó, por el contrario, sin dificultad que el sujeto humano infantil entraña intereses y actividades sexuales en todos los períodos de esta época de su existencia y desde el principio de la misma. La importancia de esta sexualidad infantil no queda disminuida por el hecho de no ser posible trazar con plena seguridad su contorno, diferenciándola en todos sus puntos de la actividad sexual del niño. Ha de tenerse en cuenta que se trata de algo muy distinto de la sexualidad llamada «normal» del adulto. Su contenido entraña los gérmenes de todas aquellas actividades sexuales que oponemos luego en calidad de perversiones a la vida sexual normal, pareciéndonos incomprensibles y viciosas. De la sexualidad infantil surge la norma del adulto a través de una serie de procesos evolutivos, asociaciones, disociaciones y represiones, que jamás se desarrollan de un modo idealmente perfecto y dejan tras de sí, a consecuencia de tal imperfección, disposiciones a una represión de la función de estados patológicos.

La sexualidad infantil posee otras dos cualidades muy interesantes biológicamente. Se muestra compuesta por una serie de instintos parciales ligados a determinadas regiones del soma –zonas erógenas–, algunas de las cuales surgen desde un principio, formando pares antitéticos, esto es, como instintos con fin activo y pasivo. Del mismo modo que en los posteriores estados de apetencia sexual no son meramente los órganos sexuales de la persona amada, sino todo su cuerpo, lo que se constituye en objeto sexual, resultan ser en el niño punto de origen de excitación sexual y de producción de placer sexual ante un estímulo adecuado no sólo los genitales, sino también otras distintas partes del soma. Estrechamente enlazado a éste hallamos el segundo carácter peculiar de la sexualidad infantil –su oposición inicial a las funciones encaminadas a la conservación, tales como la ingestión de alimentos, la excreción y, probablemente también, la inervación muscular y la actividad sensorial.

Al estudiar con auxilio del psicoanálisis la sexualidad del adulto y observar a la luz de los conocimientos así adquiridos la vida del niño, no se nos muestra ya la sexualidad como una función encaminada tan sólo a la reproducción y equivalente a las funciones digestivas, respiratorias, etc., sino como algo mucho más independiente, opuesto más bien a todas las demás actividades del individuo y que sólo por una complicada evolución, muy rica en restricciones, es forzada a entrar en la liga de la economía individual. El caso, teóricamente muy posible, de que los intereses de estas tendencias sexuales no coincidan con los de la conservación individual, aparece realizado en el grupo patológico de las neurosis, pues la última fórmula en que el psicoanálisis ha concretado la esencia de éstas afirma que el conflicto original del que surgen las neurosis es el nacido entre los instintos conservadores del *yo* y los instintos sexuales. Las neurosis corresponden a un vencimiento más o menos parcial del *yo* por la sexualidad, después de haber fracasado el *yo* en su tentativa de dominar la sexualidad.

Durante nuestra labor psicoanalítica hemos creído necesario mantenernos alejados de los puntos de vista biológicos y no utilizados tampoco para fines eurísticos, con el fin de evitar errores en la apreciación imparcial de los resultados analíticos. Pero una vez terminada dicha labor habremos de buscar su confirmación biológica, y nos satisface verla conseguida en varios puntos esenciales. La antítesis entre los instintos del *yo* y el instinto sexual, a la que hubi-

mos de referir la génesis de las neurosis, se prolonga al
terreno biológico, como antítesis entre los instintos encaminados a la conservación del individuo y otros puestos al servicio de la continuación de la especie. En la Biología tropezamos con la idea más amplia del plasma germinativo
inmortal, del que dependen, como órganos sucesivamente
desarrollados, los individuos perecederos, idea que nos
facilita, por fin, la exacta comprensión del papel desempeñado por las fuerzas instintivas sexuales en la fisiología y la
psicología del ser individual.

A pesar de nuestros esfuerzos por evitar en nuestra labor
psicoanalítica términos y puntos de vista biológicos, no
podemos menos de emplearlos ya en la descripción de los
fenómenos por nosotros estudiados. El concepto de «instinto» se nos impone como concepto límite entre las concepciones psicológica y biológica, y hablamos de cualidades y tendencias anímicas «masculinas» y «femeninas», aunque las
diferencias del sexo no pueden aspirar, en realidad, a una
característica psíquica especial. Aquello que en la vida llamamos masculino o femenino se reduce, para la consideración
psicológica, a los caracteres de actividad y pasividad, esto es,
a cualidades que no pueden atribuirse a los instintos mismos,
sino a sus fines. En la constante comunidad de tales instintos
«activos» y «pasivos» en la vida anímica se refleja la bisexualidad de los individuos, premisa clínica del psicoanálisis.

Me satisfará haber logrado llamar la atención con estas
consideraciones sobre la amplia mediación que el psicoanálisis establece entre la Biología y la Psicología.

d) *El interés del psicoanálisis para la historia
   de la evolución*

No todo análisis de fenómenos psicológicos merece el nombre de psicoanálisis. Este último significa algo más que la

descomposición de fenómenos compuestos en otros más simples; consiste en una reducción de un producto psíquico a otros que le han precedido en el tiempo y de los cuales se ha desarrollado. El método médico psicoanalítico no conseguiría suprimir un solo síntoma patológico si no investigara su génesis y su desarrollo, y de este modo el psicoanálisis hubo de orientarse desde un principio hacia la investigación de procesos evolutivos. Así, descubrió primero la génesis de los síntomas neuróticos y en su ulterior progreso hubo de ampliar su radio de acción a otros productos psíquicos y realizar con ellos la labor de una psicología genética.

El psicoanálisis se ha visto obligado a deducir la vida anímica del adulto de la del niño, dando así razón a la afirmación de que el niño es el padre del hombre. Ha perseguido la continuidad de la psique infantil con la del adulto, pero también las transformaciones y alteraciones que en tal trayectoria tienen efecto. La memoria de la mayor parte de los hombres presenta una laguna en lo que se refiere a los primeros años de su vida infantil, de la cual sólo conservamos algunos recuerdos fragmentarios. Puede afirmarse que el psicoanálisis ha llenado tal laguna, suprimiendo esta amnesia infantil de los hombres (cf. el interés pedagógico).

Al profundizar en la vida anímica infantil hemos realizado algunos singulares descubrimientos. Así, pudimos confirmar algo ya sospechado: la extraordinaria importancia que para toda la ulterior orientación del hombre tienen las impresiones de su infancia, y muy especialmente las recibidas en sus primeros pasos. Tropezamos aquí con una paradoja psicológica que sólo deja de serlo para la concepción psicoanalítica, pues resulta que tales impresiones, de máxima importancia, no aparecen contenidas en la memoria en los años ulteriores. Pero precisamente en lo que respecta a la vida sexual ha sido donde el psicoanálisis ha logrado fijar con más precisa claridad la ejemplaridad e indelebilidad de los más tempranos sucesos de la vida humana. El *on revient*

*toujours à ses premiers amours* no es sino una tímida verdad.
Los múltiples enigmas de la vida erótica del adulto no se
resuelven sino teniendo en cuenta los factores infantiles del
amor. Para la teoría de estos efectos ha de tenerse en cuenta
que las primeras experiencias infantiles del individuo no
son fruto único del azar, sino que corresponden también a
las primeras actividades de las disposiciones instintivas
constitucionales con que ha venido al mundo.

Otro de nuestros descubrimientos más sorprendentes
fue el de que, a pesar de la ulterior evolución, ninguno de
los productos psíquicos infantiles ha sucumbido en el adulto. Todos los deseos, impulsos instintivos, modos de reacción y disposiciones del niño subsisten en el adulto, y pueden volver a aparecer bajo constelaciones adecuadas. No
han quedado destruidos, sino simplemente sepultados por
la superposición de otros estratos psíquicos. Constituye así
un carácter particular del pretérito anímico el no ser devorado por sus propias escuelas, como el pasado histórico.
Por el contrario, subsiste al lado de aquello que de él ha surgido en una simultaneidad, bien meramente virtual, bien
por completo real. Prueba de esta afirmación es que los
sueños del hombre normal reavivan todas las noches su
carácter infantil y retrotraen toda su vida anímica a un
grado infantil. Esta misma regresión al infantilismo psíquico tiene efecto también en las neurosis y psicosis, cuyas singularidades han de ser descritas en su gran mayoría como
arcaísmos psíquicos. La energía que los restos infantiles
hayan conservado en la vida anímica nos da la medida de la
disposición a la enfermedad, pasando ésta a constituir así,
para nosotros, la expresión de una coerción del desarrollo.
Aquello que en el material psíquico del hombre ha permanecido infantil y se halla reprimido como inutilizable constituye el nódulo de su inconsciente, y creemos poder seguir
en la historia de la vida de nuestros pacientes cómo este
inconsciente, retenido por las fuerzas represoras, espía el

momento de entrar en actividad y aprovecha las ocasiones que para ello se le presentan cuando las formaciones psíquicas posteriores y más elevadas no consiguen dominar las dificultades del mundo real.

En los últimos años ha caído el psicoanálisis en que el principio de que «la ontogenia es una repetición de la filogenia» podía ser también aplicable a la vida anímica[7], y de esta reflexión ha surgido una nueva ampliación del interés de nuestra disciplina.

e)  *El interés del psicoanálisis para la historia*
     *de la civilización*

La comparación de la infancia del individuo con la historia primitiva de los pueblos se ha demostrado muy fructífera bajo distintos aspectos, no obstante tratarse de una labor científica apenas comenzada. La concepción psicoanalítica viene a constituir aquí un nuevo instrumento de trabajo. La aplicación de sus hipótesis a la psicología de los pueblos permite plantear nuevos problemas y contemplar a una nueva luz los ya investigados, cooperando a su solución.

En primer lugar, parece muy posible aplicar la concepción psicoanalítica obtenida en el estudio de los sueños a los productos de la fantasía de los pueblos, tales como los mitos y las fábulas[8]. Hace ya tiempo que se labora en la interpretación de tales productos, sospechándose que entrañan un «sentido oculto», encubierto por diversas transformaciones y modificaciones. El psicoanálisis aporta a esta labor la experiencia extraída de su investigación de los sueños y las neurosis, mediante la cual ha de serle posible descubrir los cambios técnicos de tales deformaciones. Pero, además, puede revelar en toda una serie de casos los motivos ocultos que han desviado al mito de su sentido original. No ve el primer impulso a la formación de mitos en una necesidad

teórica de explicación de los fenómenos naturales o de justificación de preceptos culturales o usos devenidos incomprensibles, sino que lo busca en aquellos mismos «complejos» psíquicos y en aquellas mismas tendencias afectivas,
cuya existencia hubo de comprobar como base de los sueños y de la formación de síntomas.

Esta misma transferencia de sus puntos de vista, hipótesis y conocimientos capacita al psicoanálisis para arrojar luz
vivísima sobre los orígenes de nuestras grandes instituciones culturales, tales como la religión, la moral, el derecho y
la filosofía[9]. Investigando aquellas primitivas situaciones
psicológicas, en las que pudo surgir el impulso a tales creaciones, se le hace posible rechazar alguna tentativa de explicación basada en una provisionalidad psicológica y sustituirla por una visión más profunda.

El psicoanálisis establece una íntima relación entre todos
estos rendimientos del individuo y de las colectividades, al
postular para ambos la misma fuente dinámica. Parte de la
idea fundamental de que la función capital del mecanismo
psíquico es descargar el ser de las tensiones generadas en él
por las necesidades. Una parte de esta labor se soluciona por
medio de la satisfacción extraída del mundo exterior, y para
este fin se hace preciso el dominio del mundo real. Pero otra
parte de tales necesidades, y entre ellas esencialmente ciertas
tendencias afectivas, se ve siempre negada por la realidad
toda satisfacción. Esta circunstancia da origen a la segunda
parte de la labor antes indicada, consistente en procurar a las
tendencias insatisfechas una distinta descarga. Toda historia
de la civilización es una exposición de los caminos que
emprenden los hombres para dominar sus deseos insatisfechos, según las exigencias de la realidad y las modificaciones
en ella introducidas por los progresos técnicos.

La investigación de los pueblos primitivos nos muestra
a los hombres entregados en un principio a una fe infantil
en la omnipotencia[10] y nos proporciona la explicación de

toda una serie de de productos anímicos, revelándolos como esfuerzos encaminados a negar los fracasos de tal omnipotencia y a mantener así a la realidad lejos de toda influencia sobre la vida afectiva, en tanto no es posible dominarla mejor y utilizarla para la satisfacción. El principio de la evitación de displacer rige la actividad humana hasta que es sustituida por el de la adaptación al mundo exterior, mucho más conveniente al individuo. Paralelamente al dominio progresivo del hombre sobre el mundo exterior, se desarrolla una evolución de su concepción del Universo, que va apartándose cada vez más de la primitiva fe en la omnipotencia y se eleva, desde la fase animista hasta la científica, a través de la religiosa. En este conjunto entran el mito, la religión y la moralidad, como tentativas de lograr una comprensión de la inlograda satisfacción de deseos.

El conocimiento de las enfermedades neuróticas del individuo ha facilitado mucho la comprensión de las grandes instituciones sociales, pues las neurosis mismas se nos revelan como tentativas de resolver individualmente aquellos problemas de la compensación de los deseos, que habrían de ser resueltos socialmente por las instituciones. La desaparición del factor social y el predominio del factor sexual convierten estas soluciones neuróticas en caricaturas inutilizables para cosa distinta de nuestra aclaración de estos importantes problemas.

## f)   *El interés del psicoanálisis para la Estética*

El psicoanálisis ha logrado resolver también satisfactoriamente algunos de los problemas enlazados al arte y al artista. Otros escapan por completo a su influjo. Reconoce también en el ejercicio del arte una actividad encaminada a la mitigación de deseos insatisfechos, y ello, tanto en el mismo artista creador como luego en el espectador de la obra de arte. Las fuerzas impulsoras del arte son aquellos mismos conflictos que conducen a otros individuos a la neurosis y han movido a la sociedad a la creación de sus instituciones. El problema del origen de la capacidad artística creadora no toca resolverlo a la Psicología. El artista busca, en primer lugar, su propia liberación, y lo consigue comunicando su obra a aquellos que sufren la insatisfacción de iguales deseos [11]. Presenta realizadas sus fantasías; pero si éstas llegaran a constituirse en una obra de arte, es mediante una transformación que mitiga lo repulsivo de tales deseos, encubre el origen personal de los mismos y ofrece a los demás atractivas primas de placer, ateniéndose a normas estéticas. Para el psicoanálisis resulta fácil descubrir, al lado de la parte manifiesta del goce artístico, otra parte latente, mucho más activa, procedente de las fuentes ocultas de la liberación de los instintos. La relación entre las impresiones infantiles y los destinos del artista y sus obras, como reacciones a tales impulsos, constituye uno de los objetos más atractivos de la investigación analítica [12].

Por lo demás, la mayoría de los problemas de la creación y el goce artístico esperan aún ser objeto de una labor que arroje sobre ellos la luz de los descubrimientos analíticos y les señale su puesto en el complicado edificio de las compensaciones de los humanos deseos. A título de realidad convencionalmente reconocida, en la cual, y merced a la ilusión artística, pueden los símbolos y los productos sustitutivos provocar afectos reales, forma el arte un dominio intermedio entre la realidad, que nos niega el cumplimiento de nuestros deseos, y el mundo de la fantasía, que nos procura su satisfacción, un dominio en el que conservan toda su energía las aspiraciones a la omnipotencia de la Humanidad primitiva.

g)  *Interés sociológico*

El psicoanálisis ha hecho desde luego objeto de su investigación la psique individual; pero en esta labor no podían escapársele los fundamentos afectivos de la relación del individuo con la sociedad. Ha hallado así que los sentimientos sociales reciben una aportación de carácter erótico, cuya superacentuación y ulterior represión vienen a constituirse en características de un determinado grupo de perturbaciones anímicas. Asimismo ha reconocido, en general, el carácter asocial de las neurosis, que tienden todas a expulsar al individuo de la sociedad, sustituyendo el asilo que antes le brinda el claustro por el aislamiento que la enfermedad trae consigo. El intenso sentimiento de culpabilidad, dominante en tantas neurosis, resulta ser a sus ojos una modificación social de la angustia erótica.

Por otra parte, ha descubierto el psicoanálisis cuán ampliamente participan las circunstancias y exigencias sociales en la causación de la neurosis. Las fuerzas que producen la limitación y la represión de los instintos por el *yo* nacen esencialmente de la docilidad del mismo con respecto a las exigencias culturales sociales. Aquella misma constitución y aquellas mismas experiencias infantiles, que habrían de conducir al individuo a la neurosis, no lograrán tal efecto cuando no existe dicha docilidad o no sean planteadas tales exigencias en el círculo social en el que el individuo vive. La vieja afirmación de que la nerviosidad era un producto de la civilización tiene, por lo menos, una parte de verdad. La educación y el ejemplo sitúan al individuo joven ante las exigencias culturales. En aquellos casos en que la represión de los instintos llega a efecto en él, con independencia de los dos factores citados, habremos de suponer que la exigencia primitiva ha llegado a convertirse, al fin, en una propiedad hereditaria organizada del hombre. El niño, que produce espontáneamente represiones de instintos, no haría con ello sino repetir una parte de la historia de la civilización. Lo que hoy constituye una restricción interna fue en un tiempo sólo externa, impuesta quizá por las circunstancias de la época, resultando así que también lo que hoy se plantea ante cada individuo como exigencia cultural externa podrá convertirse un día en disposición interna a la represión.

## h) *Interés pedagógico*

El máximo interés del psicoanálisis para la Pedagogía se apoya en un principio demostrado hasta la evidencia. Sólo puede ser pedagogo quien se encuentre capacitado para infundirse en el alma infantil, y nosotros, los adultos, no comprendemos nuestra propia infancia. Nuestra amnesia infantil es una prueba de cuán extraños a ello hemos llegado a ser. El psicoanálisis ha descubierto los deseos, productos mentales y procesos evolutivos de la infancia. Todos los esfuerzos anteriores fueron incompletos y erróneos a más no poder, como consecuencia de haber dado de lado por completo al inestimable factor de la sexualidad en sus manifestaciones somáticas y anímicas. El escéptico asombro con que son acogidos los descubrimientos más evidentes del psicoanálisis en esta cuestión de la infancia –los referentes al complejo de Edipo, el narcisismo, las disposiciones perversas, el erotismo anal y la curiosidad sexual– dan idea de la distancia que separa nuestra vida anímica, nuestras valoraciones e incluso nuestros procesos mentales de los del niño normal.

Cuando los educadores se hayan familiarizado con los resultados del psicoanálisis, les será más fácil reconciliarse con determinadas fases de la evolución infantil, y entre otras cosas, no correrán el peligro de exagerar la importancia de los impulsos intintivos perversos o asociales que el niño muestre. Por el contrario, se guardarán de toda tentativa de yugular violentamente tales impulsos al saber que tal procedimiento de influjo puede producir resultados tan indeseables como la pasividad ante la perversión infantil, tan temida por los pedagogos. La represión violenta de instintos enérgicos, llevada a cabo desde el exterior, no produce nunca en los niños la desaparición ni el vencimiento de tales instintos, y sí tan sólo una represión, que inicia una tendencia a ulteriores enfermedades neuróticas. El psicoanálisis tiene frecuente ocasión de comprobar la gran participación que una educación inadecuadamente severa tiene en la producción de enfermedades nerviosas o con qué pérdidas de la capacidad de rendimiento y de goce es conquistada la normalidad exigida. Pero también puede enseñar cuán valiosas aportaciones proporcionan estos instintos perversos y asociales del niño a la formación del carácter cuando no sucumben a la represión, sino que son desviados por medio del proceso llamado *sublimación,* de sus fines primitivos y dirigidos hacia otros más valiosos. Nuestras mejores virtudes han nacido, en calidad de reacciones y sublimaciones, sobre el terreno de las peores disposiciones.

La educación debería guardarse cuidadosamente de cegar estas preciosas fuentes de energía y limitarse a impulsar aquellos procesos por medio de los cuales son dirigidas tales energías por buenos caminos. Una educación basada en los conocimientos psicoanalíticos puede constituir la mejor profilaxis individual de las neurosis (cf. los trabajos del doctor Oskar Pfiter, Zúrich).

No podía plantearme en este trabajo la labor de exponer a un público científico el alcance y el contenido del psicoanálisis, con todas las hipótesis, problemas y resultados del mismo. Me bastará haber indicado claramente para cuántos sectores científicos resultan interesantes sus investigaciones y cuán numerosas relaciones comienzan a establecer con los mismos.

# El diagnóstico de los hechos y el psicoanálisis *

La sospecha, cada vez más fundada, de la falta de garantía de la prueba testifical, que a pesar de ello sigue constituyendo la base de tantas sentencias condenatorias en casos discutibles, ha intensificado en todos vosotros, futuros jueces y defensores, el interés hacia un nuevo método de investigación, que habría de forzar al acusado mismo a probar, por medio de signos objetivos, su culpabilidad o su inocencia.

Trátase de un experimento psicológico, fundado en trabajos de orden psicológico y estrechamente relacionado con determinadas teorías que la psicología médica no ha tomado en consideración hasta hace poco. Sé que os estáis ocupando de experimentar el manejo y el alcance de este nuevo método y he aceptado gustoso la invitación que vuestro catedrático el profesor Löffler me hiciera, de explicaros detalladamente las relaciones de dicho método con la Psicología.

Todos conocéis aquel juego infantil y de sociedad, en el que una persona dice a otra una palabra cualquiera, a la cual

\* Conferencia pronunciada en el seminario del profesor Löffler, de la Universidad de Viena.

debe el interpelado añadir otra que forme con la primera una palabra compuesta. Por ejemplo: *Dampf* (vapor), *Schiff* (barco), o sea *Dampfschiff* (barco de vapor). Pues bien: el experimento de asociación, introducido en la Psicología por la escuela de Wundt, no es más que una modificación de este juego infantil, en la que se prescinde tan sólo de una de sus condiciones. Consiste, pues, en decir a una persona una palabra –la *palabra estímulo*–, a la cual responde aquélla, lo más rápidamente posible, con una segunda palabra –la llamada «reacción»– que asocia a la primera, sin que nada limite su elección. El tiempo empleado en la reacción y la relación entre la palabra estímulo y la reacción, relación que puede ser muy diversa, son los objetos de la observación. Ahora bien: no puede afirmarse que estos experimentos dieran en un principio mucho fruto. Lo cual es comprensible, pues fueron realizados sin un programa fijo ni una finalidad determinada. Sólo cuando Bleuler y sus discípulos, especialmente Jung, comenzaron a ocuparse, en Zúrich, de tales «experimentos de asociación» recibieron éstos un sentido y dieron fruto. Pero lo que les dio ya un valor positivo fue la hipótesis de que la reacción a la palabra estímulo no podía ser puramente casual, sino algo estrictamente determinado por un contenido ideológico preexistente en el sujeto de la reacción.

Nos hemos acostumbrado a dar a tal contenido ideológico, susceptible de influir en la reacción a la palabra estímulo, el nombre de «complejo». Tal influencia se desarrolla o bien porque la palabra estímulo roza directamente el complejo, o bien porque este último consigue ponerse en relación con ella por la intervención de elementos intermedios. Esta determinación de la reacción es un hecho muy singular; en los trabajos existentes sobre el tema hallaréis abiertamente reflejado el asombro que despierta.

Pero su exactitud es indudable, pues se hace posible de ordinario indicar el complejo influyente y llegar por él a la comprensión de las reacciones, incomprensibles de otro modo, interrogando al sujeto mismo del experimento sobre los motivos de su reacción.

Ejemplos como los contenidos en las páginas 6 y 8-9 de la obra de Jung [1] son muy propios para hacernos dudar de la casualidad y la pretendida arbitrariedad del suceder anímico.

Echad ahora conmigo una ojeada a la prehistoria de la hipótesis de Bleuler-Jung sobre la determinación de la reacción por el complejo de la persona examinada. En 1901 expuse yo en un extenso trabajo cómo toda una serie de acciones que se creían inmotivadas se hallan, por el contrario, estrictamente determinadas y contribuí de este modo a limitar un tanto la arbitrariedad psíquica. Tomé como objeto los pequeños actos fallidos: el olvido, las equivocaciones orales y escritas y el extravío temporal de cosas, y demostré que cuando una persona comete un *lapsus linguae* no se debe hacer responsable del mismo a la casualidad ni tampoco únicamente a dificultades de articulación o a analogías fonéticas, sino que en todos los casos puede descubrirse un contenido ideológico perturbado –un complejo–, que altera conforme a su tendencia y convierte aparentemente en una equivocación las palabras que el sujeto se proponía pronunciar. Estudié también los pequeños actos aparentemente inintencionados y casuales de los hombres –ademanes y jugueteos, etc.– y demostré su condición de «actos sintomáticos» relacionados con un sentido oculto y encaminados a procurarle una expresión discreta. Encontré también que no podemos hacer que se nos ocurra al azar ni siquiera un nombre propio que no se halle determinado por un poderoso contenido ideológico, y que hasta los números que en apariencia elegimos arbitrariamente pueden ser referidos a un tal complejo oculto. Uno de mis colegas, el doctor Alfredo Adler, ha podido ilustrar, años después, con varios acabados ejemplos, esta última proposición mía, la más singular de todas [2]. Una vez habituados a una tal concepción de

la condicionalidad de la vida psíquica, inferimos justifica-
mente, de los resultados de la psicología de la vida cotidiana, que las ocurrencias del sujeto en el experimento de asociación pueden también no ser arbitrarias, hallándose, por
el contrario, condicionadas por un contenido ideológico
activo en el sujeto.

Volvamos de nuevo al experimento de asociación. En los
casos hasta ahora considerados era la misma persona examinada la que nos ilustraba sobre la procedencia de las
reacciones, y esta circunstancia quita realmente todo interés
al experimento en cuanto a su empleo en la administración
de justicia. Pero ¿qué sucederá si modificamos la ordenación del experimento, análogamente a como una ecuación
con varias magnitudes puede ser resuelta respecto a cualquiera de las mismas, convirtiendo la $a$ o la $b$ en ellas dadas
en la $x$ buscada? Hasta aquí, el complejo nos era desconocido a los examinadores; experimentábamos con palabras-
estímulos arbitrariamente elegidas, y el sujeto del experimento nos denunciaba el complejo que las palabras-estímulos habían hecho emerger y manifestarse. Procedamos
ahora de otro modo; tomemos un complejo conocido, reac-
cionemos a él con palabras-estímulos intencionadamente
elegidas y desplacemos la $x$ sobre el sujeto del experimento:
¿será entonces posible deducir de las reacciones si la persona examinada entraña igualmente el complejo elegido?
Como veréis, esta ordenación del experimento corresponde
precisamente al caso del juez de instrucción, que quisiera
saber si un cierto hecho o un conjunto de hechos que él
conoce es conocido también por el acusado como autor del
mismo. Parece ser que Wertheimer y Klein, dos discípulos
de Hans Gross, profesor de Derecho penal en Praga, han
sido los primeros en llevar a cabo esta modificación de las
condiciones del experimento, tan importante para vosotros [3].

Sabéis ya por los experimentos que personalmente habéis
realizado, cómo, dado un tal planteamiento del mismo, resul-

tan de las reacciones cuatro distintos puntos de apoyo para determinar si la persona examinada posee el mismo complejo al que vosotros reaccionáis con palabras-estímulos. Tales puntos de apoyo son: primero, un contenido inhabitual de la reacción, que precise ser explicado; segundo, la prolongación de la reacción, pues resulta que aquellas palabras-estímulos que hieren el complejo, sólo después de un sensible retraso (frecuentemente un múltiplo del tiempo de reacción corriente) son contestadas con la reacción; tercero, el error en la reproducción. Ya conocéis en qué consiste este hecho singular. Cuando, poco tiempo después de terminar el experimento practicado con una larga serie de palabras-estímulos, se proponen de nuevo las mismas al sujeto, éste repite las reacciones de la primera vez. Sólo ante aquellas palabras-estímulos que han herido directamente el complejo sustituye sin dificultad por otra distinta la reacción anterior. Y cuarto, el hecho de la perseverancia. Sucede, efectivamente, con frecuencia que el efecto de la estimulación del complejo por una palabra-estímulo a él correspondiente («palabra crítica»), por ejemplo, la prolongación del tiempo de reacción, perdura y modifica aún las reacciones a las palabras no críticas siguientes. Cuando todos estos signos o varios de ellos coinciden, es prueba de que el complejo que nos es conocido existe, como elemento psíquico perturbador, en el sujeto de experiencia. Tal perturbación la explicamos suponiendo que el complejo existente en el sujeto está cargado de afecto, siendo así susceptible de sustraer atención a la tarea de reaccionar, y vemos, por tanto, en ella una «autodelación psíquica».

Sé que os ocupáis actualmente de estudiar las posibilidades y las dificultades de este procedimiento que ha de llevar al acusado a la autodelación objetiva, y, en consecuencia, he de llamaros la atención sobre el hecho de que un procedimiento muy semejante para el descubrimiento de lo psíquico oculto o encubierto está ya en uso, en otro sector, hace más de diez años.

Mi labor consistirá en mostraros la analogía y la diversidad de las circunstancias en uno y otro caso.

El sector a que me refiero es muy diferente del vuestro. Es, en efecto, el tratamiento de ciertas «enfermedades de los nerviosos», de las llamadas psiconeurosis, de las cuales podéis tomar como ejemplo la histeria y la neurosis obsesiva. El procedimiento que nos ocupa se llama, en este sector, psicoanálisis y ha sido desarrollado por mí, partiendo del método terapéutico «catártico», que el doctor J. Breuer, de Viena, fue el primero en practicar [4]. Para salir al encuentro de vuestra extrañeza empezaré por establecer una analogía entre el delincuente y el histérico. En ambos se trata de un secreto, de algo recóndito. Mas, para no incurrir en paradoja, haré también resaltar a continuación la diferencia. En el delincuente se trata de un secreto que el sujeto sabe y oculta; en el histérico, de un secreto que él mismo no sabe, un secreto que a él mismo se le oculta. ¿Cómo es posible tal cosa? Pues bien: investigaciones muy laboriosas nos han mostrado que estas enfermedades tienen por fundamento el hecho de que tales personas han conseguido reprimir ciertos recuerdos y representaciones poderosamente cargadas de afecto, así como los deseos en ellos basados, y de tal modo, que no desempeñan ya papel ninguno en su pensamiento, no emergen en su conciencia y permanecen así secretos para el sujeto mismo. Pero de este material psíquico reprimido, de estos «complejos» proceden los síntomas somáticos y psíquicos que atormentan a los enfermos, a la manera de remordimientos de conciencia. Así, pues, la diferencia entre el delincuente y el histérico es fundamental en este punto concreto.

Ahora bien, la labor del terapeuta es la misma que la del juez instructor: tenemos que descubrir lo psíquico oculto y hemos inventado con este fin una serie de artes «detectivescas», algunas de las cuales tendrán que copiarnos ahora los señores juristas.

Para vuestra labor os interesará saber de qué manera procedemos nosotros los médicos en el psicoanálisis. Después que el enfermo nos ha relatado por vez primera su historia, le invitamos a abandonarse por completo a sus asociaciones espontáneas y a manifestar, sin reserva crítica alguna, todo lo que se le venga en gana a las mientes. Partimos, pues, de la hipótesis, no compartida en absoluto por el sujeto, de que tales ocurrencias no han de ser arbitrarias, sino determinadas por la relación con su secreto, con su complejo, pudiendo ser interpretadas, por decirlo así, como ramificaciones de tal complejo. Como veréis, se trata exactamente de la misma hipótesis con cuyo auxilio habéis hallado interpretables los experimentos de asociación. Pero el enfermo, al que se recomienda la más absoluta obediencia a la regla de comunicar todas sus ocurrencias, no parece hallarse en situación de hacerlo. Retiene algunas de ellas, trata de justificar con diversas razones, alegando que se trata de algo insignificante, impertinente o totalmente sin sentido. Entonces le pedimos que comunique y persiga la ocurrencia de que se trate, a pesar de tales objeciones, pues precisamente la crítica que en ella se exterioriza es una prueba de que la ocurrencia correspondiente pertenece al complejo que tratamos de descubrir. En esta conducta del paciente vemos una manifestación de la «resistencia» en él dada, que no le abandonará ya en todo el curso del tratamiento. Este concepto de la resistencia ha logrado máxima significación para nuestra inteligencia de la génesis de la enfermedad y del mecanismo de la curación.

En vuestros experimentos no observaréis directamente una total crítica de las asociaciones; en cambio, nosotros, en el psicoanálisis, estamos en situación de observar todos los signos, que tan singulares os parecen, de la existencia de un complejo. Cuando el paciente no se atreve ya a infringir la regla que se le ha impuesto observamos, sin embargo, que de cuando en cuando se corta, vacila y hace pausas en la reproducción de las ocurrencias. Cada una de estas vacilaciones es para nosotros una manifestación de la resistencia y nos sirve de señal de la pertenencia al complejo de la asociación de que se trate. Constituye incluso el indicio más importante de tal pertenencia, lo mismo que para vosotros la prolongación del tiempo de reacción. Estamos acostumbrados a interpretar en este sentido las vacilaciones del sujeto, incluso cuando el contenido de la ocurrencia retenida no parece provocar repulsa ninguna, y el paciente asegura que no tiene la menor idea de por qué habría de vacilar en comunicarla. Las pausas que en el psicoanálisis surgen son, por lo regular, mucho más prolongadas que los retrasos que observáis en los experimentos a reacción.

También otra de las señales que nen vuestro experimewnto indican la existencia del complejo desempeña un papel en la técnica del psicoanálsis. Hasta en aquellas ligeras desviaciones de la forma expresiva habitual, que obsvamos en nuestro enfermo, acostumbramos ver indicios en un sentido secreto y nos exponemos gustosos por algún tiempo a sus burlas con tales interpretaciones. Acechamos precisamente aquellas manifestaciones que encierran algún equívoco, y en las que el sentido oculto se transporta bajo la expresión inocente. No sólo el enfermo, sino también aquellos de nuestros colegas que desconocen la técnica analítica y sus especiales circunstancias, nos niegan en este punto su fe y nos acusan de arbitrariedad; pero casi siempre se demuestra que éramos nosotros los que estábamos en lo cierto. Al fin y al cabo, no es tan difícil comprender que un secreto cuidadosamente guardado pude delatarse, a los sumo, en indicaciones sutilísimas, equívocas. Por último, el enfermo se acostumbra a procurarnos por medio de la llamada «expresión indirecta», todo aquello que necesitamos para el descubrimiento del complejo.

Del tercero de los indicios de la existencia del complejo, el error, o sea la alteración en la reproducción, hacemos en la

técnica del psicoanálisis un uso más restringido, limitando
su aplicación a un sector determinado. Una de las tareas que
más frecuentemente se nos plantea es la interpretación de
los sueños; esto es, la sustitución del contenido onírico
recordado por su sentido oculto. En esta labor no sabemos
a veces por dónde empezar, y entonces aplicamos una regla,
empíricamente deducida y que consiste en hacer repetir al
sujeto el relato de su sueño. Al hacerlo así, el paciente suele
modificar su primera versión en algunos puntos, repitién-
dola fielmente en todos los demás. Y entonces nosotros nos
asimos aquellos lugares en los que la reproducción aparece
defectuosa por alteración y frecuentemente también por
omisión, pues semejantes infidelidades garantizan la pertenencia al complejo y prometen el mejor acceso al sentido
secreto del sueño[5].

Pasando ahora al tercero de los indicios apuntados, he de
manifestaros que en el psicoanálisis no surge fenómeno alguno análogo al de la «perseveración». Mas no por ello debéis
creer agotada la coincidencia que vamos persiguiendo. Esta
diferencia aparente procede tan sólo de las condiciones especiales de vuestros experimentos. En ellos no dejáis a la acción
del complejo tiempo suficiente para desarrollarse; apenas iniciada, distraéis la atención del examinado con una nueva
palabra-estímulo, probablemente inocente, y entonces
podéis observar que a pesar de tal perturbación el sujeto continúa pendiente del complejo. Nosotros, por el contrario, evitamos, en el psicoanálisis, tales perturbaciones; hacemos que
el sujeto siga ocupándose del complejo, y como de este modo
todo es por decirlo así, perseveración, no nos es dado observar tal fenómeno en calidad del suceso aislado.

Nuestra experiencia nos permite sentar la afirmación de
que por medio de técnicas, como las apuntadas, se consigue
hacer consciente al enfermo, lo reprimido, su secreto, y
suprimir así la condicionabilidad psíquica de sus síntomas.
Ahora bien: antes que deduzcáis de estos resultados favora-

bles conclusión alguna sobre las posibilidades de éxito de vuestros trabajos quiero subrayar aquí y allá las diferencias dadas en la situación psicológica.

Ya indicamos antes cuál era la diferencia principal: en el neurótico se trata de algo secreto para su propia conciencia y en el delincuente, de algo únicamente secreto para vosotros. En el primero existe una ignorancia auténtica, si bien no en todos los sentidos; en el segundo, sólo una simulación de ignorancia. A esto se enlaza otra diferencia mucho más importante desde el punto de vista práctico. En el psicoanálisis, el enfermo nos ayuda a vencer su resistencia, pues espera del examen un beneficio: la curación; en cambio, el delincuente no colabora con vosotros y trabajará contra todo su Yo. Tenéis, desde luego, la compensación de que en vuestras investigaciones sólo se trata de que logréis una convicción objetiva, mientras que el tratamiento exige que el mismo enfermo llegue personalmente a igual convicción. Pero hemos de esperar hasta ver qué dificultades o alteraciones suscita en vuestro procedimiento la falta de la colaboración del investigado. Es ésta una situación que no podéis constituir en vuestro seminario, pues aquel de vuestros colegas al que encarguéis de representar el papel de acusado no podrá dejar de ser un colaborador vuestro y os ayuda a pesar de su propósito consciente de no delatarse.

Prosiguiendo la comparación de las dos situaciones, vemos, en general, que en el psicoanálisis se plantea un caso especial de la labor de descubrir elementos ocultos de la vida psíquica, y, en cambio, en vuestro experimento un caso menos sencillo y más amplio. El hecho de que en los psiconeuróticos se trate siempre de un complejo sexual reprimido, no entra en juego, para vosotros, como diferencia. Sí, en cambio, otra circunstancia. La labor del psicoanálisis es, para todos los casos, absolutamente uniforme: trátase de descubrir complejos que han sido reprimidos a causa de los sentimientos de displacer concomitantes con ellos y que al intentar llevarlos a la consciencia hacen surgir indicios de la resistencia. Tal resistencia está como localizada; nace en el límite entre lo consciente y lo inconsciente. En vuestros casos se trata de una resistencia procedente por entero de la consciencia. No podéis dejar de tener en cuenta esta diferencia y habréis de determinar primero, por medio de una serie de experimentos, si la resistencia consciente se delata exactamente por los mismos indicios que la inconsciente. Opino, además, que no podéis estar aún seguros de si ha de seros lícito interpretar como «resistencia», del mismo modo que nosotros, los psicoterapeutas, vuestros indicios objetivos de la existencia del complejo. En las personas a las que sometéis a vuestro experimento puede muy bien darse el caso –poco frecuente, desde luego, en los delincuentes– de que el complejo herido sea un complejo de acento agradable, y hemos de preguntarnos si este último producirá las mismas reacciones que un complejo de acento desagradable.

Quisiera hacer resaltar también que vuestro experimento puede sufrir una intromisión que en el psicoanálisis es cosa natural y corriente. Podéis ser inducidos a error en vuestra investigación por un neurótico que reaccione como si fuera culpable, aunque sea inocente, porque un sentimiento de culpabilidad preexistente en él y en acecho constante de una ocasión propicia se apodere de la acusación de que se trate. No tengáis este caso por una invención ociosa. Pensad en la *nursery,* en el cual se puede observar frecuentemente. Sucede, en efecto, que un niño al cual se reprocha una falta niega resueltamente la culpa, pero al mismo tiempo llora como un pecador convicto. Opinaréis, quizá, que el niño miente al asegurar su inocencia, pero el caso puede ser muy otro. El niño no ha cometido la falta que le atribuís; pero sí en cambio, otra que vosotros ignoráis y de la que no le inculpáis. Niega, pues, su culpabilidad –en cuanto a la una–; pero, al mismo tiempo, delata su sentimiento de culpabilidad por la otra.

El neurótico adulto se conduce en este punto –y en muchos otros– enteramente como un niño. De estos hombres hay muchos, y es aún discutible que vuestra técnica consiga descubrir en tales autoacusadores a los verdaderamente culpables. Y, por último, sabéis muy bien que las normas del procedimiento judicial os prohíben toda actuación que pueda sorprender al acusado. Éste habrá, pues, de conocer previamente lo importante que es para él no delatarse en el experimento, y nada nos permite afirmar que una vez fija la atención del sujeto en el complejo, sus reacciones hayan de ser las mismas que cuando su atención está apartada de él, ni sabemos tampoco hasta qué punto puede influir, en personas distintas, el propósito de ocultación sobre su manera de reaccionar.

Precisamente por la diversidad de las situaciones que sirven de base a vuestro experimento, la Psicología espera con vivísimo interés sus resultados, y quisiéramos rogaros que no desconfiarais demasiado pronto de la utilidad práctica del mismo. Aunque el campo de mis actividades se halla muy lejos de la práctica judicial, voy a permitirme haceros una proposición. Los experimentos realizados entre vosotros aquí en el seminario son, desde luego, indispensables como preparación y adiestramiento, pero jamás lograréis crear en ellos la situación psicológica correspondiente a un proceso criminal. No es posible, por tanto, deducir de tales ejercicios la utilidad práctica del experimento en su aplicación a la administración de justicia. Y si no queréis prescindir de tal aplicación, tendréis que emprender otro camino. Habréis de lograr que os sea permitido, o incluso impuesto como un deber, el desarrollo de tales investigaciones durante un cierto número de años en todos los procesos criminales, pero *sin que los resultados de las mismas hayan de influir para nada en la decisión judicial.*

Lo mejor sería que los jueces no llegaran siquiera a conocer las conclusiones a las que vuestra investigación os hubiera llevado en cuanto a la culpabilidad del acusado. Al cabo de varios años de una tal recolección y elaboración comparativa de los datos así obtenidos habrían resuelto probablemente todas las dudas sobre la utilidad procesal de este procedimiento psicológico de investigación.

Claro está que la realización de esa propuesta no depende tan sólo de vosotros ni de vuestro digno profesor.

# Los actos obsesivos y las prácticas religiosas *

No soy seguramente el primero en haber advertido la analogía entre los llamados actos obsesivos de los neuróticos y las prácticas devotas con las que el creyente atestigua su piedad. Prueba de ello es el nombre de «ceremoniales» dado a algunos de tales actos obsesivos [1]. Pero, a mi juicio, tal analogía no es meramente superficial; y así, basándonos en el conocimiento de la génesis del ceremonial neurótico, podemos arriesgar algunas conclusiones, por analogía, sobre los procesos psíquicos de la vida religiosa.

Las personas que realizan actos obsesivos o desarrollan un ceremonial pertenecen, junto con aquellas que sufren de representaciones o impulsos obsesivos, a una unidad clínica especial, designada habitualmente con el nombre de «neurosis obsesivas». Mas no ha de pretenderse derivar de tal denominación la peculiaridad de esta dolencia, pues en rigor también otros distintos fenómenos psicopatológicos presentan el llamado «carácter obsesivo». En lugar de una definición hemos de ofrecer aún, por ahora, el conocimiento detallado de dichos estados, ya que no se ha logrado

* Publicado en 1907.

todavía descubrir el carácter distintivo de la neurosis obsesiva, el cual yace probablemente en estratos muy profundos, aun cuando su existencia parece evidenciarse en todas las manifestaciones de la enfermedad.

El ceremonial neurótico consiste en pequeños manejos, adiciones, restricciones y arreglos puestos en práctica, siempre en la misma forma o con modificaciones regulares, en la ejecución de determinados actos de la vida cotidiana. Tales manejos nos producen la impresión de meras «formalidades» y nos parecen faltos de toda significación. Así aparecen también a los ojos del enfermo, el cual se muestra, sin embargo, incapaz de suspender su ejecución, pues toda infracción del ceremonial es castigada con una angustia intolerable que le obliga en el acto a rectificar y a desarrollarlo al pie de la letra. Tan nimias como los actos ceremoniales mismos son las situaciones y las actividades que el ceremonial complica, dificulta y retrasa, por ejemplo, el vestirse y el desnudarse, el acostarse y la satisfacción de las necesidades somáticas. El desarrollo de un ceremonial puede describirse exponiendo aquella serie de leyes no escritas a las que se adapta fielmente. Veamos, por ejemplo, un ceremonial concomitante con el acto de acostarse: el sujeto ha de colocar la silla en una posición determinada al lado de la cama y ha de poner encima de ella sus vestidos, doblados en determinada forma y según cierto orden; tiene que remeter la colcha por la parte de los pies y estirar perfectamente las sábanas; luego ha de colocar las almohadas en determinada posición y adoptar él mismo, al echarse, una cierta postura; sólo entonces podrá disponerse a conciliar el sueño. En los casos leves, el ceremonial parece tan sólo la exageración de un orden habitual y justificado. Pero la extremada minuciosidad de su ejecución y la angustia que trae consigo su omisión dan al ceremonial un carácter de «acto sagrado». Por lo general el sujeto soporta mal cualquier perturbación del mismo y excluye la presencia de otras personas durante su ejecución.

Toda actividad puede convertirse en acto obsesivo, en el más amplio sentido, cuando resulta complicada por pequeñas adiciones o adquiere un ritmo constante por medio de pausas y repeticiones. No se esperará hallar una delimitación precisa entre el «ceremonial» y los «actos obsesivos». En su mayor parte, los actos obsesivos proceden de un ceremonial. Con ambos forman el contenido de la enfermedad las prohibiciones y los impedimentos (abulias) que, en realidad, no hacen más que continuar la obra de los actos obsesivos en cuanto hay cosas que el paciente encuentra prohibitivo hacer y otras que sólo ateniéndose a un ceremonial prescrito puede ejecutar.

Es singular que tanto la obsesión como las prohibiciones (tener que hacer lo uno, no debe hacer lo otro) recaigan tan sólo, al principio, sobre las actividades solitarias del hombre y dejen intacta, a través de muchos años, su conducta social, circunstancia por la que estos enfermos pueden considerar durante mucho tiempo su enfermedad como un asunto estrictamente particular y ocultarla totalmente. Así, el número de personas que padecen estas formas de neurosis obsesivas es mucho mayor del que llega a conocimiento de los médicos. La ocultación se hace, además, más fácil a muchos enfermos por cuanto son perfectamente capaces de cumplir sus deberes sociales durante una parte del día, después que han consagrado, en soledad, un cierto número de horas a sus misteriosos manejos.

No es difícil apreciar en qué consiste la analogía del ceremonial neurótico con los actos sagrados del rito religioso. Consiste en el temor que surge en la conciencia en caso de omisión, en la exclusión total de toda otra actividad (prohibición de la perturbación) y en la concienzuda minuciosidad de la ejecución. Pero también son evidentes las diferencias, algunas de las cuales resaltan con tal fuerza que hacen sacrílega la comparación. Así son en gran diversidad individual los actos ceremoniales frente a la estereotipia del rito y el carácter privado de los mismos frente a la publicidad y la comunidad de las prácticas religiosas. Pero sobre todo el hecho de que los detalles del ceremonial religioso tienen un sentido y una significación simbólica le diferencia de los del ceremonial neurótico, que parecen insensatos y absurdos. La neurosis obsesiva representa en este punto una caricatura, a medias cómica y triste a medias, de una religión privada. Sin embargo, precisamente esta diferencia decisiva entre el ceremonial neurótico y el ceremonial religioso desaparece en cuanto la técnica de investigación psicoanalítica nos facilita la comprensión de los actos obsesivos. Esta investigación desvanece por completo la apariencia de que los actos obsesivos son insensatos y absurdos y nos revela el fundamento de tal apariencia. Averiguamos que los actos obsesivos entrañan en sí y en todos sus detalles un sentido, se hallan al servicio de importantes intereses de la personalidad y dan expresión a vivencias cuyo efecto perdura en la misma y a pensamientos cargados de afectos. Y esto de dos maneras distintas: como representaciones directas o como representaciones simbólicas, debiendo, por tanto, ser interpretadas históricamente en el primer caso y simbólicamente en el segundo.

Expondremos algunos ejemplos destinados a ilustrar esta afirmación. A las personas familiarizadas ya con los resultados de la investigación psicoanalítica de las psiconeurosis no les sorprenderá leer que lo representado por medio de los actos obsesivos o el ceremonial se deriva de la experiencia más íntima del sujeto, sobre todo de su experiencia sexual.

*a)* Una joven, sometida a observación por mí, padecía la obsesión de dar vueltas con la palangana llena en las manos inmediatamente después de lavarse. La significación de este acto ceremonial yacía en el proverbio según el cual no se debe tirar el agua sucia antes de tener otra limpia. El acto tenía por objeto amonestar a una hermana suya y retenerla de separarse de su marido, poco grato, antes de haber entablado relaciones con otro hombre mejor.

*b)*    Una mujer que vivía separada de su marido obedecía en sus comidas a la obsesión de dejarse lo mejor. Así, de un pedazo de carne asada tomaba tan sólo los bordes. Esta renuncia quedó explicada por la fecha de su misma génesis. Había surgido, en efecto, al día siguiente de haber notificado a su marido la separación de cuerpos; esto es, de haber renunciado a lo mejor.

*c)*    Esta misma paciente no podía sentarse más que en un sillón determinado y le costaba mucho trabajo levantarse de él. El sillón era para ella, a causa de ciertos detalles de su vida conyugal, un símbolo de su marido, al cual se mantenía fiel. Como explicación de su obsesión halló la frase siguiente: «¡Es tan difícil separarse de un (hombre, sillón) en el que ha estado una sentada!».

*d)*    También solía repetir, durante un cierto tiempo, un acto obsesivo, especialmente singular y absurdo. Iba de un cuarto a otro en cuyo centro había una mesa, disponía de cierto modo el tapete que la cubría, llamaba a la criada, arreglándoselas de manera que se acercara a la mesa, y la despedía luego con una orden cualquiera. En sus esfuerzos para explicar esta obsesión se le ocurrió que el tapete de la mesa tenía una mancha de color subido, y que ella lo colocaba todas las veces de tal modo que la criada lo viera necesariamente. Todo ello era la reproducción de una vivencia de su historia conyugal que había planteado ulteriormente un problema a su pensamiento. Su marido había sufrido en la noche de bodas un percance que no es, por cierto, nada raro. Se había encontrado impotente y «había venido varias veces, en el transcurso de la noche, desde su cuarto al de ella» para renovar sus tentativas de consumar el matrimonio. Por la mañana manifestó su temor de que la camarera del hotel sospechara, al hacer las camas, lo que había ocurrido, y para evitarlo, cogió un frasquito de tinta roja y vertió parte de su contenido en la sábana; pero tan torpemente, que la mancha encarnada quedó en un lugar poco apropiado para su propósito. La paciente jugaba, pues, a la noche de novios con su acto obsesivo. La mesa y la cama fueron conjuntamente el símbolo del matrimonio.

*e)* Otra de sus obsesiones, la de apuntar el número de los billetes de banco antes de desprenderse de ellos, tenía también una explicación histórica. En la época en que abrigaba ya el propósito de separarse de su marido si encontraba otro hombre más digno de su confianza se dejó hacer la corte, durante su estancia en un balneario, por un señor que le agradaba, pero del que no sabía con seguridad si estaría dispuesto a casarse con ella.

Un día, no teniendo dinero suelto, le pidió que le cambiara una moneda de cinco coronas. Así lo hizo él y manifestó galantemente que no se desprendería ya jamás de aquella moneda que había pasado por sus bellas manos. En ocasiones sucesivas se sintió esta señora tentada de pedirle que le enseñara la moneda como para convencerse de que podía dar crédito a sus galanterías. Pero no lo hizo pensando razonablemente en la imposibilidad de distinguir entre sí monedas del mismo valor.

La duda permaneció, pues, en pie y dejó tras de sí la obsesión de apuntar los números de los billetes de banco, por los cuales se distingue individualmente cada billete de los demás de igual valor.

Estos pocos ejemplos, extraídos de la copiosísima colección por mí reunida, tienden a explicar exclusivamente la tesis de que los actos obsesivos entrañan, en todos sus detalles, un sentido y son susceptibles de interpretación. Lo mismo puede afirmarse del ceremonial propiamente dicho, pero la demostración exigía mayor espacio. No se me oculta en modo alguno hasta qué punto la explicación de los actos obsesivos parece alejarnos del círculo de ideas de tipo religioso.

Entre las condiciones de la enfermedad figura la de que la persona que obedece a la obsesión realice los actos correspondientes sin conocer la significación de los mismos, por lo menos su significación capital. Sólo el tratamiento psico-analítico hace surgir en su conciencia el sentido del acto obsesivo y los motivos impulsores. Decimos, por tanto, que el acto obsesivo sirve de expresión a motivos y representa-ciones inconscientes, lo cual parece entrañar una nueva diferencia con respecto a las prácticas religiosas; pero hemos de pensar que también el individuo devoto desarro-lla generalmente el ceremonial religioso sin preguntar su significación, en tanto que el sacerdote y el investigador sí conocen, desde luego, el sentido simbólico del rito. Pero los motivos que impulsan a la práctica religiosa son desconoci-dos a todos los creyentes o quedan representados en su conciencia por motivos secundarios interpuestos.

El análisis de los actos obsesivos nos ha procurado ya un atisbo de la causa de los mismos y de la concatenación de sus motivos. Puede decirse que el sujeto que padece obse-siones y prohibiciones se conduce como si se hallara bajo la soberanía de una conciencia de culpabilidad, de la cual no sabe, desde luego, lo más mínimo. Trátase, pues, de una conciencia de culpabilidad inconsciente por contradictorios que parezcan los términos de semejante expresión. Esta conciencia de culpabilidad tiene su origen en ciertos acon-tecimientos psíquicos precoces, pero encuentra una renova-ción constante en la tentación reiterada en cada ocasión reciente y engendra, además, una expectación angustiosa que acecha de continuo una expectación de acontecimien-tos desgraciados, enlazada, por el concepto del castigo, a la percepción interior de la tentación.

Al principio de la formación del ceremonial, el enfermo tiene aún conciencia de que ha de hacer necesariamente esto o aquello si no quiere que le ocurra una desgracia, y, por lo regular, todavía se hace presente a su conciencia cuál es la desgracia temida. La relación siempre demostrable, entre la ocasión en la que surge la angustia expectante y el contenido con el cual amenaza, se oculta ya al enfermo. Así, pues, el ceremonial se inicia como un acto de defensa o de aseguramiento, como una medida de protección.

A la conciencia de culpabilidad de los neuróticos obsesivos corresponden la convicción de los hombres piadosos de ser, no obstante la piedad, grandes pecadores, y las prácticas devotas (rezos, jaculatorias, etc.) con las que inician sus actividades cotidianas, y especialmente toda empresa inhabitual, parece entrañar el valor de medidas de protección y defensa.

Considerando el hecho primero en que se basa la neurosis obsesiva, logramos una visión más profunda de sus mecanismos. Tal hecho es siempre la represión de un impulso instintivo (de un componente del instinto sexual) que se hallaba integrado en la constitución del sujeto; pudo exteriorizarse durante algún tiempo en la vida infantil del mismo y sucumbió luego a la represión. Ésta crea una vigilancia especial de la conciencia, orientada hacia los fines de dicho instinto; pero tal vigilancia, producto psíquico de la reacción al mismo, no se considera segura, sino, muy al contrario, amenazada de continuo por el instinto que acecha en lo inconsciente.

La influencia del instinto reprimido es percibida como tentación, y en el curso mismo del proceso de represión nace la angustia, la cual se apodera del porvenir bajo la forma de angustia expectante. El proceso de represión que conduce a la neurosis obsesiva es, por tanto, un proceso imperfectamente cumplido y que amenaza fracasar cada vez más. Resulta así comparable a un conflicto sin solución, pues son necesarios de continuo nuevos esfuerzos psíquicos para equilibrar la presión constante del instinto.

Los actos ceremoniales y obsesivos nacen así, en parte como defensa contra la tentación y en parte como protección contra la desgracia esperada. Pronto los actos protectores no parecen ya suficientes contra la tentación, y entonces surgen las prohibiciones, encaminadas a alejar la situación en que la tentación se produce. Vemos, pues, que las prohibiciones sustituyen a los actos obsesivos del mismo modo que una fobia está destinada a evitar al sujeto un ataque histérico. Por otra parte, el ceremonial representa la suma de las condiciones bajo las cuales resulta permitido algo distinto, aún no prohibido en absoluto, del mismo modo que la ceremonia nupcial de la Iglesia significa para el creyente el permiso del placer sexual, considerado, si no, como pecado. Al carácter de la neurosis obsesiva, así como al de todas las afecciones análogas, pertenece también el hecho de que sus manifestaciones (sus síntomas y, entre ellos, también los actos obsesivos) llenan las condiciones de una transacción entre los poderes anímicos en pugna. Traen así consigo de nuevo algo de aquel mismo placer que están destinadas a evitar y sirven al instinto reprimido no menos que las instancias que lo reprimen. E incluso sucede que al progresar la enfermedad los actos primitivamente encargados de la defensa van acercándose cada vez más a los actos prohibidos, en los cuales el instinto pudo manifestarse lícitamente en la época infantil.

De estas circunstancias hallaríamos también en los dominios de la vida religiosa lo que sigue: la génesis de la religión parece estar basada igualmente en la renuncia a determinados impulsos instintivos; mas no se trata, como en la neurosis, exclusivamente de componentes sexuales, sino de instintos egoístas, antisociales, aunque también éstos entrañen, por lo general, elementos sexuales. La conciencia de culpabilidad consecutiva a una tentación inextinguible, y la angustia expectante, bajo la forma de temor al castigo divino, se nos ha dado a conocer mucho antes en los dominios religiosos que en los de la neurosis. Quizá a causa de los componentes sexuales entremezclados, o acaso a consecuencia de cualidades generales de los instintos, también en la vida religiosa resulta insuficiente y nunca perfecta la represión de los instintos. Las recaídas en el pecado son

incluso más frecuentes en el creyente que en el neurótico y
sirven de base a un nuevo orden de actividades religiosas: a
los actos de penitencia, cuyo paralelo encontraremos también en la neurosis obsesiva.

La neurosis obsesiva presenta un carácter peculiarísimo,
que la despoja de toda dignidad. Y es el hecho de que el ceremonial se adhiere a los actos más nimios de la vida cotidiana y se manifiesta en prescripciones insensatas y en restricciones absurdas de los mismos. Este rasgo singular de la
enfermedad se nos hace comprensible cuando averiguamos
que el mecanismo del desplazamiento psíquico, descubierto
por mí en la producción de los sueños [2], preside también los
procesos anímicos de la neurosis obsesiva. En los ejemplos
de actos obsesivos antes expuestos se hace ya visible cómo el
simbolismo y el detalle de tales actos nacen por medio de un
desplazamiento desde el elemento auténtico e importante a
un sustitutivo nimio; por ejemplo, desde el marido al sillón.
Esta tendencia al desplazamiento es la que modifica cada vez
más el cuadro de los fenómenos patológicos y logra, por fin,
convertir lo aparentemente más nimio en lo más importante
y urgente. Es innegable que en el terreno religioso existe
también una tendencia análoga al desplazamiento del valor
psíquico, y precisamente en igual sentido; de suerte que el
ceremonial, puramente formal, de las prácticas religiosas se
convierte poco a poco en lo más esencial y da de lado su contenido ideológico. Por eso las religiones sufren reformas que
se esfuerzan en restablecer los valores primitivos.

A primera vista, los actos religiosos no parecen entrañar
aquel carácter transaccional que los actos obsesivos integran como síntomas neuróticos y, sin embargo, también
acabamos por descubrir en ellos tal carácter cuando recordamos con cuánta frecuencia son realizados, precisamente
en nombre de la religión y en favor de la misma, todos aquellos actos que la misma prohíbe como manifestaciones de
los instintos por ella reprimidos.

Después de señalar estas coincidencias y analogías podríamos arriesgarnos a considerar la neurosis obsesiva como la pareja patológica de la religiosidad; la neurosis, como una religiosidad individual, y la religión, como una neurosis obsesiva universal. La coincidencia más importante sería la renuncia básica a la actividad de instintos constitucionalmente dados, y la diferencia decisiva consistiría en la naturaleza de tales instintos, exclusivamente sexuales en la neurosis y de origen egoísta en la religión.

La renuncia progresiva a instintos constitucionales, cuya actividad podría aportar al Yo un placer primario, parece ser uno de los fundamentos del desarrollo de la civilización humana. Una parte de esta represión de instintos es aportada por las religiones, haciendo que el individuo sacrifique a la divinidad el placer de sus instintos. «La venganza es mía», dice el Señor. En la evolución de las religiones antiguas creemos advertir que mucha parte de aquello a lo que el hombre había renunciado como «pecado» fue cedido a la divinidad y estaba permitido en nombre de ella, siendo así la cesión a la divinidad el camino por el cual el hombre hubo de liberarse del dominio de los instintos perversos, antisociales. No es quizá, por tanto, una casualidad que a los dioses antiguos se les reconocieran, sin limitación alguna, todas las cualidades humanas –con los crímenes a ellas consecutivos–, ni tampoco una contradicción: el que a pesar de ello no fuera lícito justificar con el ejemplo divino los crímenes propios.

# El doble sentido antitético de las palabras primitivas *

En mi *Interpretación de los sueños* expuse como resultado incomprendido de la labor analítica una afirmación, que transcribiré como introducción a este ensayo[1].

La conducta del sueño con respecto a la antítesis y a la contradicción es altamente singular. De la contradicción prescinde en absoluto, como si para él no existiera el «no», y reúne en una unidad las antítesis o las representa con ella. Asimismo se toma la libertad de representar un elemento cualquiera por el deseo contrario al mismo, resultando que al enfrentarnos con un elemento capaz de contrario no podemos saber nunca al principio si se halla contenido positiva o negativamente en las ideas latentes.

Los onirocríticos de la antigüedad parecen haber aplicado muy ampliamente la hipótesis de que una cosa puede representar en el sueño su antítesis. Esta posibilidad ha sido también reconocida ocasionalmente por algunos de aquellos investigadores modernos que conceden a los sueños sentido e interpretabilidad[2]. No creo tampoco hallar contradictores si supongo que la afirmación antes citada ha

* Publicado en 1910.

sido comprobada por cuantos me han seguido en el camino de una interpretación científica de los sueños.

La comprensión de la tendencia singular de la elaboración de los sueños a prescindir de la negación a expresar elementos antitéticos con el mismo elemento de representación me ha sido facilitada últimamente por la lectura de un trabajo del filólogo K. Abel publicado primero en un folleto (1884) y recogido luego en la obra del mismo autor titulada *Sprachwissenschaftliche Abbandlungen*. El interés del tema justificará que transcribamos aquí literalmente (aunque omitiendo la mayoría de los ejemplos) los pasajes decisivos de dicho trabajo. Nos procuran, en efecto, el singular descubrimiento de que la práctica indicada de la elaboración del sueño coincide con una peculiaridad de las lenguas más antiguas.

Después de hacer resaltar la antigüedad de la lengua egipcia, cuyo desarrollo tuvo que ser muy anterior a las primeras inscripciones jeroglíficas, dice Abel (página 4):

En la lengua egipcia, reliquia única de un mundo primitivo, hallamos cierto número de palabras con dos significados, uno de los cuales es precisamente la antítesis del otro. Imagínese, si es siquiera posible imaginarse tan evidente absurdo, que la palabra «fuerte» significara en nuestra lengua alemana tanto «fuerte» como «débil»; que la palabra «luz» fuera empleada en Berlín tanto para designar la «luz» como la «oscuridad», y que un muniqués llamara a la cerveza «cerveza», en tanto que otro empleara la misma palabra para designar el agua. Imagínese todo esto y se tendrá una idea de la extraña práctica a la que se entregaban habitualmente en su lenguaje los antiguos egipcios... (Siguen varios ejemplos.)

Ante estos y muchos otros casos análogos de significación antitética (véase el apéndice), no cabe duda de que por lo menos en un idioma ha habido muchísimas palabras que designaban una cosa y simultáneamente la antítesis de la misma. Por extraño que sea, estamos ante un hecho y hemos de contar con él. (Pág. 7)

El autor rechaza luego la explicación de esta circunstancia por homofonía casual, e igualmente la atribución de la

misma a un nivel deficiente de la evolución intelectual de los
egipcios.

Egipto no era en modo alguno la patria de lo absurdo, sino, muy al
contrario, una de las primeras sedes de la evolución de la razón
humana... Conocía una moral pura y digna y había ya formulado
gran parte de los diez mandamientos cuando los pueblos a los que
pertenece la civilización actual ofrecían aún sacrificios humanos a
los ídolos sanguinarios. Un pueblo que encendió en épocas tan
tenebrosas la antorcha de la justicia y la cultura no puede haber
sido estúpido en su lenguaje y en su pensamiento cotidianos...
(Pág. 9)

Hombres que sabían fabricar el vidrio y levantar y mover,
como con máquinas, enormes bloques de piedra hubieron
de tener, sin duda alguna, agudeza suficiente para no ver
una cosa simultáneamente como tal y como su contraria.
Mas ¿cómo conciliar esta idea con el hecho de que los egipcios se permitieran un lenguaje contradictorio tan singular?
¿Con el hecho de que acostumbraran, en general, dar un
solo y mismo substrato fonético a las ideas más antagónicas
y a enlazar en una especie de unión indisoluble lo que más
se oponía recíprocamente?
    Antes de arriesgar un intento cualquiera de explicación
hemos de tener aún en cuenta una exacerbación de este
incomprensible procedimiento de la lengua egipcia.

De todas las excentricidades del vocabulario egipcio, la más extraordinaria es, quizá, la de poseer, además de aquellas palabras
que reúnen significados antitéticos, otras compuestas, en las que
aparecen unidos dos vocablos de significación contraria, formando un compuesto que posee tan sólo la significación de uno de sus
elementos constituyentes. Así pues, en este idioma extraordinario
no sólo hay palabras que lo mismo significan «fuerte» y «débil»,
«mandar» y «obedecer», sino también palabras compuestas, tales
como «viejo-joven», «lejos-cerca», «atar-desatar», «fuera-den-
tro»..., las cuales, a pesar de su composición, que reúne lo más

diverso, significan tan sólo «joven», la primera; «cerca», la segunda; «atar», la tercera, y «dentro», la cuarta... Resulta, por tanto, que en estas palabras compuestas se han reunido intencionadamente conceptos antitéticos: mas no para crear un tercer concepto, como sucede, por ejemplo, en chino, sino para expresar por medio de la palabra compuesta el significado de uno de sus elementos contradictorios, que aisladamente habría significado lo mismo...

Sin embargo, la solución del enigma es más fácil de lo que parece. Nuestros conceptos nacen por comparación. «Si siempre fuera un día claro, no distinguiríamos entre claridad y oscuridad y, por consiguiente, no poseeríamos el concepto de la claridad ni la palabra correspondiente...» «Todo en este mundo es relativo, y sólo tiene existencia independiente en cuanto es diferenciado de otras cosas y en sus relaciones con ellas...» «Siendo así todo concepto la pareja de su antítesis, ¿cómo podría ser pensado por vez primera y comunicado a quienes intentaban pensarlo, si no es por comparación con su antítesis?»

No siendo posible concebir el concepto de la fuerza más que por contraposición a la debilidad, la palabra que designaba lo «fuerte» integraba una reminiscencia a lo «débil», por ser aquello merced a lo cual logró existencia. Tal palabra no designaba en realidad ni lo «fuerte» ni lo «débil», sino la relación entre ambos y la diferencia entre ambos, las cuales crearon igualmente lo uno y lo otro... El hombre no ha podido conquistar sus conceptos más antiguos y más simples si no es por contraposición a sus contrarios, y sólo paulatinamente ha aprendido a discriminar los dos elementos de la antítesis y a pensar el uno sin necesidad de una comparación consciente con el otro. (Pág. 15.)

Dado que el lenguaje no sirve tan sólo para la expresión de los pensamientos propios, sino esencialmente para la comunicación de los mismos, podemos preguntarnos en qué forma el «egipcio primitivo» daba a conocer a sus semejantes «a cuál de los elementos del concepto ambiguo se refería en cada caso». En la escritura se hacía con ayuda de las llamadas imágenes «determinativas», las cuales, colocadas detrás de las letras, indicaban el sentido de las mismas, pero sin estar destinadas a la pronunciación.

Cuando la palabra egipcia *ken* debe significar «fuerte», lleva detrás de su fonema, alfabéticamente escrito, la imagen de un hombre erguido y armado, y cuando la misma palabra ha de significar «débil», sigue a las letras que representan el fonema la imagen de un hombre acurrucado y laxo. Análogamente, la mayoría de las demás palabras equívocas son acompañadas de imágenes aclaratorias. (Pág. 18.)

Según Abel, en el lenguje hablado servía el gesto para dar a la palabra pronunciada el sentido deseado.

A juicio de nuestro autor, es en las «raíces más antiguas» en las que se observa este fenómeno del doble sentido antitético. En el curso posterior de la evolución del lenguaje desapareció tal equívoco, y por lo menos en el antiguo egipcio se hace posible perseguir todas las transicciones sucesivas hasta la unidad de sentido del vocabulario moderno. «Las palabras que entrañaban originalmente dos sentidos se dividen cada una en el lenguaje posterior en dos de sentido único, ocupando cada uno de los dos sentidos opuestos una suavización (modificación) distinta de la misma raíz.» Así, ya en los jeroglíficos la palabra *ken* «fuerte-débil» se disocia en *ken,* «fuerte», y *kan* «débil». «Dicho de otro modo: los conceptos que sólo antitéticamente pudieron ser hallados se hacen ya con el tiempo lo bastante familiares al intelecto humano para otorgar a cada uno de sus dos elementos una existencia independiente y crear para cada uno su especial representación fonética.»

La existencia de significados primitivos contradictorios, fácil de probar en la lengua egipcia, es demostrable también, según Abel, en las lenguas semitas y en las indoeuropeas.

No es posible determinar aún hasta qué punto puede darse este caso en otras familias idiomáticas, pues aunque el sentido contradictorio precisa haber estado en la mente de los individuos de todas las razas, no es inevitable que el mismo se haya hecho perceptible por doquier en los significados o se haya conservado en ellos.

Abel hace resaltar, además, que ya el filósofo Bain, sin que al parecer tuviera conocimiento de los fenómenos efectivamente dados, y sólo por razones puramente teóricas, propugnó el doble sentido de las palabras como una necesidad lógica. El pasaje correspondiente *(Logic,* I, 54) comienza con las frases que siguen:

The essential relativity of all knowledge, thought or consciousness cannot but show itself in language. If everything that we can know is viewed as a transition from something else, every experience must have two sides; and either every name must have a double meaning, or else for every meaning there must he two names.

Transcribiré, del *Apéndice de ejemplos de antítesis egipcias, indogermánicas y árabes,* algunos casos susceptibles de impresionar también a los que somos profanos en Filología: el latín *altus* es a la vez alto y profundo; y *sacer,* sagrado y maldito, subsistiendo, por tanto, aun en estos casos, la antítesis completa, sin modificación alguna de la palabra. La modificación fonética introducida para la separación de los contrarios queda ilustrada por ejemplos tales como *clamare* (gritar), *clam* (silencioso, callado), *siccus* (seco), *succus* (jugo). En alemán, la palabra *Boden* significa aún hoy en día lo más alto y lo más bajo de la casa. A nuestro *bös* (malo) corresponde un *bass* (bueno) en sajón antiguo, frente al inglés *bad* (malo). El inglés *to lock* (cerrar), frente al alemán *Lücke* (hueco) y *Loch* (agujero). El alemán *kleben* (pegar, adherir), frente al inglés *to cleave* (hendir, separar); alemán *stumm* (mudo) y *Stimme* (voz). De este modo, incluso la tan graciosa derivación *lucus a non lucendo* obtendría, quizá, un excelente sentido.

En su tratado sobre *El origen del lenguaje (l. c.,* página 305) llama Abel la atención sobre otras huellas de antiguas dificultades del pensamiento. Los ingleses dicen todavía hoy, para expresar «sin» *without,* o sea *cosin,* y lo mismo los habitantes de la Prusia oriental *(mitone).* La palabra *with* misma, que hoy corresponde a nuestro «con», significó originalmente también «sin», como puede verse todavía por las palabras *withdraw* (marcharse) y *withhlold* (sustraer). Este mismo cambio se nos muestra en las palabras alemanas *wider* (contra) y *wider* (unido a).

Para la comparación con la elaboración onírica tiene también importancia otra peculiaridad singularísima del antiguo egipcio.

En la lengua egipcia, las palabras pueden invertir –digamos, por lo pronto, aparentemente– no sólo el sentido, sino también el orden de los fonemas. Suponiendo, por ejemplo, que la palabra alemana *gut* (bueno) fuese egipcia, podría entonces significar lo mismo «bueno» y «malo» y pronunciarse indistintamente *gut* y *tug.* De estas metátesis, demasiado numerosas para explicarlas como simple casualidad, podemos hallar también cumplidos ejemplos en las lenguas arias y semitas. Limitándonos a las germánicas, tendremos: *Topf-pot, bot-tub, wait-täuwen, hurry-Ruhe, care-reck, Balken-klobe, club.* Y si traemos a colación las demás lenguas indogermánicas, el número de casos aumenta proporcionalmente: *capere-packen, ren-Miere, the leaf-folium, dum-a,* ὸυμος (en sánscrito, *mêdh, mûdha, Mut), Rauchen* (en ruso, *kur-íti), kreischento shriek,* etc.

Abel intenta explicar el fenómeno de la metátesis por una reduplicación de la raíz. En este punto no sería ya difícil seguir al filósofo. Recordamos lo aficionados que son los niños a invertir en sus juegos las palabras, y cuán frecuentemente emplea la elaboración onírica la inversión de su material de representación para diversos fines. (En este último caso no es el orden de las letras lo que se invierte, sino el orden de sucesión de una serie de imágenes.) Así, pues, nos inclinaríamos más bien a atribuir la metátesis a un factor de alcance más profundo[3].

En la coincidencia entre la peculiaridad de la elaboración de los sueños, expuesta al principio del presente trabajo, y la práctica de las lenguas, más antiguas, descubiertas por los filósofos, debemos ver una confirmación de nuestra tesis del carácter regresivo y arcaico de la expresión de los pensamientos en el sueño. Y a nosotros, los psiquiatras, se nos impone, como una hipótesis irrechazable, la de que comprenderíamos mejor y traduciríamos más fácilmente el lenguaje de los sueños si conociéramos mejor la evolución del lenguaje hablado[4].

# Un paralelo mitológico
## a una representación obsesiva plástica

En uno de mis pacientes, sujeto de veintiún años aproximadamente, los productos de la actividad psíquica inconsciente se hacen conscientes no sólo como ideas obsesivas, sino
también como imágenes obsesivas. Unas y otras pueden
surgir de consuno o independientes entre sí. Durante cierto
período surgieron en él, íntimamente enlazadas, siempre
que su padre entraba a verle, una palabra obsesiva y una
imagen obsesiva. La palabra era *Vaterarsch* (ano del padre), y
la imagen concomitante representaba al padre bajo la forma
de medio cuerpo desnudo (vientre y piernas), provisto de
brazos. La imagen carecía de cabeza y de tronco y no mostraba tampoco indicados los genitales, pero los rasgos fisonómicos del padre aparecían dibujados sobre el vientre.

Para la explicación de este producto sintomático, más
absurdo de lo corriente, ha de observarse que el sujeto, persona de acabado desarrollo intelectual y elevadas aspiraciones éticas, había manifestado, hasta más allá de sus diez
años, y en formas muy diversas, un intenso erotismo anal.
Una vez dominado éste, la lucha posterior contra el erotismo genital retrajo su vida sexual al estadio preliminar anal.
El sujeto quería y respetaba mucho a su padre y le temía

otro tanto. Pero desde el punto de vista de sus elevadas aspiraciones al sometimiento de los instintos y a la ascesis le consideraba como un típico representante de la «avidez», del ansia de placeres puramente materiales.

La palabra *Vaterarsch* (ano del padre) no tardó en explicarse como una germinación caprichosa del honroso título de patriarca *(Patriarch)*. La imagen obsesiva es evidentemente una caricatura. Recuerda otras representaciones que sustituyen, con intención peyorativa, la totalidad de una persona por un único órgano (los genitales, por ejemplo), y evoca también ciertas fantasías inconscientes que conducen a la identificación de los genitales con el resto de la persona, así como determinadas maneras de decir, tales como «soy todo oídos».

La disposición de los rasgos fisonómicos en el vientre me pareció, al principio, singularmente extraña. Pero no tardé en recordar haber visto algo semejante en una caricatura francesa[1]. La casualidad me ha hecho luego conocer una representación antigua que coincide plenamente con la imagen obsesiva de mi paciente.

Según la leyenda griega, Demeter, cuando llegó a Eleusis en busca de su hija, que le había sido robada, halló acogida en casa de Dyraules y de Baubo, su esposa; pero, poseída de honda tristeza, se negó a tomar alimento alguno. Entonces Baubo consiguió hacerla reír alzándose de repente los vestidos y descubriendo su cuerpo. La discusión de esta anécdota destinada, sin duda, a ilustrar un ceremonial mágico cuyo sentido se ha perdido ya, figura en el tomo IV de la obra de Salomón Reinach *Cultes, mythes et religions,* 1912. En este mismo lugar se menciona también que en las excavaciones de la ciudad de Priene (Asia Menor) se han hallado unas terracotas que reproducen la figura de Baubo. Tales figuras muestran un cuerpo femenino sin cabeza ni pecho y con una cara en el vientre.

Los vestidos levantados encuadran la cara como una corona de cabellos. (S. Reinach, *l. c.,* pág. 117.)

# Una dificultad de psicoanálisis *

Haremos constar, desde luego, que no nos referimos a una dificultad intelectual, a algo que haga incomprensible, para el lector o el oyente, el psicoanálisis, sino a una dificultad afectiva; a algo que enajena al psicoanálisis los sentimientos del oyente o el lector, inclinándole a no interesarse por él o a no darle crédito. Y, evidentemente, ambos órdenes de dificultad producen la misma consecuencia. Alguien que no ve con simpatía suficiente una cosa no la comprenderá tampoco fácilmente.

En atención al lector, al que me represento como plenamente imparcial aún, habré de tomar las cosas desde alguna distancia. El psicoanálisis ha construido, sobre la base de una gran cantidad de observaciones e impresiones, algo como una teoría, que es conocida con el nombre de teoría de la libido. Como es sabido, el psicoanálisis se ocupa de la explicación y la supresión de las llamadas perturbaciones nerviosas. Para resolver tales problemas tenía que ser hallado previamente un punto de ataque, y nos decidimos a buscarlo en la vida instintiva del alma. Así, pues, ciertas hipótesis sobre la vida instintiva del hombre constituyeron la base de nuestra concepción de la nerviosidad.

* Publicado en 1917.

La Psicología enseñada en nuestros centros pedagógicos sólo nos da respuestas insatisfactorias cuando la interrogamos sobre los problemas de la vida anímica. Pero en ningún sector son tan insuficientes como en el del instinto.

Queda, pues, a nuestro arbitrio la elección de la forma en que hayamos de procurarnos una primera orientación en este campo. La concepción vulgar destaca el hambre y el amor como representantes de los instintos que aspiran, respectivamente, a la conservación del individuo y a su reproducción. Agregándonos a esta distinción, tan próxima, discriminamos nosotros también en el psicoanálisis los instintos de conservación, o instintos del *yo*, de los instintos sexuales, y damos a la energía, con la que el instinto sexual actúa en la vida anímica, el nombre de la libido –apetito sexual– como algo análogo al hambre, a la voluntad de poderío, etc., entre los instintos del *yo*.

Sobre la base de esta hipótesis, hacemos luego el primer descubrimiento importante. Averiguamos que los instintos sexuales entrañan máximas importancias para la comprensión de las enfermedades neuróticas, y que las neurosis son, por decirlo así, las enfermedades específicas de la función sexual. Que de la cantidad de libido y de la posibilidad de satisfacerla y derivarla por medio de la satisfacción depende, en general, que una persona enferme o no de neurosis. Que la forma de la enfermedad es determinada por el modo en que el individuo haya recorrido la trayectoria evolutiva de la función sexual, o, como nosotros decimos, por las fijaciones que su libido haya experimentado en el curso de su evolución. Y que poseemos, en cierta técnica, no muy sencilla, de la influencia psíquica, un medio de explicar y curar, al mismo tiempo, varios grupos de neurosis. Nuestra labor terapéutica alcanza máxima eficacia en una cierta clase de neurosis nacidas del conflicto entre los instintos del *yo* y los instintos sexuales. Sucede, efectivamente, en el hombre que las exigencias de los instintos sexuales, que van mucho más allá del individuo, son juzgadas por el *yo* como un peligro que amenaza su conservación o su propia estimación. Entonces, el *yo* se sitúa a la defensiva, niega a los instintos sexuales la satisfacción deseada y los obliga a buscar, por largos rodeos, aquellas satisfacciones sustitutivas que se manifiestan como síntomas nerviosos.

La terapia psicoanalítica consigue, en tales casos, someter a revisión el proceso de represión y derivar el conflicto hacia un desenlace mejor, compatible con la salud. Algunos incomprensivos tachan de unilateral nuestra valoración de los instintos sexuales, alegando que el hombre tiene intereses distintos de los del sexo. Esto es cosa que jamás hemos olvidado o negado.

Nuestra unilateralidad es como la del químico que refiere todas las combinaciones a la fuerza de la atracción química. No por ello niega la ley de gravedad; se limita a abandonar su estudio al físico.

En el curso de la labor terapéutica hemos de preocuparnos de la distribución de la libido en el enfermo; investigamos a qué representaciones de objeto está ligada su libido, y la libertamos para ponerla a disposición del *yo*. En este proceso hemos llegado a formarnos una idea muy singular de la distribución inicial, primitiva, de la libido en el hombre. Nos hemos visto forzados a admitir que al principio de la evolución individual, toda la libido (todas las aspiraciones eróticas y toda la capacidad de amor) está ligada a la propia persona, o, como nosotros decimos, constituye una carga psíquica del *yo*. Sólo más tarde, en concomitancia con la satisfacción de las grandes necesidades vitales, fluye la libido desde el *yo* a los objetos exteriores, lo cual nos permite ya reconocer a los instintos libidinosos como tales y distinguirlos de los instintos del *yo*. La libido puede ser nuevamente desligada de estos objetos y retraída al *yo*.

Al estado en que el *yo* conserva en sí la libido le damos el nombre de narcisismo en recuerdo de la leyenda griega del adolescente Narciso, enamorado de su propia imagen.

Así, pues, atribuimos al individuo un progreso desde el narcisismo al amor objetivado. Pero no creemos que la libido del *yo* pase nunca, en su totalidad, a los objetos. Cierto montante de libido permanece siempre ligado al *yo*, perdurando así, no obstante, un máximo desarrollo del amor objetivado, una cierta medida del narcisismo. El *yo* es un gran depósito, del que fluye la libido destinada a los objetos y al que afluye de nuevo desde los mismos. La libido del objeto fue primero libido del *yo* y puede volver a serlo. Para la buena salud del individuo es esencial que su libido no pierda esta movilidad. La cual nos representaremos más concretamente recordando las peculiaridades de los protozoos, cuya sustancia gelatinosa se prolonga en seudópodos, en ramificaciones a las que se extiende la sustancia somática; pero que pueden ser retraídos en todo momento, reconstituyendo con ello la forma del nódulo de protoplasma.

Con las indicaciones que preceden hemos intentado describir nuestra teoría de la libido, en la cual se basan todas nuestras tesis sobre la esencia de la neurosis y nuestro método terapéutico contra ellas. Y claro está que también en cuanto al estado normal consideramos que también hemos aplicado la teoría de la libido al comportamiento normal. También hemos mencionado el narcisismo el narcisismo del niño pequeño y lo hemos comparado con el narcisismo del hombre primitivo, quien lo considera todopoderoso en su pensamiento y que proyecta al mundo exterior a través de las técnicas de la magia.

Después de esta introducción indicaremos que el narcisismo general, el amor propio de la Humanidad, ha sufrido hasta ahora tres graves ofensas por parte de la investigación científica:

*a)* El hombre creía al principio, en la época inicial de su investigación, que la Tierra, su sede, se encontraba en reposo en el centro del Universo, en tanto que el Sol, la Luna y los planetas giraban circularmente en derredor de ella. Seguía así ingenuamente la impresión de sus percepciones sensoriales, pues no advertía ni advierte movimiento alguno de la Tierra, y dondequiera que su vista puede extenderse libremente, se encuentra siempre en el centro de un círculo, que encierra el mundo exterior. La situación central de la Tierra le era garantía de su función predominante en el Universo, y le parecía muy de acuerdo con su tendencia a sentirse dueño y señor del mundo.

La destrucción de esta ilusión narcisista se enlaza, para nosotros, al nombre y a los trabajos de Nicolás Copérnico, en el siglo XVI. Mucho antes que él, ya los pitagóricos habían puesto en duda la situación preferente de la Tierra, y Aristarco de Samos había afirmado, en el siglo III a. de J. C., que la Tierra era mucho más pequeña que el Sol, y se movía en derredor del mismo. Así, pues, también el gran descubrimiento de Copérnico había sido hecho antes de él. Pero cuando fue ya generalmente reconocido, el amor propio humano sufrió su primera ofensa: la ofensa cosmológica.

*b)* En el curso de su evolución cultural, el hombre se consideró como soberano de todos los seres que poblaban la Tierra. Y no contento con tal soberanía, comenzó a abrir un abismo entre él y ellos. Les negó la razón, y se atribuyó un alma inmortal y un origen divino, que le permitió romper todo lazo de comunidad con el mundo animal. Es singular que esta exaltación permanezca aún ajena al niño pequeño, como al primitivo y al hombre primordial. Es el resultado de una presuntuosa evolución posterior. En el estadio del totemismo, el primitivo no encontraba depresivo hacer descender su estirpe de un antepasado animal. El mito, que integra los residuos de aquella antigua manera de pensar, hace adoptar a los dioses figura de animales, y el arte primitivo crea dioses con cabeza de animal. El niño no siente diferencia alguna entre su propio ser y el del animal; acepta sin asombro que los animales de las fábulas piensen y hablen, y desplaza un afecto de angustia, que le es inspirado por su padre, sobre un determinado animal –perro o caballo–, sin tender con ello a rebajar a aquél. Sólo más tarde llega a sentirse tan distinto de los animales, que le es ya dado servirse de sus nombres como de un calificativo insultante para otras personas.

Todos sabemos que las investigaciones de Darwin y las de sus precursores y colaboradores pusieron fin, hace poco más de medio siglo, a esta exaltación del hombre. El hombre no es nada distinto del animal ni algo mejor que él; procede de la escala zoológica y está próximamente emparentado a unas especies, y más lejanamente, a otras. Sus adquisiciones posteriores no han logrado borrar los testimonios de su equiparación, dados tanto en su constitución física como en sus disposiciones anímicas. Ésta es la segunda ofensa –la ofensa biológica– inferida al narcisismo humano.

*c)* Pero la ofensa más sensible es la tercera, de naturaleza psicológica.

El hombre, aunque exteriormente humillado, se siente soberano en su propia alma. En algún lugar del nódulo de su *yo* se ha creado un órgano inspector, que vigila sus impulsos y sus actos, inhibiéndose y retrayéndolos implacablemente cuando no coinciden con sus aspiraciones. Su percepción interna, su coincidencia, da cuenta al *yo* en todos los sucesos de importancia que se desarrollan en el mecanismo anímico, y la voluntad dirigida por estas informaciones ejecuta lo que el *yo* ordena y modifica aquello que quisiera cumplirse independientemente. Pues esta alma no es algo simple, sino más bien una jerarquía de instancias, una confusión de impulsos, que tienden independientemente unos de otros, a su cumplimiento correlativamente a la multiplicidad de los instintos y de las relaciones con el mundo exterior. Para la función es preciso que la instancia superior reciba noticias de cuanto se prepara, y que su voluntad pueda llegar a todas partes y ejercer por doquiera su influjo. Pero el *yo* se siente seguro, tanto de la amplitud y de la fidelidad de las noticias como de la transmisión de sus mandatos.

En ciertas enfermedades, y desde luego en las neurosis por nosotros estudiadas, sucede otra cosa. El *yo* se siente a disgusto, pues tropieza con limitaciones de su poder dentro de su propia casa, dentro del alma misma. Surgen de pronto pensamientos, de los que no se sabe de dónde vienen, sin que tampoco sea posible rechazarlos. Tales huéspedes indeseables parecen incluso ser más poderosos que los sometidos al *yo*; resisten a todos los medios coercitivos de la voluntad, y permanecen impertérritos ante la contradicción lógica y ante el testimonio, contrario a la realidad. O surgen impulsos, que son como los de un extraño, de suerte que el *yo* les niega, pero no obstante ha de temerlos y tomar medidas precautorias contra ellos. El *yo* se dice que aquello es una enfermedad, una invasión extranjera, e intensifica su vigilancia; pero no puede comprender por qué se siente tan singularmente paralizado.

La Psiquiatría niega desde luego en estos casos que se hayan introducido en la vida anímica extraños espíritus perversos; pero, aparte de ello, no hace más que encogerse de hombros y hablar de degeneración, disposición hereditaria e infelicidad constitucional. El psicoanálisis procura esclarecer estos inquietantes casos patológicos, emprender largas y minuciosas investigaciones y puede, por fin, decir al *yo*: «No se ha introducido en ti nada extraño; una parte de tu propia vida anímica se ha sustraído a tu conocimiento y a la soberanía de tu voluntad. Por eso es tan débil tu defensa; combates con una parte de su fuerza contra la otra parte, y no puedes reunir, como lo harías contra un enemigo exterior, toda tu energía. Y ni siquiera es la parte peor, o la menos importante, de tus fuerzas anímicas, la que así se te ha puesto enfrente y se ha hecho independiente de ti. Pero es toda la culpa tuya. Has sobreestimado tus fuerzas, creyendo que podías hacer lo que quisieras con tus instintos sexuales, sin tener para nada en cuenta sus propias tendencias. Los instintos sexuales se han rebelado entonces y han seguido sus propios oscuros caminos para sustraerse al sometimiento, y se han salido con la suya de un modo que no puede serte grato. De cómo lo han logrado y qué caminos han seguido, no has tenido tú la menor noticia; sólo el resultado de tal proceso, el síntoma, que tú sientes como un signo de enfermedad, ha llegado a tu conocimiento. Pero no lo reconoces como una derivación de tus propios instintos rechazados ni sabes que es una satisfacción sustitutiva de los mismos.

»Ahora bien: todo este proceso sólo se hace posible por el hecho de que también en otro punto importantísimo estás en error. Confías en que todo lo que sucede en tu alma llega a tu conocimiento, por cuanto la conciencia se encarga de anunciártelo, y cuando no has tenido noticia ninguna de algo crees que no puede existir en tu alma. Llegas incluso a identificar lo "anímico" con lo "consciente"; esto es, con lo que te es conocido, a pesar de la evidencia de que a tu vida psíquica tiene que suceder de continuo mucho más de lo que llega a ser conocido a tu conciencia. Déjate instruir sobre este punto. Lo anímico en ti no coincide con lo que te es consciente; una cosa es que algo sucede en tu alma, y otra que tú llegues a tener conocimiento de ello. Concedemos, sí, que, por lo general, el servicio de información de su conciencia es suficiente para tus necesidades. Pero no debes acariciar la ilusión de que obtienes noticia de todo lo importante. En algunos casos (por ejemplo, en el de un tal conflicto de los instintos), el servicio de información falla, y tu voluntad no alcanza entonces más allá de tu conocimiento. Pero, además, en todos los casos, las noticias de tu conciencia son incompletas, y muchas veces nada fidedignas, sucediendo también con frecuencia que sólo llegas a tener noticia de los acontecimientos cuando los mismos se han cumplido ya, y en nada puedes modificarlos. ¿Quién puede estimar, aun no estando tú enfermo, todo lo que sucede en tu alma sin que tú recibas noticia de ello o sólo noticias incompletas y falsas? Te conduces como un rey absoluto, que se contenta con la información que le procuran sus altos dignatarios y no desciende jamás hasta el pueblo para oír su voz. Adéntrate en ti, desciende a tus estratos más profundos y aprende a conocerte a ti mismo; sólo entonces podrás llegar a comprender por qué puedes enfermar y, acaso, también a evitar la enfermedad.»

Así quiso el psicoanálisis aleccionar al *yo*. Pero sus dos tesis, la de que la vida instintiva de la sexualidad no puede ser totalmente domada en nosotros y la de que los procesos anímicos son en sí inconscientes, y sólo mediante una percepción incompleta y poco fidedigna llegan ser accesibles al *yo* y sometidos por él, equivalen a la afirmación de que el *yo* no es dueño y señor en su propia casa. Y representan el tercer agravio inferido a nuestro amor propio; un agravio psicológico. No es, por tanto, de extrañar que el *yo* no acoja favorablemente las tesis psicoanalíticas y se niegue tenazmente a darles crédito.

Sólo una minoría entre los hombres se ha dado clara cuenta de la importancia decisiva que supone para la ciencia y para la vida la hipótesis de la existencia de procesos psíquicos inconscientes. Pero nos apresuraremos a añadir que no ha sido el psicoanálisis el primero en dar este paso. Podemos citar como precursores a renombrados filósofos, ante todo a Schopenhauer, el gran pensador, cuya «voluntad» inconsciente puede equipararse a los instintos anímicos del psicoanálisis, y que atrajo la atención de los hombres con frases de inolvidable penetración sobre la importancia, desconocida aún, de sus impulsos sexuales. Lo que el psicoanálisis ha hecho ha sido no limitarse a afirmar abstractamente las dos tesis, tan ingratas al narcisismo, de la importancia psíquica de la sexualidad y la inconsciencia de la vida anímica, sino que las ha demostrado con su aplicación a un material que a todos nos atañe personalmente y nos fuerza a adoptar una actitud ante estos problemas. Pero precisamente por ello ha atraído sobre sí la repulsa y las resistencias que eluden aún respetuosamente al gran nombre del filósofo.

# La cuestión del análisis profano *

## Introducción

El título del presente trabajo reclama una previa aclaración.
Con la palabra «profanos» designamos a los individuos ajenos a la profesión médica, y la cuestión planteada es la de si
puede serles permitido el ejercicio del análisis. Esta cuestión
aparece dependiente de circunstancias temporales y locales.
Temporales, porque hasta el día nadie se ha preocupado de
quiénes ejercían el psicoanálisis, indiferencia tanto más
absoluta cuanto que se derivaba del deseo unánime de que
nadie lo ejerciese, apoyado con diversas razones, pero fundado realmente en una misma repugnancia. La pretensión
de que sólo los médicos puedan analizar responde de este
modo a una nueva actitud ante el análisis, que habrá de
parecernos más benévola si evitamos ver en ella una mera
ramificación encubierta de la primitiva hostilidad. Así pues,
se concede ya que en determinadas circunstancias resulta
indicado el tratamiento psicoanalítico, pero se pretende que
sólo un médico puede encargarse de él. En páginas ulteriores investigaremos los fundamentos de esta limitación.

* Publicado en 1926.

La cuestión del análisis profano aparece también localmente condicionada, no presentando igual alcance en todas las naciones. En Alemania y en América no pasa de ser una discusión académica. En estos países puede todo enfermo hacerse tratar como y por quien quiera, y todo «curandero» encargarse de los enfermos que se pongan en sus manos, ateniéndose tan sólo a las responsabilidades que éstos puedan luego exigirles, pues la ley no interviene hasta que algún paciente o sus familiares recurren a ella en demanda de castigo o indemnización. Pero en Austria, donde escribimos y adonde principalmente hemos de referirnos, la ley tiene carácter preventivo y prohíbe a las personas carentes de título médico encargarse de un tratamiento sin esperar para nada el resultado del mismo. Igualmente sucede en Francia. La cuestión, pues, de si el psicoanálisis puede ser ejercido por personas ajenas a la profesión médica tiene en estos países un sentido práctico. Pero, apenas planteada, parece resuelta por la letra misma de la ley: los nerviosos son enfermos, los profanos son personas sin título médico, el psicoanálisis es un procedimiento encaminado a la curación o al alivio de las enfermedades nerviosas y todos los tratamientos de este género están reservados a los médicos... En consecuencia, no pueden los profanos emprender el análisis de enfermos nerviosos, y si lo emprenden, caerán bajo el peso de la ley. Planteada así la cuestión en términos generales, parece inútil seguir ocupándose del análisis profano. Pero en nuestro caso es preciso tener en cuenta ciertas complicaciones que el legislador no pudo prever, pues en primer lugar se trata de enfermos de un género singularísimo, y en segundo resulta que ni los profanos lo son tanto como pudiera creerse ni los médicos son tampoco aquello que debiera esperarse que fueran y en lo que podrían fundar sus aspiraciones a la exclusividad. Si logramos demostrar estas afirmaciones, quedará justificada nuestra demanda de que la referida ley no se aplique al análisis sin alguna modificación.

1.

Una tal modificación de las leyes vigentes dependerá de personas que no están obligadas a conocer las particularidades del tratamiento analítico. A nosotros corresponderá, pues, instruir sobre la materia a tales personas, a las que suponemos ajenas al análisis y totalmente imparciales. Lamentamos, desde luego, no poder hacerlas testigos de un tratamiento de este orden, pero la «situación analítica» no tolera la presencia de un tercero. Por otro lado, las distintas sesiones de un tratamiento alcanzan valores muy diferentes, y un tal espectador imperito, que llegara a presenciar una sesión cualquiera, no recibiría impresión alguna ajustada, correría el peligro de no comprender de lo que se trataba entre el analítico y el paciente o se aburriría. Habrá, pues, de contentarse con nuestra información, que trataremos de concretar en forma que inspire máximo crédito.

Supongamos un enfermo aquejado de bruscos cambios de estado de ánimo, que no logra dominar, de una temerosa indecisión que paraliza sus energías, haciéndole imaginarse incapaz de realizar nada a derechas, o de una angustiosa sensación de embarazo ante personas extrañas. Siente, por ejemplo, aunque sin comprender la razón, que el ejercicio de su profesión se le hace cada vez más difícil, siéndole casi imposible tomar resoluciones o iniciativas de importancia. Un día, sin saber por qué, ha sufrido un penoso ataque de angustia, y desde entonces no puede sin gran esfuerzo ir solo por la calle o viajar en ferrocarril, habiendo llegado quizá a renunciar en absoluto a ello. O, cosa singular, sus ideas siguen caminos propios, sin dejarse guiar por su voluntad, persiguen problemas que le son absolutamente indiferentes, pero de los cuales le es imposible apartar su pensamiento, y le plantean tareas absurdas y ridículas, tales como la de contar las ventanas de las casas. En actos sencillísimos –cerrar la llave del gas o echar una carta en el buzón– le asalta, momentos después, la duda de si realmente los ha realizado o no. Estos trastornos son ya harto enfadosos; pero cuando el estado del sujeto llega a ser intolerable es cuando de repente se encuentra con que no puede rechazar la idea de haber empujado a un niño bajo las ruedas de un carruaje, haber arrojado al agua a un desconocido o ser él el asesino que la Policía busca como autor del crimen descubierto aquella mañana. Todo ello le parece insensato; sabe muy bien que jamás ha hecho daño a nadie, pero la sensación que le atormenta –el sentimiento de culpabilidad– no sería más intenso si realmente fuera él el asesino buscado.

Las perturbaciones de este orden revisten muy diversas formas y atacan a los diferentes órganos. Supongamos que se trata ahora de una mujer. Es una excelente pianista, pero sus dedos se contraen al ir a tocar y le rehúsan sus servicios. Cuando piensa asistir a una reunión, siente en el acto una necesidad natural, cuya satisfacción le sería imposible realizar en público. Ha renunciado, pues, a asistir a reuniones, bailes, teatros y conciertos. En las ocasiones más inoportunas se ve aquejada de violentas jaquecas y otras diversas sensaciones dolorosas. A veces, se le presentan vómitos incoercibles, que le impiden tomar el menor alimento, situación que a la larga puede tener graves consecuencias. Por último, aparece incapacitada para resistir cualquier contrariedad de las que nunca faltan en la vida, pues pierde en tales ocasiones el conocimiento y sufre muchas veces convulsiones musculares que recuerdan inquietantes estados patológicos.

En otros enfermos, la perturbación recae sobre un sector en el que la vida sentimental exige al soma determinadas funciones. Los sujetos masculinos se encuentran incapacitados para dar expresión física a los tiernos sentimientos que les inspira una determinada persona de sexo contrario, disponiendo, en cambio, de todas sus reacciones cuando se trata de personas menos queridas. O bien su sensualidad se enlaza exclusivamente a personas a las que desprecian y de quienes quisieran libertarse, o les impone condiciones cuyo cumplimiento les repugna. Los sujetos femeninos ven vedada la satisfacción de las exigencias de la vida sensual por sensaciones de angustia o repugnancia o por obstáculos desconocidos, o cuando ceden al amor no encuentran en él el placer que la Naturaleza ofrece como premio a tal docilidad.

Todas estas personas se reconocen enfermas y buscan a aquellos médicos de quienes puede esperarse la supresión de tales trastornos nerviosos. Los médicos saben también las categorías en las que se incluyen estos padecimientos y los diagnósticos, según sus respectivos puntos de vista, con diversos nombres: neurastenia, psicastenia, fobias, neurosis obsesiva o histeria. Reconocen los órganos que manifiestan los síntomas: el corazón, el estómago, el intestino y los genitales, y los encuentran sanos. Aconsejan la interrupción de la vida habitual del paciente, curas de reposo, tónicos, etc., y sólo consiguen con ello, cuando más, un alivio pasajero. Por último, oyen los enfermos que hay personas dedicadas especialmente al tratamiento de tales dolencias, y, buscando una de ellas, se someten al análisis.

Nuestro sujeto imparcial, al que suponemos presente, ha dado muestras de impaciencia, mientras desarrollábamos la relación que antecede, de los síntomas patológicos de los nerviosos. Mas ahora redobla su atención y se expresa en la siguiente forma: «Vamos a ver, por fin, qué es lo que el analítico emprende con el paciente al que el médico no ha podido auxiliar.»

Pues bien: el analítico no hace más que entablar un diálogo con el paciente.

No usa instrumento, ni siquiera para reconocer, ni receta medicamento alguno, e incluso, si las circunstancias lo permiten, deja al paciente dentro de su círculo y medio familiares mientras dura el tratamiento, sin que ello sea, desde luego, condición precisa ni tampoco posible en todos los casos. El analítico recibe al paciente a una hora determinada, le deja hablar, le escucha, le habla a su vez y le deja escucharle.

La fisonomía de nuestro interlocutor imparcial toma aquí una expresión de curiosidad satisfecha a la que se mezcla algo de desprecio, como si pensara: «¿Nada más que eso? Palabras, palabras y palabras, como dice Hamlet», y recuerda seguramente la irónica tirada en que Mefistóteles habla de cuán fácilmente se arregla todo con palabras, versos, que jamás olvidará ya ningún alemán. Luego añade:

«Se trata, pues, de una especie de conjuro mágico. Ante las palabras del analítico desaparece el mal.»

Sería efectivamente cosa de magia y tendría así plena razón nuestro interlocutor si el efecto fuese rápido. La magia tiene por condición la rapidez, o mejor dicho aún, la instantaneidad del efecto. Pero los tratamientos psicoanalíticos precisan meses y hasta años. Una magia tan lenta pierde todo carácter maravilloso. Por lo demás, no debemos desdeñar la *palabra,* poderoso instrumento, por medio del cual podemos comunicar nuestros sentimientos a los demás y adquirir influencia sobre ellos. Al principio fue, ciertamente, el acto; el verbo –la palabra– vino después, y ya fue, en cierto modo, un progreso cultural el que el acto se amortiguara, haciéndose palabra. Pero la palabra fue primitivamente un conjuro, un acto mágico, y conserva aún mucho de su antigua fuerza.

Nuestro interlocutor continúa: «Supongamos que el paciente está tan poco preparado como yo para la comprensión del tratamiento psicoanalítico, ¿cómo puede usted hacerle creer en la fuerza mágica de las palabras que ha de librarle de su enfermedad?»

Naturalmente, hay que prepararle, y para ello se nos ofrece un camino sencillísimo. Le pedimos que sea total y absolutamente sincero con su analítico, sin retener, intenciona-

damente, nada de lo que surja en su pensamiento, y más
adelante, que se sobreponga a todas aquellas consideraciones que le impulsen a excluir de la comunicación determinados pensamientos o recuerdos. Todo hombre tiene perfecta conciencia de encerrar en su pensamiento cosas que
nunca, o sólo a disgusto, comunicaría a otros. Son éstas, sus
«intimidades». Sospecha también, cosa que constituye un
gran progreso en el conocimiento psicológico de sí mismo,
que existen otras cosas que no quisiera uno confesarse *a sí
mismo,* que se oculta uno a sí y que expulsa de su pensamiento en cuanto, por acaso, aparecen. Quizá llegan incluso
a observar el principio de un singular problema psicológico
en el hecho de tener que ocultar a su mismo *yo* un pensamiento propio. Resulta así, como si su *yo* no fuera la unidad
que él siempre ha creído y hubiera en él algo distinto que
pudiera oponerse a tal *yo,* y de este modo se le anuncia oscu-
ramente algo como una contradicción entre el *yo* y una vida
anímica más amplia. Cuando ahora acepta la demanda analítica de decirlo todo, se hace fácilmente accesible a la esperanza de que un intercambio de ideas, desarrollado bajo
premisas tan desusadas, puede muy bien provocar efectos
singulares.

«Comprendo –dice nuestro imparcial oyente–; supone
usted que todo nervioso oculta algo que pesa sobre él, un
secreto, dándole ocasión de revelarlo, le descarga usted de
tal peso y alivia su mal. No se trata, pues, sino del principio
de la confesión, utilizado de antiguo por la Iglesia católica
para asegurarse el dominio sobre los espíritus.»

Sí y no, hemos de replicar. La confesión forma parte del
análisis; pero sólo como su iniciación primera, sin que
tenga afinidad ninguna con su esencia, ni mucho menos
explique su efecto. En la confesión, dice el pecador lo que
sabe; en el análisis, el neurótico ha de decir algo más. Por
otra parte, tampoco sabemos que la confesión haya tenido
jamás el poder de suprimir síntomas patológicos directos.

«Entonces no lo entiendo –se nos responde–. ¿Qué significa eso de decir más de lo que se sabe? Lo único que puedo imaginarme es que el analítico adquiere sobre el paciente una influencia más fuerte que el confesor sobre el penitente, por ocuparse de él más larga, intensa e individualmente, y que utiliza esta más enérgica influencia para libertarle de sus ideas patológicas, disipar sus temores, etc. Sería harto singular que también se consiguiese dominar por este método fenómenos puramente somáticos, tales como vómitos, diarreas y convulsiones, pero ya sé que también es posible conseguir este resultado en sujetos hipnotizados. Probablemente, y aunque sin pretenderlo, consigue usted, en su labor analítica, establecer con el paciente una semejante relación hipnótica, un enlace sugestivo a su persona, y entonces los milagros de su terapia no son sino efectos de la sugestión hipnótica. Pero, que yo sepa, la terapia hipnótica labora mucho más rápidamente que su análisis, el cual, como usted ha dicho, dura meses enteros y hasta años.»

Observamos que nuestro imparcial interlocutor no es tan lego en la materia como al principio lo supusimos. Indudablemente, se esfuerza en llegar a la comprensión del psicoanálisis con ayuda de sus conocimientos anteriores, enlazándola con algo que le es ya conocido. Se nos plantea ahora la difícil labor de hacerle ver que tal intento se halla condenado al fracaso, por ser el análisis un procedimiento *sui generis,* algo nuevo y singularísimo, a cuya comprensión sólo puede llegarse con ayuda de conocimientos –o, si se quiere, hipótesis– totalmente nuevos. Mas ante todo, habremos de dar respuesta a su última observación:

Es, ciertamente, muy digna de tenerse en cuenta su indicación sobre la influencia personal del analítico. Tal influencia existe desde luego, y desempeña en el análisis un papel muy importante, pero distinto en absoluto del que desempeña en el hipnotismo. No sería difícil demostrar que se trata de situaciones completamente diferentes. Bastará hacer observar que en el análisis no utilizamos dicha influencia personal –el factor «sugestivo»– para vencer los síntomas patológicos, como sucede en el hipnotismo, y además, que sería erróneo creer que tal factor constituía la base y el motor del tratamiento. Al principio, sí; pero más tarde, lo que hace es oponerse a nuestras intenciones analíticas, forzándonos a tomar amplias medidas defensivas. También quisiéramos demostrar con un ejemplo cuán lejos de nuestra técnica analítica se halla toda tentativa de desviar las ideas del enfermo o convencerle de su falsedad. Así, cuando nuestro paciente sufre de un sentimiento de culpabilidad, como si hubiera cometido un crimen, no le aconsejamos que se sobreponga a este tormento de su conciencia acentuando su indudable inocencia, pues esto ya lo ha intentado él sin resultado alguno. Lo que hacemos es advertirle que una sensación tan intensa y resistente ha de hallarse basada en algo real, que quizá pueda ser descubierto.

«Me asombrará –opina aquí nuestro imparcial interlocutor– que con una tal confirmación de la realidad del sentimiento de culpa consigan ustedes mitigarlo. Pero ¿cuáles son sus intenciones analíticas y qué emprenden ustedes con el paciente?»


2.


Si hemos de hacernos comprender por usted –continuamos diciendo a nuestro interlocutor– habremos de exponerle un fragmento de una teoría psicológica desconocida o insuficientemente estimada fuera de los círculos analíticos. De ella podremos deducir lo que nos proponemos conseguir en beneficio de nuestros enfermos y cómo lo alcanzamos. Vamos a exponerla dogmáticamente y como si se tratara de una construcción ideológica terminada y perfecta. Pero no vaya usted a creer que ha nacido ya así, como un sistema filosófico. Por el contrario, la hemos construido muy despacio, forjando laboriosamente cada uno de sus elementos y modificándola de continuo en un ininterrumpido contacto con la observación, hasta verla adquirir por fin una forma que nos parece bastar para nuestros propósitos. Todavía hace algunos años hubiera tenido que vestir esta teoría con distintos conceptos, sin que tampoco pueda hoy asegurar que su actual expresión haya de ser la última y definitiva. La ciencia no es revelación, y aunque muy lejos ya de sus comienzos, carece todavía de los caracteres de precisión, inmutabilidad e infalibilidad a los que aspira el pensamiento humano. Pero así y todo, es lo único que poseemos. Si a ella añade usted que nuestra disciplina es aún muy joven, habiendo nacido casi con el siglo actual y que se ocupa de una de las materias más arduas que pueden plantearse a la investigación humana, no le será difícil adoptar la actitud justa para oírme. De todos modos, interrúmpame usted siempre que no pueda seguirme o necesite más amplias aclaraciones.

«Voy a interrumpirle antes siquiera de empezar. Dice usted que va a exponerme una nueva Psicología. Ahora bien: la Psicología no es, ni con mucho, una ciencia nueva. Ha habido muchos psicólogos, y según recuerdo de mis tiempos de estudiante, se han alcanzado ya en este sector científico rendimientos de gran importancia.»

Rendimientos que no pienso, por mi parte, discutir. Pero si los examina usted con algún detenimiento, verá que deben ser adscritos más bien a la fisiología de los sentidos. La Psicología no ha podido desarrollarse porque se lo ha impedido un error fundamental. ¿Qué comprende hoy, tal y como es enseñada en los centros de cultura? Aparte de los valiosos conocimientos antes mencionados, pertenecientes a la fisiología de los sentidos, una cierta cantidad de divisiones y definiciones de nuestros procesos anímicos, que los usos del lenguaje han convertido en propiedad común a todos los hombres cultos. Y esto no basta, desde luego, para la concepción de nuestra vida psíquica. ¿No ha observado usted que cada filósofo, cada poeta, cada historiador y cada biógrafo crean para su uso particular una teoría psicológica, y forjan hipótesis personales, más o menos atractivas, de los actos psíquicos? Falta a todo ello un fundamento común. De aquí, también, que en el terreno psicológico no existan, por decirlo así, respeto ni autoridad algunos. Todo el mundo se considera con derecho a opinar. Si plantea usted una cuestión de Física o de Química, callarán todos los no especializados en tales materias. En cambio, si arriesgamos una afirmación psicológica, podemos estar seguros de que nadie dejará de emitir su juicio, favorable o adverso. Por lo visto, no existen en este sector «conocimientos especiales». Todo el mundo tiene su vida anímica y se cree, por ello, psicólogo. Pero a nuestro juicio, a título bien precario, recordándonos la respuesta de aquella mujer que fue a ofrecerse como aya, y al ser preguntada si tenía nociones de cómo se debía tratar a los niños pequeños, exclamó un tanto extrañada: «¡Naturalmente! También yo he sido niña alguna vez.»

«Y este "fundamento común" de la vida anímica, hasta ahora desatendido por los psicólogos, ¿cree usted haberlo descubierto por medio de la observación de sus enfermos?»

No creo que tal origen quite valor a nuestros descubrimientos. La Embriología, por ejemplo, no nos merecería confianza alguna si no pudiese explicar satisfactoriamente la génesis de las deformaciones innatas. En cambio, le he hablado a usted antes de casos en los que el pensamiento sigue caminos independientes de la voluntad del sujeto, obligándole a meditar sin descanso sobre problemas que le son totalmente indiferentes: ¿cree usted que la Psicología oficial ha podido jamás aportar algo a la explicación de tales anomalías? Por último, todos podemos comprobar que, mientras dormimos, sigue nuestro pensamiento caminos propios y crea cosas que luego no comprendemos, y que se recuerdan ciertos productos patológicos. El vulgo ha mantenido siempre la creencia de que los sueños significan algo y tenían un sentido y un valor propios. Pero la Psicología oficial no ha podido nunca indicar tal sentido de los sueños. No ha sabido qué hacer con ellos, y cuando ha intentado darles alguna explicación, ha sido siempre fuera de todo carácter psicológico, refiriéndolos a estímulos sensoriales, a una distinta profundidad del reposo de las diversas partes del cerebro, etc. Ahora bien: una psicología que no ha conseguido explicar los sueños no ha de poder tampoco proporcionarnos una explicación de la vida anímica normal, ni tiene derecho alguno al nombre de ciencia.

«Observo ahora en usted una cierta agresividad, indicio de que llegamos a un punto delicado. He oído, en efecto, que el análisis da gran valor a los sueños, los interpreta, busca tras ellos recuerdos de sucesos reales, etcétera. Pero también que la interpretación de los sueños queda abandonada al arbitrio del analítico y que estos últimos no han llegado todavía a un acuerdo sobre el modo de interpretar los sueños, ni sobre la justificación de deducir conclusiones. Si ello es así, no debe usted subrayar con tanta energía la ventaja que el análisis ha alcanzado sobre la Psicología oficial.»

Hay mucho de verdad en lo que acaba usted de decir. Es cierto que la interpretación de los sueños ha adquirido, tanto para la teoría como para la práctica del análisis, una extraordinaria importancia. Pero si parezco agresivo, es tan sólo como medio de defensa. Pero si pienso en los destrozos que algunos analíticos han causado con la interpretación de los sueños, me torno tímido y casi doy la razón a nuestro gran satírico Nestroy cuando afirma que todo progreso no es sino la mitad de lo que en un principio se creyó. Ahora bien: ¿no es cosa sabida que los hombres no hacen sino embrollar y destrozar todo lo que cae en sus manos? Con un poco de prudencia y de disciplina puede evitarse la mayoría de los peligros de la interpretación onírica. Pero ¿no cree usted que si continuamos divagando como hasta ahora, no llegaré nunca a exponerle la teoría anunciada?

«Es cierto. Si no comprendí mal, se proponía usted hablarme de la hipótesis fundamental de la nueva Psicología.»

No era por ese punto por el que precisamente quería comenzar. Ahora me propongo exponerle la idea que en el curso de nuestros estudios analíticos nos hemos formado de la estructura del aparato anímico.

«¿A qué da usted el nombre de aparato anímico y cuál es su composición?»

Pronto verá usted claramente lo que es el aparato anímico. En cambio, le ruego no me pregunte cuáles son los materiales que lo componen.

Es ésta una cuestión tan indiferente para la Psicología como puede serlo para la Óptica el que las paredes de un anteojo sean de metal o de cartón. Dejaremos, por tanto, a un lado el punto de vista *material*. No así, en cambio, el *especial,* que ha de sernos muy útil. Nos representamos, en efecto, el desconocido aparato dedicado a las funciones anímicas como un instrumento compuesto de varias partes, a las que denominamos instancias, cada una de las cuales cumple una función particular, teniendo todas, entre sí, una relación espacial fija. Esta relación espacial, o sea, la determinada por los conceptos de «delante», «detrás», «superficial» y «profundo», no tiene en un principio, para nosotros, más sentido que el de una representación de la sucesión regular de las funciones. ¿Me hago entender todavía?

«Apenas. Quizá luego vaya viendo más claro; pero de todos modos he de observarle que me presente usted aquí una singular anatomía del alma, inusitada ya entre los investigadores físicos.»

¿Qué quiere usted? Se trata de una representación auxiliar como tantas otras usadas en las ciencias. Las primeras han sido siempre algo más groseras. *Open to revision* hay que decir en estos casos. Pero no creo siquiera necesario acogerme al ya popular «como si». El valor de una tal ficción –como la denominaría el filósofo Vahinger– depende de la utilidad que nos reporte.

Continuemos: reconocemos en el hombre una organización anímica interpolada entre sus estímulos sensoriales y la percepción de sus necesidades físicas, de un lado, y de otro, sus actos motores, sirviendo, con un propósito determinado, de mediadores entre tales dos sectores. A esta organización psíquica que reconocemos en el hombre la denominamos su *yo.* No es esto ninguna novedad. Todos los hombres cultos aceptan esta hipótesis, aunque no sean filósofos, y algunos, a pesar de serlo. Pero con esto no creemos haber agotado la descripción del aparato anímico. Además de la existencia de este *yo,* reconocemos la de otro sector psíquico, más amplio, importante y oscuro que el *yo,* sector al que denominamos el *ello.* Vamos, ante todo, a ocuparnos de la relación entre ambos.

En Psicología sólo por medio de comparaciones nos es posible describir, circunstancia nada singular, pues se da igualmente en otros sectores. Pero también hemos de cambiar constantemente de comparaciones: ninguna nos dura mucho. Así pues, si he de hacer suficientemente clara la relación entre el *yo* y el *ello,* le ruego se represente al *yo* como una especie de fachada del *ello;* esto es, como un primer plano, un estrato exterior o una corteza del mismo. Conservamos esta última comparación. Sabido es que las capas corticales deben sus cualidades particulares a la influencia modificativa del medio exterior, con el que están en contacto. Nos representamos, pues, al *yo* como la capa exterior del aparato anímico, del *ello,* modificada por la influencia del mundo exterior (de la realidad). Irá usted viendo ya cuán seriamente utilizamos en el psicoanálisis los conceptos espaciales. El *yo* es realmente para nosotros lo superficial, y el *ello,* lo profundo; claro es que considerados desde fuera. El *yo* se encuentra entre la realidad, y el *ello,* lo propiamente anímico.

«No quiero preguntarle todavía cómo puede saberse todo eso. Pero dígame qué le obliga a usted a establecer esa distinción de un *yo* y un *ello.*»

Su pregunta me indica el camino por el que debo seguir. Lo importante es, en efecto, saber que el *yo* y el *ello* se diferencian considerablemente en varios puntos. En el *yo,* el curso de los actos psíquicos es regido por reglas distintas que en el *ello,* y además, el *yo* persigue otros fines y con distintos medios. Sobre esto habría mucho que decir; pero creo que bastarán una nueva comparación y un ejemplo. Piense usted en la diferencia entre el frente de combate y el resto del país durante la guerra. No nos extrañaba entonces que en el frente llevase todo un ritmo distinto, ni que en la retaguardia se permitiesen muchas cosas que en el frente habían de ser prohibidas. La influencia determinante era, naturalmente, la proximidad del enemigo. Para el alma, tal influjo es la proximidad del mundo exterior. Exterior, extranjero y enemigo fueron un día conceptos idénticos. Ahora, el ejemplo: en el *ello* no hay conflictos. Las contradicciones y las antítesis subsisten impertérritas lado a lado y se resuelven con frecuencia por medio de transacciones. El *yo* experimenta en tales casos un conflicto, que ha de ser resuelto, y la solución consiste en abandonar una tendencia en obsequio a la otra. El *yo* es una organización que se caracteriza por una singular aspiración a la unidad, a la síntesis, carácter que falta en absoluto al *ello,* el cual carece, por decirlo así, de coherencia. Sus distintas tendencias persiguen sus fines independientemente unas de otras, y sin atenderse entre sí.

«Pero si realmente existe un *hinterland* psíquico tan importante, ¿cómo se explica que haya permanecido incógnito hasta la época del análisis?»

Con esto volvemos a una de sus preguntas anteriores. La Psicología se había cerrado el acceso al sector del *ello,* manteniendo una hipótesis que en un principio parece aceptable, pero que resulta insostenible. Es esta hipótesis la de que todos los actos anímicos son conscientes, siendo la conciencia la característica de lo psíquico, y que si existen en nuestro cerebro procesos no conscientes, no merecen el nombre de actos psíquicos ni interesan para nada a la Psicología.

«A mi juicio, es ésta la posición más lógica.»

Así opinan también los psicólogos. Pero no es difícil demostrar que es absolutamente falsa, constituyendo una diferenciación por completo inadecuada. La autoobservación más superficial nos enseña que podemos tener ocurrencias que no pueden haber surgido sin una previa preparación. Ahora bien: de estos grados primarios de nuestro pensamiento, que desde luego ha debido de ser también de naturaleza psíquica, no tenemos la menor noticia, y en nuestra conciencia aparece sólo el resultado. A veces, logramos hacer conscientes *a posteriori* tales productos mentales preparatorios.

«Lo más probable es que la atención se hallase desviada, y no advirtiésemos así dichos preparativos.»

Evasivas con las que no se logra eludir el hecho de que puedan desarrollarse en nosotros actos de naturaleza psíquica, a veces muy complicados, de los que ninguna noticia tiene nuestra conciencia ni llegamos a saber nada. ¿O está usted dispuesto a aceptar que un poco más o un poco menos de «atención» basta para transformar un acto no psíquico en un acto psíquico? Mas, ¿para qué discutir? Existen experimentos hipnóticos, en los cuales queda demostrada irrebatiblemente la existencia de tales pensamientos no conscientes.

«No quiero negarlo. Pero creo que, por fin, llego a comprenderlo. Lo que usted denomina el *yo* es la conciencia, y su *ello* es lo subconsciente, tan discutido en estos tiempos. Mas ¿para qué ponerles nuevos motes?»

No se trata de poner nuevos motes. Es que los otros nombres son absolutamente inutilizables. Y no intente usted venirme ahora con literatura en lugar de ciencia. Cuando alguien me habla de lo subconsciente, no acierto a saber si se refiere tópicamente a algo que se encuentra en el alma, por debajo de la conciencia, o cualitativamente a otra conciencia, o a una especie de conciencia subterránea. Lo más probable es que el mismo que emplea tal palabra no vea claramente su alcance. La única antítesis admisible es la de lo consciente y lo inconsciente. Ahora bien: sería un error de graves consecuencias creer que esta antítesis coincide con la diferenciación de un *yo* y un *ello*. Por mi parte, lo celebraría mucho, pues tal coincidencia facilitaría un extremo del camino de nuestra teoría; pero no es así. Todo lo que sucede en el *ello* es y permanece inconsciente, y sólo los procesos desarrollados en el *yo* pueden llegar a ser conscientes. Pero no todos, ni siempre ni necesariamente, pues partes muy considerables del *yo* pueden permanecer inconscientes duraderamente.

El devenir consciente de un proceso anímico es harto complicado. No puedo por menos de exponerle –de nuevo dogmáticamente– nuestras hipótesis sobre el caso. Recordará usted mi anterior descripción del *yo* como la capa exterior, periférica, del *ello*. Suponemos ahora que en la superficie más externa de este *yo* se encuentra una instancia especial, directamente vuelta hacia el mundo exterior; un sistema, un órgano, cuyo estímulo produce el fenómeno, al que damos el nombre de conciencia. Este órgano puede ser estimulado tanto desde el exterior por los estímulos del mundo externo, que llegan a él con ayuda de los órganos sensoriales, como desde el interior por las sensaciones surgidas en el *ello* o los procesos desarrollados en el *yo*.

«Esto se hace cada vez más complicado, y escapa cada vez más a mi inteligencia. Me ha invitado usted a una conversación sobre el problema de si los profanos en Medicina pueden emprender un tratamiento analítico. Sobran, pues, todas sus explicaciones de teorías oscuras y arriesgadas, de cuya justificación no logrará usted convencerme.»

Sé que no me será posible convencerle. Está fuera de toda posibilidad y, por tanto, fuera también de mis propósitos. Cuando damos a nuestros discípulos una clase teórica de psicoanálisis, observamos la poca impresión que en ellos hacen nuestras palabras. Escuchan las teorías analíticas con la misma frialdad que las demás abstracciones con que en su vida de estudiantes se les ha alimentado. Por esta razón exigimos que todo aquel que desea practicar el análisis se someta antes él mismo a un análisis, y sólo en el curso del mismo, al experimentar en su propia alma los procesos postulados por las teorías analíticas, es cuando adquiere aquellas convicciones, que han de guiarle luego en su práctica analítica. ¿Cómo, pues, pudiera yo abrigar alguna esperanza de convencer a usted de la exactitud de nuestras teorías, habiendo de limitarme a su exposición incompleta, abreviada y, por tanto, poco transparente, sin reforzarla con sus propias experiencias personales?

Mi intención es muy otra. Entre nosotros no se trata de si el análisis es sabio o insensato, ni de si sus afirmaciones son exactas o groseramente erróneas. Desarrollo ante usted nuestras teorías porque me parece el mejor medio de mostrarle claramente el contenido ideológico del análisis, las premisas de que parte con los enfermos y lo que con ellos se propone. De este modo lograremos iluminar intensamente la cuestión del análisis profano. Por lo demás, esté usted tranquilo. Siguiéndome hasta aquí ha recorrido usted ya el trozo más penoso del camino. Lo que resta ha de serle más fácil. Pero déjeme usted tomar aliento.

3.

«Ahora espero que me deduzca usted de las teorías psicoanalíticas la forma en que podemos representarnos la génesis de un padecimiento nervioso.»

Voy a intentarlo. Mas para ello habremos de estudiar nuestro *yo* y nuestro *ello* desde un nuevo punto de vista: desde el punto de vista *dinámico,* o sea, teniendo en cuenta las fuerzas que actúan en y entre ambas instancias. Antes nos hemos limitado a la descripción del aparato anímico.

«Supongo que será usted ya menos oscuro.»

Así lo espero, y creo que no ha de serle tan penoso seguirme. Suponemos, pues, que las fuerzas que mueven el aparato psíquico nacen en los órganos del soma como expresión de las grandes necesidades físicas. Recuerde usted la frase de nuestro filósofo poeta: «Hambre y amor.» Una respetabilísima pareja de fuerzas. Damos a estas necesidades físicas, en cuanto representan estímulos de la actividad psíquica, el nombre de *instintos.* Tales instintos llenan el *ello,* pudiendo afirmarse sintéticamente que toda la energía del *ello* procede de los mismos. También las fuerzas del *yo* tienen igual origen, siendo derivación de las del *ello.* ¿Qué demandan los instintos? Satisfacción; esto es, la constitución de situaciones en las que puedan quedar apaciguadas las necesidades somáticas. El descenso de la tensión de la necesidad genera en nuestra conciencia una sensación de placer. En cambio, su incremento genera en el acto sensaciones de displacer. Estas oscilaciones dan origen a la serie de sensaciones de placer-displacer, con arreglo a la cual regula su actividad el aparato anímico. Habla aquí un *dominio del principio del placer.*

Cuando las aspiraciones instintivas del *ello* no encuentran satisfacción, surgen estados intolerables. La experiencia muestra pronto que tales situaciones de satisfacción sólo pueden ser constituidas con ayuda del mundo exterior, y entonces entra en funciones la parte del *ello,* vuelta hacia dicho mundo exterior, o sea, el *yo.* La fuerza que impulsa al navío corresponde toda al *ello;* pero el *yo* es el timonel, sin el cual nunca se llegaría a puerto. Los instintos del *ello* tienden a una satisfacción, ciega e inmediata; mas por sí solos no la alcanzarían jamás, dando, en cambio, ocasión a graves daños. Al *yo* corresponde evitar un tal fracaso, actuando de mediador entre las exigencias del *ello* y las del mundo exterior real. Su actuación se orienta en dos direcciones: por un lado observa, con ayuda de su órgano sensorial del sistema de la conciencia, el mundo exterior para aprovechar el momento favorable a una satisfacción exenta de peligro, y por otro actúa sobre el *ello,* refrenando sus «pasiones» y obligando a los instintos a aplazar su satisfacción, e incluso, en caso necesario, a modificar sus fines o a abandonarlos contra una indemnización. Al domar así los impulsos del *ello* sustituye el principio del placer, único antes dominante, por el llamado *principio de la realidad,* que si bien persigue iguales fines, lo hace atendiendo a las condiciones impuestas por el mundo exterior. Más tarde averigua el *yo* que para el logro de la satisfacción existe aún otro camino distinto de esta *adaptación* al mundo exterior. Puede también actuar directamente sobre el mundo exterior, *modificándolo,* y establecer en él intencionadamente aquellas condiciones que han de hacer posible la satisfacción. En esta actividad hemos de ver la más elevada función del *yo.* La decisión de cuándo es más adecuado dominar las pasiones y doblegarse ante la realidad, y cuándo se sabe atacar directamente al mundo exterior, constituye la clave de la sabiduría.

«Y siendo el *ello* la instancia más fuerte, ¿se deja realmente dominar por el *yo?*»

Sí; cuando el *yo* se encuentra plenamente organizado y dispone de toda su capacidad funcional, teniendo acceso a todas las partes del *ello* y pudiendo ejercer su influjo sobre ellas. Entre el *yo* y el *ello* no existe oposición natural ninguna; son partes de un mismo todo, y en los casos de salud normal resultan prácticamente indiferenciables.

«Todo eso está muy bien; pero no veo en esta relación ideal lugar alguno para la enfermedad.»

En efecto, mientras el *yo* y sus relaciones con el *ello* se mantienen en estas condiciones ideales, no surge perturbación nerviosa alguna. El portillo que se abre a la enfermedad aparece en un lugar inesperado, si bien un perito en Patología general no extrañará ver también confirmado en este caso que precisamente los desarrollos y las diferenciaciones más importantes llevan en sí el germen de la enfermedad y de la inhibición de las funciones.

«Me resulta usted ahora demasiado técnico, y no sé si le comprendo bien.»

Voy a explicarme. Ante el formidable mundo exterior, plagado de fuerzas destructoras, el hombre no es sino una mísera criatura, insignificante e inerme. Un ser primitivo, que no ha desarrollado aún una organización, un *yo* suficiente, se halla expuesto a infinitos «traumas». Vive la satisfacción «ciega» de sus deseos instintivos, y sucumbe arrastrado por ella. La diferenciación en la que surge el *yo* es, ante todo, un progreso para la conservación de la vida. El sucumbir no enseña nada; pero cuando se ha resistido felizmente un trauma, se vigila la aproximación de situaciones análogas y se señala el peligro por medio de una reproducción abreviada de las impresiones experimentadas durante el trauma, o sea, por medio de un *afecto de angustia*. Esta reacción a la percepción del peligro inicia la tentativa de fuga, la cual salva la vida hasta que se es suficientemente fuerte para afrontar de un modo activo, e incluso con la agresión, los peligros del mundo exterior.

«Todo esto se aparta mucho del tema que me prometió tratar.»

No sospecha usted cuán cerca llegamos ya del cumplimiento de mi promesa. También en los seres que más tarde presentan una organización del *yo* perfectamente capaz de rendimiento es este *yo* al principio, durante los años infantiles, muy débil, y se halla muy poco diferenciado del *ello*. Imagine usted ahora lo que sucederá al experimentar este *yo*, impotente, la presión de una exigencia instintiva, procedente del *ello;* exigencia a la que quisiera ya resistirse porque adivina que su satisfacción es peligrosa y habrá de provocar una situación traumática, un choque con el mundo exterior, pero que no puede dominar por carecer aún de fuerzas para ello. El *yo* se comporta entonces ante el peligro instintivo como si se tratara de un peligro exterior; emprende una tentativa de fuga, se retira de aquella parte del *ello* y la deja abandonada a su suerte, después de negarle todos los auxilios que en los demás casos pone al servicio de los impulsos instintivos. Decimos entonces que el *yo* lleva a cabo una *represión* del impulso instintivo de que se trate. De momento tiene esta maniobra el resultado de alejar el peligro, pero no se pueden confundir impunemente el exterior y el interior. Es imposible huir de sí mismo. En la represión sigue el *yo* el principio del placer, que de costumbre suele corregir, y esta inconsecuencia le acarrea un daño, consistente en limitar ya duraderamente su esfera de acción. El impulso instintivo reprimido queda ahora aislado, abandonado a sí mismo, inaccesible y sustraído a toda influencia. Sigue, pues, en adelante caminos propios. El *yo* no puede ya, por lo general, aun llegado después a su plenitud, deshacer la represión, quedando así perturbada su síntesis, y permaneciéndole vedado el acceso a una parte del *ello.* Pero, además, el impulso instintivo aislado no permanece ocioso: encuentra medios de indemnizarse de la satisfacción normal, que le ha sido prohibida; genera ramificaciones psíquicas que le representan, se enlaza a otros procesos, que su influencia sustrae también al *yo,* y aparece, por fin, en el *yo* y en la conciencia bajo la forma de un producto sustitutivo, irreconociblemente disfrazado o deformado, creando aquello que conocemos con el nombre de síntoma. He aquí ya ante nosotros el estado de cosas de una perturbación nerviosa. Por una parte, un *yo* coartado en su síntesis, carente de influencia sobre partes del *ello,* obligado a renunciar a algunas de sus actividades para evitar un nuevo choque con lo reprimido, y agotándose en actos defensivos, casi siempre vanos, contra los síntomas, ramificaciones de los impulsos reprimidos. Por otra, un *ello*, en el que ciertos instintos se han hecho independientes, y persiguen, sin tener en cuenta los intereses de la personalidad total, sus fines particulares, obedientes tan sólo a las leyes de la primitiva psicología que reina en las profundidades del *ello*. Considerando la situación en conjunto, hallamos la siguiente sencilla fórmula de la génesis de la neurosis: el *yo* ha intentado someter *en forma inadecuada* determinadas partes del *ello*, fracasando en su empeño y teniendo que sufrir ahora la venganza del *ello*. Así pues, la neurosis es la consecuencia de un conflicto entre el *yo* y el *ello*; conflicto que provoca el *yo* por mantener a toda costa su docilidad para con el mundo exterior. El conflicto surge entre el mundo exterior y el *ello*, y porque el *yo*, fiel a su más íntima esencia, toma partido por el mundo exterior y entra en conflicto con su *ello*. Pero observe usted bien que no es este conflicto mismo el que crea la condición de la enfermedad –pues tales oposiciones entre la realidad y el *ello* son inevitables, y una de las funciones constantemente encomendadas al *yo* es la de actuar en ellas de mediador–, sino la circunstancia de haberse servido el *yo* para resolver el conflicto de un medio –la represión– totalmente insuficiente; circunstancia debida a que el *yo*, en la época en que le fue planteada esta labor, no había aún llegado a su pleno desarrollo y total potencia. Todas las represiones decisivas tienen lugar, efectivamente, en la más temprana infancia.

«¡Singularísima trayectoria! Sigo su consejo de no criticar, ya que sólo se propone usted mostrarme la opinión del psicoanálisis sobre la génesis de la neurosis, para enlazar a ella la exposición de su acción contra las perturbaciones. Se me ocurren, desde luego, varias objeciones, que dejo para más adelante. Por ahora, sólo quiero advertirle que siento la tentación de seguir construyendo sobre la base de sus propios pensamientos y arriesgar, por mi cuenta, una teoría. Ha desarrollado usted la relación entre el mundo exterior, el *yo* y el *ello,* y establecido como condición de la neurosis la de que el *yo,* fiel a su dependencia del mundo exterior, combate al *ello.* ¿No puede también imaginarse el caso contrario, o sea el de que el *yo* se deje arrastrar por el *ello* y haga traición al mundo exterior? Según mi profana idea de la naturaleza de las enfermedades mentales, pudiera muy bien ser esta decisión del *yo* la condición de una enfermedad de este género, toda vez que un tal apartamiento de la realidad parece ser el carácter esencial de las mismas.»

También yo he pensado en ello y me parece muy verosímil, si bien la prueba de esta sospecha exigiría una discusión harto complicada. La neurosis y la psicosis, perturbaciones íntimamente afines, desde luego, difieren en un punto decisivo, que puede depender muy bien de la resolución que tome el *yo* en un tal conflicto. En cambio, el *ello* conservaría siempre su carácter de ciega independencia.

«Continúe usted. ¿Qué medios le sugiere la teoría para el tratamiento de las enfermedades neuróticas?»

Resulta ya fácil diseñar nuestro fin terapéutico. Queremos reconstruir el *yo,* libertarlo de sus limitaciones y devolverle el dominio sobre el *ello,* perdido a consecuencia de sus pasadas represiones. Éste y sólo éste es el fin del análisis, y toda nuestra técnica se halla orientada hacia él. Hemos de buscar las represiones efectuadas y mover al *yo* a corregirlas con nuestra ayuda, resolviendo los conflictos en una forma más adecuada que el intento de fuga. Como tales represiones tuvieron efecto en años infantiles muy tempranos, la labor analítica nos hace retroceder a esta época de la vida del sujeto. El camino que conduce hasta aquellas situaciones de conflicto olvidadas en su mayoría, que queremos reanimar en la memoria del enfermo, nos es indicado por los síntomas, los sueños y las ocurrencias espontáneas del sujeto, material que ha de ser previamente objeto de una interpretación o traducción, pues bajo la influencia de la psicología del *ello* ha llegado a tomar formas expresivas que dificultan su com-

prensión. De los recuerdos, ideas y ocurrencias que el
paciente nos comunica, no sin resistencia interior, hemos de
suponer que se hallan enlazados, en algún modo, con lo
reprimido, o son incluso ramificaciones suyas. Al llevar al
paciente a vencer su resistencia a comunicar este material,
enseñamos a su *yo* a dominar su tendencia a los intentos de
fuga y a soportar la aproximación de lo reprimido. Al fin,
cuando se ha conseguido reproducir en su recuerdo la situación en la que tuvo lugar la represión, queda brillantemente
recompensada su docilidad. La diferencia entre la época de
la represión y la actual le es favorable, y el conflicto ante el
cual recurrió su *yo* a la fuga no es hoy, para el *yo* adulto y
robustecido, más que un juego infantil.

4.

«Todo lo que hasta ahora me ha expuesto usted ha sido
Psicología. A veces ha resultado extraño, oscuro y espinoso;
pero siempre, si me permite usted la palabra, limpio. Ahora
bien: hasta hoy sabía muy poco de psicoanálisis; peor, de
todos modos, había llegado a mis oídos el rumor de que
ustedes los analíticos se ocupaban predominantemente de
cosas a las que no podía en modo alguno aplicarse el calificativo antes arriesgado. El que hasta ahora no haya tocado
usted en su exposición nada semejante me parece obedecer
quizá a un deliberado propósito de abstención. Además, no
puedo reprimir otra duda. Las neurosis son, como usted
mismo dice, perturbaciones de la vida anímica. ¿Será posible que factores tan importantes como nuestra ética, nuestra conciencia moral y nuestros ideales no desempeñen
papel ninguno en tales hondas perturbaciones?»

Me advierte usted, pues, que hasta ahora hemos omitido
en nuestra conversación tanto lo más alto como lo más bajo.
Es cierto, y ello se debe a que todavía no hemos empezado a

ocuparnos de los contenidos de la vida anímica. Pero ahora me va usted a permitir que sea yo quien interrumpa y detenga el curso de nuestro diálogo. Le he expuesto tanta Psicología porque deseaba provocar en usted la impresión de que la labor analítica no es sino un sector de la psicología aplicada, si bien de una psicología desconocida fuera del análisis. Así pues, el analítico tiene, ante todo, que haber estudiado esta psicología, la psicología abismal (*Tiefenpsychologie*) o psicología de lo inconsciente, o por lo menos todo lo que de ella se conoce hasta el día. Retenga usted esta circunstancia, que ha de sernos necesaria para nuestras posteriores conclusiones. Pero dígame ahora a qué se refería usted con su anterior alusión a la pureza.

«Le diré; se cuenta generalmente que en los análisis llega a hablarse de las circunstancias más íntimas y repugnantes de la vida sexual, sin perdonar un solo detalle. Si es así –y de sus explicaciones psicológicas no he podido deducir que así haya de ser–, tendremos un argumento para no consentir sino a los médicos el ejercicio del análisis. ¿Cómo permitir a personas de cuya discreción no se está seguro y de cuyo carácter no tenemos garantía ninguna tamañas libertades?»

Es cierto que los médicos gozan en el terreno sexual de ciertas prerrogativas. Pueden incluso reconocer los órganos genitales. Aunque todavía existe algún reformador idealista –ya sabe usted a quién me refiero– que ha combatido tales privilegios. Pero usted quería saber, ante todo, si el análisis es así y por qué ha de tener este carácter, ¿no es verdad? Pues bien: es así.

Y tiene que ser así, en primer lugar, porque el análisis se halla basado en una completa sinceridad. Trátase en él, por ejemplo, con igual franqueza, circunstancias económicas que el sujeto no acostumbra comunicar a sus conciudadanos, aunque no sean concurrentes suyos ni inspectores del Fisco. Claro es que esta absoluta sinceridad a que el paciente se obliga echa sobre el analítico una grave responsabilidad moral. En segundo lugar, tiene que ser así, porque entre las causas de las enfermedades nerviosas desempeñan los factores de la vida sexual un papel importantísimo, quizá incluso específico. ¿Qué puede hacer el análisis sino adaptarse a su materia; esto es, al material que el enfermo le proporciona? El analítico no atrae jamás al paciente al terreno sexual, ni siquiera le advierte que habrá de tratarse en el análisis de tales intimidades. Deja que comience sus comunicaciones donde quiera, y espera tranquilamente a que toque por sí mismo los temas sexuales. Por mi parte, acostumbro hacer a mis discípulos la siguiente advertencia: nuestros adversarios nos han anunciado que encontraremos casos en los que el factor sexual no desempeña papel ninguno. Guardémonos, pues, muy bien de introducir nosotros en los análisis tales factores, para no destruir la posibilidad de hallar un tal caso. Pero hasta ahora ninguno de nosotros ha tenido la suerte de encontrarlo.

Sé, naturalmente, que nuestro reconocimiento de la sexualidad constituye el principal motivo –confesado o no– de la hostilidad contra el análisis. Pero esta circunstancia no puede inducirnos en error, mostrándonos tan sólo cuán neurótica es nuestra sociedad civilizada, ya que sujetos aparentemente normales se conducen como enfermos nerviosos. En los tiempos en que el psicoanálisis era solemnemente enjuiciado en los círculos intelectuales de Alemania –de entonces acá han variado mucho las cosas– hubo un orador que se consideraba con autoridad excepcional en la materia, por el hecho de seguir también el método de dejar a los enfermos exteriorizar sus pensamientos, suponemos que con un propósito diagnóstico y para poner a prueba las afirmaciones analíticas. Pero –añadía– en cuanto comienzan a hablarme de cosas sexuales les cierro la boca. ¿Qué opina usted de un tal procedimiento de prueba? El docto auditorio aplaudió entusiasmado al orador, en lugar de avergonzarse de su ligereza, como hubiera sido lógico. Sólo la triunfante seguridad que presta el saber compartida toda una serie de prejuicios puede explicar la desaprensión lógica de este orador. Años después, algunos de mis alumnos de entonces cedieron a la necesidad de libertar a la sociedad humana del yugo de la sexualidad que le había impuesto el psicoanálisis. Uno de ellos ha declarado que lo sexual no era la sexualidad, sino algo distinto, abstracto y místico, y otro ha llegado a pretender que la vida sexual no es sino uno de los sectores en los que el hombre quiere satisfacer la necesidad de poderío y dominio que le mueve.

«Alto ahí. Sobre esto último ya me atrevo yo a opinar. Me parece, en efecto, muy arriesgado afirmar que la sexualidad no es una necesidad natural y primitiva del ser vivo, sino la expresión de algo distinto. Basta con observar el ejemplo de los animales.»

No importa. No hay mixtura alguna, por absurda que sea, que la sociedad no trague gustosa, si se le presenta como un filtro contra el temido poder de la sexualidad.

Pero, además, he de confesarle que su repugnancia a atribuir al factor sexual un papel tan preponderante en la causa de las neurosis no me parece muy compatible con su imparcialidad. ¿No teme usted que una tal antipatía influya de una manera injusta en su juicio?

«Siento mucho que pueda usted pensar semejante cosa. Parece que ha perdido su confianza en mí. ¿Por qué no ha escogido entonces a otra persona como interlocutor imparcial?»

Porque en esta cuestión hubiera opinado lo mismo. Y de no ser así, y tratarse de alguien dispuesto desde un principio a reconocer la importancia de la vida sexual, todo el mundo me hubiera acusado de no haber elegido como interlocutor a un sujeto imparcial, sino a un partidario de mis doctrinas. Así pues, no piense usted que haya perdido la esperanza de lograr alguna influencia sobre mis opiniones. En cambio, he de reconocer que mi posición con respecto a usted ha variado algo. Antes, al desarrollar mi exposición psicológica, me era indiferente que diese usted o no crédito a mis palabras;

me bastaba con que obtuviese usted la impresión de que se trataba de problemas puramente psicológicos. Ahora, ante el tema de la sexualidad, quisiera hacerle reconocer que el motivo más poderoso de su oposición a nuestras teorías era precisamente aquella preconcebida hostilidad que con tantos otros comparte usted.

«Ha de tener usted en cuenta que me falta la experiencia que ha creado en usted una tan inconmovible seguridad.»

Bien. Proseguiré ahora mi exposición. La vida sexual no es sólo un tema escabroso, sino también un grave problema científico. Hay en ella mucho que descubrir y que aclarar. Ya dijimos que el análisis había de retroceder hasta la más temprana infancia del paciente, por ser en esta época, y durante el período de debilidad del *yo,* cuando han tenido efecto las represiones decisivas. Es creencia general que en la infancia no hay vida sexual, empezando ésta con la pubertad. Por el contrario, descubrimos nosotros que los impulsos instintivos sexuales acompañan a la vida desde el nacimiento mismo, y que las represiones son precisamente el arma defensiva empleada por el *yo* contra tales instintos. Singular coincidencia ésta de que ya el niño pequeño se rebele contra el poder de la sexualidad, lo mismo que el conferenciante al que antes aludimos o aquellos de mis discípulos que luego construyen teorías propias. ¿A qué se debe eso? La explicación más general sería la de que nuestra civilización se forma a costa de la sexualidad; pero esta explicación no agota, ni con mucho, el tema.

El descubrimiento de la sexualidad infantil pertenece a aquellos que tornan en vergüenza y confusión los descubridores. Según parece, para algunos pediatras y algunas *nurseys* no era ya nada nuevo. Pero sujetos muy inteligentes, que se titulan especialistas en psicología infantil, pusieron el grito en el cielo, acusándolos de haber «despojado a la niñez de su inocencia». ¡Siempre sentimentalismos en lugar de argumentos! En nuestras instituciones políticas sucede todos los días algo semejante. Un miembro cualquiera de la oposición se levanta y denuncia actos punibles cometidos en la Administración, el Ejército o los Tribunales de Justicia. Acto seguido pide la palabra otro parlamentario, generalmete miembro del Gobierno, y declara que tales acusaciones ofenden el sentimiento del honor militar, dinástico o incluso del nacional, y deben, por tanto, ser rechazadas sin formación de causa.

La vida sexual del niño es, naturalmente, distinta de la del adulto. La función sexual recorre, desde sus comienzos hasta su conformación final, tan familiar ya para nosotros, un complicado desarrollo. Nace de numerosos instintos, parciales, con fines diferentes, y atraviesa varias fases de organización, hasta entrar, finalmente, al servicio de la reproducción. De los diferentes instintos parciales, no todos son igualmente utilizables para el resultado final, y tienen, por tanto, que ser desviados, modificados, y, en parte reprimidos. Una evolución tan complicada no se desarrolla siempre impecablemente; sobrevienen detenciones, fijaciones parciales a fases evolutivas tempranas, y más tarde, cuando el ejercicio de la función sexual tropieza con algún obstáculo, la tendencia sexual –la libido, como nosotros decimos– vuelve con facilidad a tales puntos tempranos de fijación. El estudio de la sexualidad infantil y de sus transformaciones hasta la madurez nos ha dado la clave de las llamadas perversiones sexuales descritas antes con todas las demostraciones de horror exigidas por las conveniencias, pero cuya génesis nadie podía explicar. Todo este sector es extraordinariamente interesante, mas para los fines de nuestra conversación no tiene objeto que sigamos ocupándonos de él. Es preciso poseer, para no extraviarse en su recinto, conocimientos anatómicos y fisiológicos que, desgraciadamente, no se adquieren todos en las aulas de Medicina; pero, además, resulta indispensable una cierta familiaridad con la Historia de la Civilización y la Mitología.

«Con todo, no me formo aún idea de lo que pueda ser la vida sexual del niño.»

Entonces permaneceremos aún en este tema. Así como así, no me es fácil abandonarlo. Escuche: lo más singular de la vida sexual del niño me parece ser la circunstancia de recorrer toda su evolución, muy amplia, en los cinco primeros años; desde este punto hasta la pubertad se extiende el llamado período de latencia, durante el cual no realiza la sexualidad –normalmente– progreso ninguno, perdiendo, por el contrario, fuerza las tendencias sexuales y siendo abandonadas y olvidadas muchas cosas que el niño realizaba y sabía ya. En este período vital, marchita la primera flor de la vida sexual, se constituyen ciertas actividades del *yo* –el pudor, la repugnancia, la moralidad– destinadas a resistir el posterior ataque sexual de la pubertad y a mostrar sus caminos a impulsos sexuales nuevamente despiertos. Esta constitución, en dos tiempos, de la sexualidad tiene gran relación con la génesis de las enfermedades nerviosas y parece privativa del hombre, siendo quizá una de las determinantes del privilegio humano de enfermar de neurosis. La prehistoria de la vida sexual ha sido tan descuidada antes del psicoanálisis, como, en otro sector, el último fondo de la vida anímica, consciente. Ambos extremos se hallan, como con razón sospechará usted, íntimamente enlazados.

De los contenidos, manifestaciones y funciones de esta época temprana de la sexualidad se podrían decir muchas cosas, totalmente inesperadas. Por ejemplo: le asombrará a usted oír que el niño sufre en muchos casos el miedo de ser devorado por su padre. (¿No le admira también verme situar este miedo entre las expresiones de la vida sexual?) Pero he de permitirme recordarle el mito de los hijos del dios Cronos, devorados por su padre, horrorosa fábula que tan singular impresión hubo de causarnos en nuestros años escolares, aunque no nos moviera por entonces a reflexionar sobre su sentido íntimo. A este mito podemos agregar hoy varias fábulas en las que interviene un animal devorador, el lobo, por ejemplo, en el cual reconocemos una personificación disfrazada de la figura paterna. Aprovecharé la ocasión para asegurarle que el conocimiento de la vida sexual del niño nos ha dado, secundariamente, la clave de la Mitología y del mundo de la fábula. Es ésta una de las múltiples ventajas accesorias de los estudios analíticos.

No menos grande habrá de ser su extrañeza al oír que el niño padece el miedo de ser despojado por su padre de sus órganos sexuales, y de tal manera que este miedo a la castración ejerce poderosísima influencia sobre el desarrollo de su carácter y la decisión de su orientación sexual. También aquí le ayudará la Mitología a dar crédito al psicoanálisis. El mismo Cronos, que devora a sus hijos, castró antes a su padre Urano y fue a su vez castrado por su hijo Zeus, a quien la astucia de la madre salvó de morir como sus hermanos. Si se ha sentido usted inclinado a suponer que todo lo que el psicoanálisis cuenta de la temprana sexualidad de los niños procede de la florida fantasía de los analíticos, habrá de reconocer, por lo menos, que esta fantasía ha creado los mismos productos que la actividad imaginativa de la Humanidad primitiva, de la cual son residuos los mitos y las fábulas. Otra posible actitud de usted, más benévola y probablemente más acertada, sería la de opinar que en la vida anímica del niño aparecen aún visibles hoy en día aquellos mismos factores arcaicos que reinaron generalmente en las épocas primitivas de la civilización humana. El niño repetirá así, abreviada, en su desarrollo psíquico, la historia de la especie, como ya la Embriología lo ha reconocido ha tiempo, con respecto al desarrollo físico.

Otro carácter de la temprana sexualidad infantil es el de no desempeñar en ella papel ninguno el órgano sexual femenino –que el niño no ha descubierto aún–. Todo el acento recae sobre el miembro masculino, y todo el interés se concentra sobre su existencia o inexistencia. De la vida sexual de la niña sabemos menos que de la del niño. Pero no tenemos por qué avergonzarnos de esta diferencia, pues también la vida sexual de la mujer adulta continúa siendo un *dark continent* para la Psicología. Sin embargo, hemos descubierto que la niña lamenta grandemente la falta de un miembro sexual equivalente al masculino; se considera disminuida por esta carencia, y experimenta una «envidia del pene», que da origen a toda una serie de reacciones femeninas características.

También es peculiar al niño el hecho de revestir de interés sexual las dos necesidades excrementicias. La educación eleva luego entre ambos sectores una barrera, que el chiste derriba más tarde.

El niño necesita, en efecto, bastante tiempo para llegar a experimentar repugnancias. Ya eso no lo han negado tampoco aquellos que defienden en todo otro punto la seráfica pureza del alma infantil.

Pero el hecho que en más alto grado merece nuestra consideración es el de que el sujeto infantil proyecta regularmente sus deseos sexuales sobre las personas más próximamente afines a él, o sea, sobre sus hermanos o hermanas. Para el niño, el primer objeto amoroso es la madre, y para la niña, el padre, en cuanto una disposición bisexual no favorece también, simultáneamente, la actitud contraria. El otro elemento de la pareja padre-madre es visto como un rival perturbador, y llega a ser con frecuencia objeto de una intensa hostilidad. Entiéndame usted bien: no quiero decir que el niño o la niña deseen por parte de la madre o del padre, respectivamente, aquella clase de ternura en la que nos place a los adultos ver la escena de las relaciones entre padre e hijos. No; el análisis no permite dudar que los deseos del sujeto infantil van más acá de esta ternura y aspiran a todo aquello que consideramos como satisfacción sexual, aunque claro está que dentro de los límites de la facultad imaginativa infantil. Naturalmente, el niño no adivina nunca el verdadero aspecto de la unión sexual y lo sustituye con representaciones deducidas de sus experiencias y sensaciones propias. Por lo común, culminan sus deseos en la intención de dar a luz a su vez a un niño o de engendrarlo de una manera vaga e indeterminada. De este deseo de parir un hijo no queda excluido –en su ignorancia– el sujeto infantil masculino. A toda esta construcción psíquica es a lo que damos el nombre de complejo de Edipo, según la conocida leyenda griega. Normalmente debe sufrir este complejo, al terminar la primera época sexual, una transformación fundamental, cuyos resultados están llamados a influir decisivamente en la vida psíquica ulterior. Mas por lo regular no es dicha transformación suficientemente fundamental y la pubertad viene a provocar una resurrección del complejo que puede acarrear graves consecuencias.

Me asombra no oírle presentar a todo esto objeción ninguna, aunque no me atrevo a interpretar su silencio como aquiescencia. Al afirmar el análisis que la primera elección de objeto infantil es *incestuosa* –para emplear ya el nombre técnico–, volvía indudablemente a irritar los más sagrados sentimientos de la Humanidad y debía estar preparada a tropezar con la incredulidad, la contradicción y los más duros reproches. Así ha sucedido, en efecto. Nada le ha sido tan desfavorable en el ánimo de sus contemporáneos como esta presentación del complejo de Edipo como una formación, generalmente, humana y fatal. El mito griego tuvo, sin duda, esta misma significación; pero la inmensa mayoría de los hombres de hoy, cultos o incultos, prefiere creer que la Naturaleza nos ha dotado de un horror innato al incesto como protección contra tan repugnante posibilidad.

Llamaremos a la Historia en nuestro auxilio. Cuando Julio César llegó a Egipto encontró a la joven reina Cleopatra casada con Ptolomeo, su hermano menor, unión nada extraña en la dinastía egipcia. Los Ptolomeos, de origen griego, no habían hecho sino continuar una costumbre puesta en práctica durante milenios enteros por sus predecesores los antiguos faraones. Pero en este caso se trata de un incesto entre hermanos que, aún hoy en día, es juzgado menos monstruoso. Volvamos, pues, la vista a la Mitología, el testimonio más importante que poseemos de las circunstancias de la Humanidad primitiva. Vemos por ella que los mitos de todos los pueblos, y no sólo los griegos, abundan en relaciones amorosas entre padre e hija e incluso entre madre e hijo. Tanto la Cosmología como las genealogías de las casas reales aparecen basadas en el incesto. ¿A qué intención puede suponerse obediente la creación de estas leyendas? ¿Acaso para imponer a dioses y reyes la marca infamante de los criminales y echar sobre ellos el oprobio de la Humanidad? No; sino porque los deseos incestuosos son una primitiva herencia humana, y no habiendo sido nunca totalmente dominados, se concedía aún su satisfacción a los dioses y a sus descendientes, cuando ya la mayoría de los humanos vulgares se veía forzada a renunciar a ellos. De completo acuerdo con estas enseñanzas de la Historia y de la Mitología, hallamos aún vivo y eficiente el deseo incestuoso en la infancia individual.

«Le podía reprochar ahora haber querido al principio silenciar todo lo que acaba de exponerme sobre la sexualidad infantil. Me parece interesantísimo, precisamente por sus relaciones con la prehistoria de la Humanidad.»

Temía apartarme demasiado de nuestro fin principal. Aunque, bien pensado, creo que la digresión ha de reportarnos sus ventajas.

«Dígame ahora. ¿Qué garantía puede usted ofrecerme en apoyo de sus conclusiones analíticas sobre la vida sexual de los niños? Su firme convicción, ¿reposa tan sólo sobre la coincidencia de tales conclusiones con los datos históricos y mitológicos?»

De ningún modo. Se basa en la observación más inmediata y directa. Su proceso es el siguiente: comenzamos por deducir del análisis de adultos, o sea a una distancia de veinte a cuarenta años, el contenido de la infancia sexual. Más tarde hemos emprendido el análisis de sujetos infantiles, y no fue un triunfo despreciable el hallar confirmado en ellos todo lo que en los adultos habíamos olvidado, a pesar de las superposiciones y deformaciones sobrevenidas en el largo intervalo.

«¡Cómo! ¿Han sometido ustedes al análisis a niños de seis años? No lo hubiera creído posible y, además, me parece peligroso para esas criaturas.»

Pues no ofrece dificultades especiales. Es casi increíble lo mucho que sucede ya en un niño de cuatro a cinco años. Los niños presentan en esta edad una gran actividad espiritual; la temprana época sexual es también para ellos un período del florecimiento intelectual. Tengo la impresión de que al iniciarse el período de latencia se embota un tanto su intelecto. Muchos niños pierden también, a partir de ese momento, su atractivo físico. Ahora, por lo que respecta a los peligros del análisis infantil, puedo decirle que el primer niño con quien se arriesgó, hace ya cerca de veinte años, este experimento, es hoy un joven sano de cuerpo y de espíritu, que ha atravesado de un modo perfectamente normal el período de la pubertad, no obstante haber sufrido en su transcurso graves traumas psíquicos. Espero que así suceda con todas las demás «víctimas» del análisis infantil. En estos análisis de niños confluyen intereses muy varios, y es muy posible que en lo futuro adquieran una importancia aún mayor. Su valor para la teoría es indiscutible; proporcionan datos inequívocos sobre cuestiones que los análisis de adultos dejan indecisas y evitan así al analítico errores de graves consecuencias para su teoría. Sorprendemos en plena actividad, en estos análisis, a aquellos factores que conforman la neurosis. Ahora bien: en interés del niño, debe ser amalgamado el influjo analítico con medidas de carácter pedagógico. Esta técnica está aún por fijar. Por otro lado, la observación de que muchos niños atraviesan en su desarrollo una fase claramente neurótica da a la cuestión un vital interés práctico. Desde que hemos aprendido a ver con más penetración nos inclinamos a afirmar que la neurosis infantil no es la excepción, sino la regla, como si fuera un accidente inevitable en el camino que va de la disposición infantil a la civilización social. En la mayoría de los casos, este acceso neurótico de los años infantiles es dominado espontáneamente. Sin embargo, no puede asegurarse que no deje siempre sus huellas, incluso en el adulto de salud normal. Lo que sí es indudable es que ningún neurótico adulto deja de mostrarnos un enlace de su enfermedad actual con una neurosis infantil que en su época pudo no presentar signos muy visibles. De un modo totalmente análogo afirman hoy, según creo, los internistas que todo individuo ha padecido en su infancia una infección tuberculosa. Claro es que, con respecto a la neurosis, no puede hablarse de infección y sí solamente de predisposición.

Vuelvo ahora sobre su demanda de garantías. Le he indicado ya que la observación analítica directa de los niños nos ha demostrado en todos los casos haber interpretado acertadamente las manifestaciones de los adultos sobre su pasada infancia. Pero, además, nos ha sido dable disponer con alguna frecuencia de un distinto medio de prueba. Con auxilio del material del análisis habíamos reconstruido determinados sucesos exteriores, acontecimientos impresionantes de los años infantiles, de los cuales nada conservaba la memoria consciente de los enfermos; mas una feliz casualidad nos permitió, consultando los recuerdos de los padres o guardadores del sujeto, lograr pruebas irrecusables de que tales sucesos por nosotros deducidos habían tenido plena realidad. Este medio de prueba no se nos ha ofrecido, como es natural, más que en un número limitado de casos; pero cuando por un feliz azar hemos dispuesto de él, nos ha dejado, al confirmar nuestras deducciones, una poderosísima impresión. Ha de saber usted que la exacta reconstrucción de tales sucesos infantiles olvidados produce siempre un gran efecto terapéutico, permita o no una confirmación objetiva. Dichos sucesos deben, naturalmente, su importancia al hecho de haber tenido efecto en una época temprana, en la que podían ejercer sobre el *yo*, todavía débil, un influjo traumático.

«¿Y de qué género son estos sucesos que han de ser buscados por medio del análisis?»

Son muy diversos. En primer lugar, impresiones que fueron susceptibles de influir duraderamente sobre la vida sexual, el germen del niño, tales como la observación de actos sexuales entre adultos o experiencias sexuales propias con adultos o con otro sujeto infantil –casos más frecuentes de lo que pudiera creerse–; la audición de conversaciones que el niño entendió ya o sólo posteriormente, pero de las que creyó obtener la clave de cosas misteriosas e inquietantes; por último, expresiones o actos del propio niño que prueban una importante actitud tierna u hostil del mismo con respecto a otras personas. Es también de especial importancia hacer recordar al sujeto en el análisis su propia actividad sexual infantil, olvidada ya, y determinar la intervención de las personas adultas que puso término a tal actividad.

«Me ofrece usted ahora la sensación de dirigirle una pregunta que hace ya tiempo vengo reteniendo. ¿En qué consiste la "actividad sexual" del niño durante esta temprana época, actividad inadvertida, según me dijo antes, hasta el análisis?»

Lo singular es que la forma más regular y esencial de esta actividad sexual no había pasado inadvertida. En realidad, era imposible no verla. Los impulsos sexuales del sujeto infantil encuentran su expresión principal en la autosatisfacción por medio del estímulo de los propios genitales; en realidad, de la parte masculina de los mismos. La extraordi-

naria difusión de este «vicio» infantil ha sido conocido
siempre por los adultos, que la han considerado como un
grave pecado, persiguiéndola severamente. No me pregunte
usted cómo ha sido posible conciliar esta observación de las
inclinaciones inmorales del niño –pues los niños hacen
esto, como ellos mismos dicen, porque «les da gusto»– con
la teoría de su innata pureza. Es éste un misterio cuya solución habrá usted de pedir a los campeones de la inocencia
infantil. A nosotros se nos plantea un problema más importante: el de cómo hemos de conducirnos con respecto a la
actividad sexual de la temprana infancia. Conocemos la responsabilidad que supone yugularla, y tampoco nos decidimos a dejarla en completa libertad. En los pueblos de civilización más baja y en las capas inferiores de los civilizados
no parece ponerse obstáculo ninguno a la sexualidad infantil. Con ello se consigue, desde luego, una fuerte protección
contra la posterior adquisición por el adulto de neurosis
individuales, pero quizá también una extraordinaria pérdida de capacidad para rendimientos sociales. Todo nos dice
que nos hallamos aquí ante unas nuevas Escila y Caribdis.

Dejo ya a su juicio, con toda confianza, la resolución de si
puede afirmarse que el interés que despierta el estudio de la
vida sexual de los neuróticos puede crear una atmósfera
favorable a la voluptuosidad.

5.

«Creo penetrar su intención. Quiere usted mostrarme qué
conocimientos son necesarios para el ejercicio del análisis,
con el fin de hacerme posible juzgar si únicamente ha de
serle permitido a los médicos. Pues bien: hasta ahora no ha
surgido gran cosa privativamente médica. Mucha Psicología y algo de Biología o ciencia sexual. ¿O es que todavía
no columbramos la meta?»

Desde luego, no. Quedan aún muchas lagunas por llenar. ¿Me permite usted un ruego? ¿Quiere usted describirme cómo se imagina usted ya un tratamiento psicoanalítico? Supóngase que tiene que encargarse ahora mismo de un enfermo.

«Esta bien. No entra, desde luego, en mis cálculos resolver la cuestión que nos ocupa por medio de tal experimento. Pero no he de resistirme a su petición. De todos modos, sería usted el responsable... Así pues, suponga que el enfermo acude a mí y me cuenta sus cuitas. Yo le prometo la curación, o por lo menos algún alivio, si se presta a seguir mis indicaciones, y le invito a manifestarse con plena sinceridad todo lo que surja en su pensamiento, no apartándose de esta norma aun cuando se trate de algo que le resulte desagradable comunicar. ¿Me he aprendido bien esta regla primera?»

Sí; pero habrá usted de añadir que tampoco deberá silenciar lo que le parezca insignificante o falto de sentido.

«Es cierto. Entonces comienza el enfermo a relatar y yo a escucharle. De sus manifestaciones deduzco cuáles son los sucesos, los impulsos optativos y las impresiones que ha reprimido por haber sobrevenido en una época en la que su *yo* era aún débil y los temía, no osando afrontarlos. Una vez impuesto el paciente de esta circunstancia, se transporta a las situaciones en que tales represiones tuvieron efecto, y rectifica con mi ayuda los pasados procesos defectuosos. Desaparecen entonces las limitaciones a las que se veía forzado su *yo*, y queda éste reconstituido. ¿Es así?»

¡Bravo! Veo que pueden de nuevo hacerme el reproche de haber formado un analítico de persona ajena a la profesión médica. Se ha asimilado usted perfectamente la cuestión.

«No he hecho más que repetir lo oído, como quien recita una lección aprendida de memoria. Resulta así que no puedo representarme siquiera cómo me las arreglaría ante el enfermo, ni comprendo tampoco por qué tal labor habría de exigirme, durante meses y meses, una hora diaria. Por lo general, la vida de un hombre corriente no está llena de sucesos que su relato haya de ser tan largo, y, por otra parte, aquello que en la niñez sucumbe a la depresión debe de ser probablemente idéntico en todos los casos.»

Lo que sucede es que el ejercicio real y verdadero del análisis enseña muchas cosas. Así, no habría de serle a usted tan fácil como quizá piensa deducir de las manifestaciones del paciente los sucesos por él vividos y los impulsos instintivos que no hubo de reprimir. Tales manifestaciones tendrían al principio, para usted, tan poco sentido como para el propio enfermo. Habrá usted, pues, de dedicarse a considerar de una manera especial el material que el enfermo le proporciona, obediente a la regla primordial del análisis. Habrá usted de considerarlo, por ejemplo, como un mineral del que hay que extraer, por medio de determinados procedimientos, el valioso metal que contiene y se preparará entonces a elaborar muchas toneladas de mineral que sólo contienen, quizá, algunos gramos de la preciosa materia buscada. Ésta sería la primera causa de la larga duración de la cura.

«Pero siguiendo su comparación, ¿cómo se elabora tal materia prima?»

Suponiendo que las comunicaciones y ocurrencias del enfermo no son sino deformaciones de lo buscado, alusiones por las cuales ha de adivinar usted lo que se esconde detrás. En una palabra: ante todo, tiene usted que *interpretar* el material dado, trátese de recuerdos, ocurrencias o sueños. Esta interpretación ha de llevarse a cabo naturalmente, atendiendo a aquellas hipótesis que su conocimiento de la materia le haya ido sugiriendo mientras escuchaba al enfermo.

«¡Interpretar! No me gusta esa palabra, que me quita toda posible seguridad. Si todo depende de mi interpretación, ¿quién me garantiza que interpreto con acierto? Todo queda ya abandonado a mi arbitrio.»

Exagera usted. ¿Por qué excluir sus propios procesos anímicos de la normatividad que reconoce usted a los del prójimo? Si usted ha logrado adquirir cierta disciplina de sus propios actos mentales y dispone de determinados conocimientos, sus interpretaciones no quedarán influidas por sus cualidades personales, y serán aceptadas. No quiere esto decir que para la buena marcha de esta parte del tratamiento sea indiferente la personalidad del analítico. Por el contrario, para llegar hasta lo inconsciente reprimido es preciso cierta penetración, que no todo el mundo posee en igual medida. Pero, ante todo, surte en este punto, para el analítico, la obligación de capacitarse por medio de un profundo análisis propio para acoger sin perjuicio alguno el material analítico. Ciertamente, queda algo que puede compararse a la «ecuación personal» en las observaciones astronómicas: un factor individual, que siempre desempeñará en el psicoanálisis un papel más importante que en otra cualquier disciplina. Un hombre anormal, por muy estimables que sean sus conocimientos, no podrá nunca ver sin deformación, en el análisis, las imágenes de la vida psíquica, pues se lo impedirán sus propias anormalidades. Ahora bien, como no es posible probar a nadie sus anormalidades, ha de ser muy difícil alcanzar en las cuestiones de la psicología abismal un acuerdo general. Algunos psicólogos llegan incluso a juzgar vana toda esperanza en este sentido, y declaran que todo loco tiene derecho a presentar como sabiduría su locura. Por mi parte, soy más optimista. Nuestras experiencias nos muestran, en efecto, que también en Psicología es posible llegar a acuerdos bastante satisfactorios. Cada sector de investigación presenta dificultades propias, que hemos de esforzarnos en eliminar. Por último, también en el arte interpretativo del análisis hay, como en otras materias del saber, algo que puede ser estudiado y aprendido; por ejemplo, todo lo referente a la singular representación indirecta por medio de símbolos.

«Crea usted que no siento ya deseo alguno de comprender, ni siquiera en imaginación, un tratamiento psicoanalítico. ¿Quién sabe las sorpresas que me aguardarían?»

Hace usted bien en renunciar de antemano a tal intento. Va usted viendo ya cuánto estudio y cuánta práctica habrían de serle previamente necesarios. Pero sigamos. Una vez halladas las interpretaciones exactas, se plantea una nueva labor. Tiene usted que esperar al momento propicio para comunicar al paciente, con alguna probabilidad de éxito, su interpretación.

«¿Y cómo reconocer en cada caso este momento favorable?»

Es cuestión de cierto tacto, que la experiencia puede llegar a afinar considerablemente. Cometería usted un grave error velando en el acto al paciente sus interpretaciones con el fin, por ejemplo, de abreviar el análisis. Con ello sólo conseguiría usted provocar manifestaciones de resistencia, repulsa e indignación, sin lograr, en cambio, que el *yo* del sujeto se apoderase de lo reprimido. La consigna es esperar hasta que el *yo* se encuentre tan cerca de tales elementos que sólo necesite dar ya, guiado por nuestra propuesta de interpretación, algunos, muy pocos pasos.

«No creo que llegase jamás a aprender tan difícil táctica. Y una vez seguidas en la interpretación todas esas reglas de precaución, ¿qué pasa?»

Que descubre usted algo totalmente inesperado.

«¿El qué?»

Descubre usted que se ha equivocado por completo con respecto al paciente, que ya no puede usted contar con su colaboración ni con su docilidad, que se muestra dispuesto a oponer a la labor común toda clase de dificultades; en una palabra: que no quiere ya recobrar la salud.

«¡Cómo! Hasta ahora no le había oído a usted nada tan absurdo. No puedo creerlo. De manera que el pobre enfermo, que da muestras de sufrir tanto y se impone grandes sacrificios en pro del tratamiento, ¿no quiere ya la salud? Por fuerza no es esto lo que usted quiere decir.»

Tranquilícese usted. Lo que acabo de afirmar es la pura verdad. No toda la verdad, ciertamente, pero sí una parte muy considerable de ella. El enfermo quiere recobrar la salud, pero también, y al mismo tiempo, la rechaza. Su *yo* ha perdido la unidad, y de este modo no llega a construir voliciones unitarias. Si así no fuese, no existiría la enfermedad neurótica.

Las ramificaciones de lo reprimido han penetrado en su *yo,* afirmándose en él, y sobre las tendencias de este origen posee el *yo* tan poco dominio como sobre los mismos elementos reprimidos, no sabiendo tampoco, por lo general, nada de ellas. Los enfermos de esta clase pertenecen a un orden especial y oponen dificultades con las cuales no estamos habituados a contar. Todas nuestras instituciones sociales están constituidas para personas con un *yo* unitario, normal, al que se puede clasificar de bueno o malo y que llena su función o es excluido de ella por una influencia más poderosa. De aquí la alternativa legal de responsable o irresponsable. Nada de esto puede aplicarse a los neuróticos. Ha de confesarse que resulta difícil adaptar las exigencias sociales a su estado psicológico. Esta dificultad ha sido comprobada en gran medida durante la última guerra. Los neuróticos que se sustraían al servicio militar, ¿eran o no simuladores? Lo eran y no lo eran. Cuando se les trataba como simuladores y se les hacía bien incómoda su situación de enfermos, se ponían buenos. Y cuando se les mandaba, aparentemente restablecidos, al servicio volvían a refugiarse rápidamente en la enfermedad. No había medio de conseguir algo de ellos. Pues bien: lo mismo sucede con los neuróticos de la vida civil. Se lamentan de su enfermedad, pero sacan de ella las mayores ventajas posibles, y cuando se les quiere arrebatar, la defienden como la leona de la fábula a su cachorro. Claro es que no tendría sentido alguno reprocharles tal contradicción.

«¿No sería entonces lo mejor prescindir de todo tratamiento de tales individuos y dejarlos abandonados a sí mismos? No creo que merezca la pena derrochar con cada uno
de ellos el esfuerzo que, según voy viendo por sus indicaciones, exige el proceso terapéutico.»

Me es imposible agregarme a su propuesta. Creo mucho
más acertado aceptar las complicaciones de la vida que
rebelarse contra ellas. No todos los neuróticos que tratamos
son, quizá, dignos del esfuerzo exigido por el análisis, pero
sí hay entre ellos personalidades muy estimables. Hemos de
proponernos, pues, que el número de individuos que afron-
te la vida civilizada con tan endeble armadura sea lo más
pequeño posible, y para conseguirlo habremos de reunir
muchas cosas. Cada uno de nuestros análisis puede apor-
tarnos nuevos esclarecimientos, instruyéndonos así, independientemente del valor personal del enfermo.

«Pero si en el *yo* del enfermo se ha formado un impulso
volitivo que quiere conservar la enfermedad, ello habrá de
tener también su justificación y obedecer a razones y motivos determinados. Ahora bien: no veo por qué puede un
hombre desear seguir enfermo ni qué ventaja puede repre-
sentarle.»

Pues no es tan difícil. Piense usted en los neuróticos a
quienes su enfermedad libraba de ir al frente durante la guerra. En la vida civil, la enfermedad puede servir para disculpar la propia insuficiencia en el ejercicio profesional y en
la competencia con otros. Por último, en la vida familiar
constituye un medio de imponer la propia voluntad y obligar a los demás a sacrificarse y a extremar sus pruebas de
afecto. Todo esto que reunimos bajo el calificativo general
de «ventajas de la enfermedad» es fácilmente visible. Lo
único singular es que el *yo* del enfermo no tiene la menor
noticia del enlace de tales motivos con los actos que lógicamente se derivan de ellos. El influjo de estas tendencias se
combate forzando al *yo* a darse cuenta de ellas. Pero hay aún

otros motivos más profundos del mismo orden, menos fáciles de combatir. Ahora bien: sin una nueva excursión a la teoría psicológica no es posible llegar a su comprensión.

«Adelante, pues. Un poco más de teoría no puede ya imponerme.»

Al explicar la relación entre el *yo* y el *ello* silencié una parte muy importante de la teoría del aparato anímico. Consiste ésta en habernos visto obligados a admitir que dentro del mismo *yo* se ha diferenciado una instancia especial, a la que damos el nombre de *super-yo*. Este *super-yo* ocupa una situación especial entre el *yo* y el *ello*. Pertenece al *yo*, participa de su elevada organización psicológica, pero se halla en relación muy íntima con el *ello*. Es, en realidad, el residuo de las primeras cargas de objeto del *ello*, el heredero del complejo de Edipo después de su abandono. Este *super-yo* puede oponerse al *yo*, tratarlo como un objeto, y lo trata, en efecto, muy frecuentemente, con gran dureza. Para el *yo* es tan importante permanecer en armonía con el *super-yo* como con el *ello*. Las disensiones entre el *yo* y el *super-yo* tienen una gran importancia para la vida anímica. Adivinará usted ya que el *super-yo* es el sustentáculo de aquel fenómeno al que damos el hombre de conciencia moral. Para la salud anímica es muy importante que el *super-yo* se halle normalmente desarrollado; esto es, que haya llegado a ser suficientemente impersonal, cosa que precisamente no sucede en el neurótico, cuyo complejo de Edipo no ha experimentado la transformación debida. El *super-yo* del neurótico se enfrenta aún con el *yo* como el severo padre con el hijo, y su moralidad actúa de un modo primitivo, haciendo que el *yo* se deje castigar por el *super-yo*. La enfermedad es usada como medio de este «autocastigo» y el neurótico se ve forzado a conducirse como si le dominase un sentimiento de culpabilidad, que exigiese, para su satisfacción, la enfermedad como castigo.

«Un tanto misterioso resulta todo eso. Especialmente el que este poderío de su conciencia moral permanezca ignorado para el enfermo.»

Si mi exposición le ha parecido un tanto oscura es porque hasta ahora no hemos empezado a darnos cuenta de la significación de todas estas importantes relaciones. Mas ahora puedo ya continuar. A todas aquellas fuerzas que se oponen a nuestra labor terapéutica les damos el nombre común de «resistencias» del enfermo. La «ventaja de la enfermedad» es la fuente de una de tales resistencias, y el «sentimiento de culpabilidad» inconsciente representa la resistencia del *super-yo,* siendo el factor más poderoso y el más temido por nosotros. En el transcurso de la cura tropezamos aún con otras distintas resistencias. Así, cuando en su temprana época de debilidad ha llevado a cabo el *yo,* impulsado por un miedo incoercible, una represión, tal miedo sigue subsistiendo y se exterioriza en forma de resistencia al tratar de aproximar el *yo* a lo reprimido. Por último, es natural que surjan dificultades cuando se intenta desviar hacia el nuevo camino abierto por el análisis un proceso instintivo que durante decenios enteros ha seguido una determinada ruta. Esta última resistencia es la resistencia del *ello.* El combate contra todas estas resistencias constituye nuestra labor capital durante la cura analítica y excede mucho en importancia a la labor de interpretación. Mas con esa lucha y con el vencimiento de las resistencias queda el *yo* del enfermo tan modificado y robustecido que podemos abrigar ya plena confianza en su futura conducta, después de terminada la cura. Irá usted comprendiendo ya por qué el tratamiento ha de resultar tan largo. La longitud del camino de desarrollo y la riqueza del material no son lo decisivo. Lo que importa es que el camino esté libre. Un trayecto que en tiempo de paz recorre el ferrocarril en un par de horas puede costar semanas enteras a un ejército si tiene que ir venciendo la resistencia del enemigo. Tales combates necesitan tiempo también en la vida anímica. Todas las tentativas realizadas hasta el día para apresurar la cura analítica han fracasado. El mejor medio de abreviarla es desarrollarla correctamente.

«Si alguna vez se me hubiese ocurrido hacerle la competencia y emprender por mi cuenta un análisis, su exposición de las resistencias me haría desistir más que aprisa. Pero ¿y la influencia personal que, según confesión de usted, ejerce el analítico? ¿No ayuda también a vencer las resistencias?»

Su pregunta viene muy a punto. Tal influencia personal es el alma dinámica más poderosa que poseemos; es un elemento nuevo que introducimos en la situación y que nos sirve para darle un gran impulso hacia su desenlace. El contenido intelectual de nuestros esclarecimientos no puede tener esta eficacia, pues el enfermo, que comparte los prejuicios generales, no tiene por qué darnos más crédito que a nuestros críticos científicos. El neurótico presta su colaboración porque tiene fe en el analítico, y esta fe depende de una especial actitud sentimental con respecto a él, que va constituyéndose durante la cura. Tampoco el niño cree sino a aquellos a quienes quiere. Ya le dije para qué utilizamos esta influencia «sugestiva» tan importante. No para yugular los síntomas –y esto es lo que diferencia el método analítico de otros procedimientos psicoterápicos–, sino como fuerza impulsiva para mover el *yo* a vencer sus resistencias.

«Y conseguido esto, marcha ya todo satisfactoriamente, ¿no?»

Así debería ser. Pero, en realidad, surge aquí una inesperada complicación.

La mayor sorpresa, quizá, del analítico ha sido comprobar que los sentimientos nacidos en el paciente, con relación a su persona, son de un orden particularísimo. Ya el primer médico que intentó un análisis –no fui yo– tropezó con este fenómeno, que hubo de desorientarle por completo. Tales sentimientos son –para decirlo claramente– de carácter amoroso. Y lo más singular es que el analítico no hace, naturalmente, nada para provocar dicho enamoramiento, manteniéndose, por el contrario, fuera de su relación profesional, distante y reservado. Pero el extraño sentimiento amoroso del enfermo prescinde de todo y no tiene en cuenta circunstancia real ninguna, sobreponiéndose a todas las condiciones de atractivo, sexo, edad y posición. Trátase así de un amor absolutamente *incondicional*, carácter que también presenta en muchos casos el enamoramiento espontáneo, pero que en la situación analítica surge siempre, en primer lugar, sin existir en ella nada que pueda explicarlo racionalmente. Lógicamente, la relación entre el analítico y el paciente no debía despertar en éste más sentimiento que una cierta medida de respeto, confianza, agradecimiento y simpatía. Pero en lugar de todo esto surge el enamoramiento con caracteres que le dan el aspecto de un fenómeno patológico.

«Claro es que ese enamoramiento no puede ser sino favorable a los propósitos analíticos, pues el amor supone docilidad y obediencia al sujeto amado.»

Así es, en efecto, al principio. Pero más tarde, cuando el amor ha ganado en profundidad, descubre todos sus especiales caracteres, muchos de los cuales son incompatibles con la labor analítica. El amor del paciente no se contenta con obedecer, sino que se hace exigente, demanda satisfacciones afectivas y sensuales, aspira a la exclusividad, desarrolla celos y muestra cada vez más claramente su reverso, esto es, su disposición a convertirse en hostilidad y deseo de venganza si no puede alcanzar sus propósitos. Simultáneamente, se antepone, como todo enamoramiento, los restantes contenidos psíquicos y suprime el interés por el tratamiento y por la curación. En una palabra, nos prueba haberse sustituido a la neurosis, resultando así que nuestra labor ha obtenido el singular resultado de reemplazar una forma patológica por otra diferente.

«Resultando verdaderamente desconsolador. ¿Qué hacer entonces? ¿Renunciar al análisis? Pero si este fenómeno se da, como usted dice, en todos los casos, no habría análisis posible.»

Vamos primero a ver si de la situación planteada podemos extraer enseñanzas que nos ayuden luego a dominarla. Ante todo, ¿no es ya muy interesante el hecho de haber llegado a transformar una neurosis de un contenido cualquiera en un estado de enamoramiento patológico?

Nuestra convicción de que en el fondo de toda neurosis existe una magnitud de vida erótica anormalmente utilizada queda inconmoviblemente fortalecida con esta experiencia, y sintiéndonos así de nuevo sobre un terreno firme, nos arriesgamos a tomar el enamoramiento mismo como objeto del análisis. No en todos los casos se exterioriza el enamoramiento analítico tan clara y visiblemente como antes he intentado describirlo. ¿A qué obedece esta diferencia? Pronto lo vemos. En igual medida que intentan mostrarse los elementos sensuales y hostiles de su enamoramiento, despierta también la resistencia del paciente contra los mismos. Bajo nuestros ojos, lucha con ellos e intenta reprimirlos. Esta lucha nos da la clave del proceso. El paciente repite, bajo la forma de su enamoramiento, sucesos anímicos por los que ya pasó una vez –*ha transferido* sobre el analítico actitudes que se hallaban prontas en él, íntimamente enlazadas con la génesis de la neurosis–. Asimismo repite ante nosotros sus antiguos actos de defensa, y quisiera repetir en su relación con el analítico todos los destinos de aquel pretérito período de su vida, caído para él en el más absoluto olvido. Lo que nos muestra es, por tanto, el nódulo de la historia íntima de su vida, *reproduciéndolo palpablemente como presente, en lugar de recordarlo*. Con esto queda resuelto el enigma del amor de transferencia, y puede ser continuado el análisis, precisamente con ayuda de la nueva situación, que tan amenazadora parecía.

«Es el colmo del refinamiento. Pero ¿y el enfermo? ¿Da crédito a la afirmación de que, en realidad, no se halla enamorado, sino forzado a repetir un lejano pretérito?»

De ello depende ya todo, y para conseguirlo es necesaria una gran habilidad en el manejo de la transferencia. Es éste el punto en que más indispensable se hace un perfecto dominio de la técnica analítica. En él puede el analítico cometer los más graves errores o asegurarse los mayores éxitos. La tentativa de eludir las dificultades, yugulando o descuidando la transferencia, sería insensata. Todo lo hecho hasta entonces, por mucho que fuese, no merecería siquiera ser considerado como un análisis. Tampoco sería muy sensato despedir al enfermo en cuanto comienzan a surgir los inconvenientes de su neurosis de transferencia, constituyendo, además, una cobardía equivalente a la de conjurar a los espíritus y salir corriendo cuando se presentasen. Sin embargo, hay ocasiones en las que no queda otro camino. Se dan, en efecto, casos en los que resulta imposible dominar la transferencia desencadenada, y entonces se hace preciso suspender el análisis, pero no sin haber luchado antes a brazo partido con los malos espíritus. Ceder a las exigencias de la transferencia y cumplir los deseos de satisfacción afectiva y sensual del paciente sería, en primer lugar, contrario a toda consideración moral, y en segundo, completamente insuficiente como medio técnico para conseguir el propósito analítico. El neurótico no puede quedar curado porque se le facilite simplemente la repetición, no corregida, de un clisé inconsciente preparado en él. Si nos dejamos llevar a una transacción con el enfermo, ofreciéndole satisfacciones parciales a cambio de su colaboración al tratamiento, habremos de tener buen cuidado de no acabar en la ridícula situación de aquel religioso que quiso emprender la conversión de un agente de seguros: el agente no se convirtió, pero, en cambio, el religioso quedó asegurado contra toda clase de riesgos. La única solución posible de la transferencia es la regresión del pasado del enfermo, tal y como éste lo vivió o en la forma en que lo haya conformado la actividad cumplidora de deseos de su fantasía.

Y esto exige del analítico una gran dosis de habilidad, paciencia, serenidad y abnegación.

«Dígame ahora: ¿cuándo y cómo ha vivido el enfermo aquello que constituye el prototipo de su amor de transferencia?»

En su infancia y dentro de su relación con el padre o la madre. Recordará usted cuánta importancia concede a estas tempranas relaciones afectivas. Aquí viene a cerrarse el círculo.

«¿Ha terminado usted ya? Confieso que se me va un poco la cabeza, de tantas cosas nuevas como le he oído. Sin embargo, quisiera saber todavía dónde y cómo se aprende lo necesario para el ejercicio del análisis.»

Actualmente existen dos institutos en los que se enseña el psicoanálisis. El primero ha sido establecido en Berlín por el doctor Max Eitingon, miembro de la Asociación Psicoanalítica de dicha capital. El segundo radica en Viena y es sostenido, a costa de considerables sacrificios, por la propia Asociación Psicoanalítica Vienesa. La colaboración de las autoridades oficiales se limita, por ahora, a suscitar toda aquella serie de dificultades que es costumbre oponer a las empresas jóvenes. Muy en breve se inaugurará en Londres, por la asociación de allí, un tercer instituto de enseñanza, dirigido por el doctor E. Jones. En estos establecimientos los candidatos son sometidos, como condición previa, al análisis. Reciben enseñanzas teóricas por medio de conferencias sobre todas las materias que pueden interesarles, y son auxiliados y vigilados por antiguos analíticos experimentados cuando se les considera ya con capacidad para comenzar a encargarse de algunos análisis, en casos fáciles. La duración de estos estudios es, aproximadamente, de dos años. Claro está que al cabo de este tiempo no se es todavía ningún maestro y sí sólo un principiante. Lo que falta habrá de ser adquirido por la práctica y por el cambio de ideas en las asociaciones psicoanalíticas, en las cuales los miembros jóvenes se reúnen con otros más experimentados. La preparación para la labor psicoanalítica no es, ciertamente, sencilla: el trabajo es duro y grande la responsabilidad. Pero aquel que ha seguido las enseñanzas descritas ha sido objeto, a su vez, de un análisis, se ha asimilado todo lo que hoy puede saberse en psicología de lo inconsciente, ha estudiado la ciencia de la vida sexual y ha aprendido la espinosa técnica del psicoanálisis, la interpretación, la manera de luchar contra la resistencia y el manejo de la transferencia, aquél *no es ya ningún profano en el terreno del psicoanálisis.*

Por el contrario, se halla perfectamente capacitado para emprender el tratamiento de las perturbaciones neuróticas, y con el tiempo dará en esta labor todo el rendimiento que puede exigirse de nuestra terapia.


6.


«Se ha tomado usted el trabajo de explicarme qué cosa es el psicoanálisis y cuáles son los conocimientos necesarios para practicarlo con probabilidades de éxito. Está bien y no me arrepiento de haberle escuchado. Pero lo que no se me alcanza aún es la influencia que usted espera haber ejercido sobre mis opiniones. Sigo viendo ante mí un caso que no tiene nada de extraordinario. La neurosis es una enfermedad especial y el análisis un método especial de tratarla, o sea una especialidad médica. Por otro lado, es regla general que un médico que ha escogido un sector especial de la Medicina no se satisfaga con los conocimientos de los que certifica su título oficial. Sobre todo cuando se propone ejercer en una gran ciudad, donde sólo los especialistas pueden tener algún porvenir. Aquel que quiere ejercer Cirugía procurará practicar durante algunos años en una clínica quirúrgica. Igual conducta seguirá el oculista, el laringólogo, etc. Por lo que respecta al psiquiatra, es muy probable que permanezca toda su vida ligado a un establecimiento del Estado o a un sanatorio. Pues bien: con el analítico sucederá lo mismo. Aquel que se resuelva a dedicarse a esta nueva especialidad ingresará, al terminar sus estudios, en alguno de los institutos psicoanalíticos de que antes hablamos y permanecerá en él los dos años que usted juzga necesarios para iniciarse en la técnica del análisis. Luego, dándose cuenta de las ventajas que puede ofrecerle el contacto con otros analíticos más experimentados, frecuentará las asociaciones psicoanalíticas e irá así completando su formación. Pero nada de esto se aparta de las normas generales y no veo surgir por ningún lado el problema del análisis profano.»

El médico que siga el camino trazado por usted será acogido por nosotros con los brazos abiertos. Por otro lado, las cuatro quintas partes de las personas a las que conozco como discípulos míos pertenecen a dicha profesión. Pero me va usted a permitir exponerle cuál ha sido hasta ahora la actitud de los médicos ante el análisis y qué aspecto tomará probablemente tal actitud en lo futuro. Los médicos no pueden alegar en modo alguno un derecho histórico a la exclusividad en el ejercicio del análisis, pues hasta hace muy poco ha empleado contra él toda clase de armas, desde la leve ironía hasta las más graves calumnias. Me responderá usted, con razón, que todo esto pertenece al pasado y no tiene por qué influir en el porvenir. De acuerdo; pero temo mucho que este porvenir ha de ser muy distinto de lo que usted predice.

Me va usted a permitir que dé a la palabra curandero un sentido más exacto que el que le atribuye la ley. Para ésta, *curandero* es todo aquel que trata enfermos sin hallarse en posesión del título médico oficial. Para mí, sólo puede llamarse curandero a quien emprende un tratamiento sin poseer los conocimientos y la capacidad indispensables para llevarlo a cabo. Basándome en esta definición, he de atreverme a afirmar que con referencia al análisis, y no sólo en los países europeos, la mayoría de los médicos merecen el dictado de curanderos. Practican, en efecto, el tratamiento analítico sin haberlo estudiado ni comprenderlo.

Será útil objetarme que no cree usted capaces a los médicos de una conducta tan falta de conciencia y argüirme que un médico sabe muy bien que su título no es una patente de corso, debiendo, por tanto, suponerse siempre su buena fe, aunque haya incurrido en un error. Los hechos confirman constantemente mi anterior afirmación, y lo más que puedo concederle es que pueda encontrárseles una explicación conforme a sus juicios. Voy a intentar demostrarle cómo es posible que en las cuestiones referentes al psicoanálisis se conduzca un médico de un modo que evitaría cuidadosamente en cualquier otro terreno.

A este respecto ha de tenerse en cuenta que el médico recibe en las aulas una educación casi opuesta a lo que exigía una preparación al psicoanálisis. Su atención es orientada hacia hechos anatómicos, físicos y químicos, subjetivamente determinables, de cuya exacta comprensión e influencia apropiada depende el éxito de la intervención médica. Se aproxima a su círculo visual el problema de la vida, en cuanto hasta ahora hemos llegado a explicárnoslo por el juego de las fuerzas observables también en la naturaleza anorgánica. En cambio, no se despierta su interés por las facetas anímicas de los fenómenos vitales. El estudio de las funciones psíquicas superiores no interesa a la Medicina. Es el objeto de otra distinta facultad. La Psiquiatría debería ocuparse, por su parte, de las perturbaciones de las funciones anímicas, pero ya sabemos en qué forma y con qué intenciones lo hace. Busca las condiciones físicas de las perturbaciones psíquicas y las trata como otros motivos de enfermedad.

La Psiquiatría tiene razón al obrar así, y la formación médica es excelente. Al afirmar que es unilateral es preciso antes fijar el punto de vista desde el cual se convierte esta característica en un reproche. En sí toda ciencia es unilateral, y tiene que serlo necesariamente, por cuanto ha de limitarse a determinados contenidos, métodos y puntos de vista. Constituiría un contrasentido, en el cual no quiero participar, rebajar una ciencia para ensalzar otra. La Física no quita valor a la Química. No puede sustituirla ni ser tampoco sustituida por ella. El psicoanálisis es también, desde luego, especialmente unilateral como ciencia de lo psíquico inconsciente. Así pues, no puede negarse a las ciencias médicas el derecho a la unilateralidad.

El punto de vista buscado se nos muestra cuando pasamos de la disciplina médica científica a la medicina práctica. El hombre enfermo es un ser complicado y nos advierte que tampoco los fenómenos psíquicos, tan difícilmente aprehensibles, pueden ser borrados del cuadro de la vida. El neurótico constituye una complicación indeseada para la Medicina, tanto como para los tribunales de justicia o para el servicio militar. Pero existe, y compete muy especialmente a la Medicina. Ahora bien: la formación médica universitaria no proporciona medio ninguno para su estudio ni para su tratamiento. Dada la íntima conexión entre las cosas que diferenciamos en físicas y psíquicas, puede predecirse que llegará un día en que se abrirán caminos de conocimientos, y es de esperar que también de influjo, desde la biología de los órganos y la química hasta el campo de fenómenos de las neurosis. Este día parece aún lejano, y por ahora tales estados patológicos no son inaccesibles desde el sector médico.

La situación sería aún soportable si la formación académica de los médicos se limitase a impedirles orientarse hacia el terreno de las neurosis. Pero es que, además, los sitúa en una posición falsa y perjudicial. Los médicos, cuyo interés por los factores psíquicos de la vida no ha sido despertado, resultan así predispuestos a no darles la importancia debida y a motejarlos de ajenos a la ciencia. De este modo, no llegan a tomar en serio su manejo ni se dan cuenta de las obligaciones que de ellos se derivan. Caen en una profana falta de respeto a la investigación psicológica, y se facilitan así considerablemente su labor. Los neuróticos han de ser sometidos a tratamiento, porque son enfermos y porque acuden al médico. Con ellos ha de intentarse cada vez algo nuevo. Mas ¿para qué imponerse el trabajo de una larga preparación? Probablemente sería inútil y, además, ¿quién sabe si las enseñanzas de los institutos psicoanalíticos tienen algún valor? De este modo, cuanto más ignorantes son los médicos en esta materia, más emprendedores se sienten. Sólo el que sabe la verdad es modesto, pues se da cuenta de lo insuficiente de su saber.

Así pues, la comparación de la especialidad analítica con otros sectores médicos, opuesta por usted como argumento contra mis alegaciones, cae completamente por su base. Para la Cirugía y otras especialidades, ofrece la misma enseñanza académica la posibilidad de una más amplia formación. Los institutos analíticos son escasos en número, jóvenes en años y carecen de autoridad. La escuela médica no los ha reconocido ni se ocupa de ellos. Así, el médico joven que ha tenido que aceptar de sus maestros a ojos cerrados tantas cosas y no ha hallado ocasiones de educar su juicio propio, acogerá con gusto la ocasión de desempeñar, por fin, el papel de crítico en un sector en el que no existe aún ninguna autoridad reconocida.

Existen todavía otras circunstancias favorables a su actuación como curandero analítico. Si intenta practicar operaciones de la vista sin la suficiente preparación, el mal éxito de sus intervenciones alejaría pronto a los pacientes de su clínica, poniendo así término a su atrevimiento. En cambio, el ejercicio del análisis le será mucho menos peligroso.

El público está acostumbrado a que las operaciones de la vista tengan, en general, un resultado feliz y espera siempre la curación. Por el contrario, nadie extraña que el «neurólogo» no logre restablecer a sus pacientes. Los resultados de la terapia de los enfermos nerviosos no han llegado aún a «acostumbrar mal» a la gente y ésta se satisface con poder decir que el doctor «se ha tomado mucho trabajo» con el paciente. No cabría hacer más, y sólo la naturaleza o el tiempo pueden traer el remedio. Así, cuando se trata de una enferma, se espera el remedio primero de la menstruación; luego, del matrimonio, y más tarde, de la menopausia. Al fin, lo que verdaderamente viene a poner remedio es la muerte. Por otro lado, lo que el analítico ha llevado a cabo con el enfermo nervioso es tan discreto, que no puede dar motivos de reproche. No ha empleado con él instrumentos ni medicinas; no ha hecho más que conversar con él y sugerirle algo o disuadirle de algo. Esto no puede perjudicar al enfermo, sobre todo cuando en el diálogo se ha evitado tocar temas penosos o excitantes. El médico analítico que ha eludido una severa enseñanza técnica no dejará, en cambio, de ceder a la tentación de mejorar el método del psicoanálisis, limando sus asperezas para hacerle agradable al enfermo. Si limita a esto su tentativa, todavía podrá considerarse dichoso, pues si realmente ha osado despertar resistencias y no sabe luego cómo combatirlas, podrá perder toda la simpatía del paciente.

La equidad nos obliga a confesar que la actividad del analítico ignorante es también más inofensiva para el enfermo que la del operador imperito. El daño producido se limita a haber impulsado al enfermo a un esfuerzo inútil con el que desaparecen o disminuyen sus posibilidades de curación, aparte del descrédito que el merecido fracaso puede arrojar injustamente sobre la terapia analítica. Todo ello es harto indeseable, pero no admite comparación con los daños que puede causar el bisturí del cirujano inexperto. Tampoco es de temer, a mi juicio, que la práctica ignorante del análisis produzca una agravación duradera del estado patológico. Al lado de los traumas que la vida ha ocasionado al sujeto y han motivado su enfermedad, nada significa la torpeza médica. Sólo queda el hecho lamentable de haber sometido al paciente a un tratamiento inapropiado, que no ha podido serle beneficioso.

«He escuchado su descripción del curandero titulado en el ejercicio del análisis, sin interrumpirle, pero no sin experimentar la impresión de que se halla usted dominado por una intensa hostilidad contra la clase médica, hostilidad para cuya explicación histórica ya me mostró usted antes el camino. De todos modos, he de concederle que si han de hacerse análisis, habrá de ser por personas fundamentalmente preparadas para ello. Ahora bien: ¿no cree usted que los médicos que en lo futuro decidan dedicarse a esta especialidad harán todo lo posible para asimilarse tal preparación?»

Temo que no. Mientras las relaciones entre la enseñanza académica y los institutos analíticos no varíen, la tentación de facilitarse el trabajo continuará haciendo sucumbir a los médicos.

«Lo que veo es que hasta este momento va eludiendo usted consecuentemente toda manifestación directa sobre la cuestión del análisis profano. ¿He de entender ahora que, vista la imposibilidad de ejercer un control sobre los médicos que quieran practicar el análisis, propone usted, en venganza y para castigarlos, que se los despoje del monopolio del análisis, abriendo también esta actividad médica a los profanos?»

No sé si ha llegado usted a darse perfecta cuenta de mis motivos. Quizá más adelante pueda presentarle el testimonio de que mi verdadera actitud es mucho menos parcial. Lo que exijo es que *no pueda ejercer el análisis nadie que no haya conquistado, por medio de una determinada prepara-*

*ción, el derecho a una tal actividad.* Que tales personas sean o no médicos, me parece secundario.

«¿Cuáles serían entonces, con precisión, las condiciones exigidas?»

Es ésta una cuestión que no he precisado aún, ni sé si llegaré a determinar. Por ahora quisiera tratar con usted otro tema distinto, para lo cual he de comenzar tocando un determinado punto. Se dice que las autoridades competentes van a prohibir en general a los profanos, obedeciendo a exhortaciones de la clase médica, el ejercicio del análisis. Esta prohibición alcanzaría también a los miembros no médicos de la Asociación Psicoanalítica, personas que poseen una excelente preparación, perfeccionada ya por la práctica. Si tal prohibición se lleva a efecto, resultará que se impide el ejercicio de una actividad a personas de las que se está convencido que la pueden ejercer a la perfección, dejando, en cambio, libre el camino a otras que carecen en absoluto de garantías. No es éste, ciertamente, el resultado que una ley puede proponerse conseguir. Además, el especial problema planteado por el análisis profano no es ni tan urgente ni tan difícil de resolver. Trátase de un puñado de personas a quienes la prohibición no habría de causar graves daños. Probablemente emigrarían a Alemania, donde, libres de toda traba legal, encontrarían pronto el reconocimiento de su valía. Pero si se quiere ahorrarles todo esto y suavizar en su favor la dureza de la ley, no será difícil hacerlo apoyándose en conocidos precedentes. En el Austria monárquica se han dado repetidos casos de concederse a curanderos notorios autorización para ejercer la actividad médica, por constar evidentemente su perfecta capacidad. En estos casos, se trataba generalmente de personas residentes en pueblos y aldeas, y la petición era siempre apoyada y garantizada por alguna de las muchas archiduquesas que existían entonces. Nada se opone a que se haga ahora lo mismo con respecto a personas avecindadas en las ciudades y que pueden presentar garantías, si no tan aristocráticas, mucho más peritas en la materia. La prohibición de que hablamos tendría harto mayor importancia que para los actuales analíticos no médicos, para el Instituto Analítico de Viena, que no podría ya admitir a sus enseñanzas candidatos ajenos al círculo de la Medicina. Con ello quedaría nuevamente suprimida en nuestra patria una orientación de la actividad espiritual, que en otros países puede desarrollarse libremente. Soy, ciertamente, el último en aspirar a una especial competencia en la exégesis de leyes y reglamentos. Pero sí veo que una acentuación de nuestras disposiciones legales contra el curanderismo sería contraria a la tendencia hoy dominante de adaptarnos a las circunstancias alemanas. Además, la aplicación de dicha ley al caso del psicoanálisis tendría algo de anacrónico, pues en la época de su promulgación no existía aún nuestra disciplina ni era conocida la especial naturaleza de las enfermedades mentales.

Llego ahora al problema cuya discusión me parece más importante. ¿El ejercicio del psicoanálisis debe ser objeto de una intervención oficial, o, por el contrario, es más adecuado abandonarlo a su natural desarrollo? No me toca a mí resolver esta cuestión, pero sí he de permitirme rogarle que reflexione sobre ella. En nuestra patria reina de muy antiguo un verdadero *furor prohibendi,* una tendencia a dirigir, intervenir y prohibir que, como todos sabemos, no ha dado precisamente buenos frutos. La nueva Austria republicana no ha cambiado mucho en cuanto a esto. Sospecho que en la resolución del caso del psicoanálisis que ahora nos ocupa podrá usted hacer pesar ya su fundamentada opinión, pero ignoro si tendrá usted ganas de oponerse a las tendencias burocráticas e influencia para ello. De todos modos, no quiero ahorrarle la exposición de mis ideas sobre el caso, por poco *autorizadas* que sean. A mi juicio, el exceso de órdenes y prohibiciones perjudica la autoridad de la ley. Puede observarse que allí donde sólo existen escasas prohibiciones, son éstas rigurosamente observadas. En cambio, cuando a cada paso tropezamos con alguna, acabamos por sentir la tentación de infringirlas todas. Además, no creo que se sea un anarquista por opinar que las leyes y reglamentos no pueden aspirar, por su origen, a ser considerados sagrados e intangibles; que son con frecuencia de contenido insuficiente y contrarias a nuestro sentimiento de la justicia o llegan a tomar este carácter al cabo del tiempo, y por último, que dada la torpeza de las personas que dirigen nuestra sociedad, el mejor medio de corregir tales leyes inadecuadas es infringirlas valientemente. También es aconsejable, cuando se quiere mantener el respeto a las leyes y reglamentos, no promulgar aquellos cuyo cumplimiento o infracción sea difícil de vigilar. Algo de lo que hemos dicho sobre el ejercicio del análisis por los médicos podríamos repetirlo aquí con respecto al análisis profano, que la Ley quiere reprimir. El método analítico es muy discreto; no emplea medicinas ni instrumentos y consiste tan sólo en el intercambio de ideas. No ha de ser nada fácil probar a un profano el ejercicio del «análisis» cuando el acusado afirme que se limita a oír a las personas que a él acuden, aconsejarlas y ejercer una benéfica influencia, puramente humana, sobre individuos precisados de ayuda espiritual. Es esto algo que nadie le puede prohibir fundándose solamente en que también los médicos lo hacen alguna vez. En los pueblos de habla inglesa han alcanzado gran difusión las prácticas de la llamada «ciencia cristiana», una especie de negación dialéctica de la existencia del mal en la vida, basada en las doctrinas de la religión cristiana. No tengo por qué suponer que estas prácticas representan una lamentable perturbación del espíritu humano, pero aunque así fuese, ¿quién pensaría en América o en Inglaterra prohibirlas bajo amenaza de castigo? ¿O es que nuestras altas autoridades austríacas están tan seguras del camino que conduce a la bienaventuranza, que pueden permitirse impedir que cada uno intente llegar a ella a su manera?

Aun conociendo que muchos individuos, abandonados a sí mismos, se pongan en peligro y lleguen a perjudicarse, ¿no obrará mejor la autoridad delimitando cuidadosamente los campos cuyo acceso debe estar vedado y abandonado por los demás a las criaturas, dentro de lo posible, a su educación por medio de la experiencia y del mutuo influjo? El psicoanálisis es algo tan nuevo en el mundo, la inmensa mayoría se halla poco orientada con respecto a él y la actitud de la ciencia oficial ante su existencia es aún tan vacilante, que me parece prematuro intervenir ya en su desarrollo con prescripciones legales. Dejemos a los enfermos mismos hacer el descubrimiento de que es perjudicial para ellos buscar ayuda espiritual en personas que no han estudiado el modo de prestarlas. Haciéndoles ver claramente tales perjuicios y previniéndolos contra ellos, nos ahorraremos una prohibición. En las carreteras italianas, los postes sustentadores de las líneas de alta tensión muestran la siguiente inscripción, tan breve como impresionante: *Chi tocca, muore,* suficiente para regular la conducta de los transeúntes con respecto a los cables que una rotura pudiera dejar colgantes. Las advertencias empleadas en Alemania para igual caso son de una amplitud superflua y verdaderamente ofensiva: «Queda terminantemente prohibido tocar los cables, por existir peligro de muerte.» ¿Para qué la prohibición? El que tiene cariño a la vida ya se dicta la prohibición a sí mismo, y el que quiere suicidarse por este medio no pregunta si está o no permitido hacer uso de él.

«Pero existen casos que prejuzgan la cuestión del análisis profano. Me refiero a la prohibición de practicar el hipnotismo, no siendo médico, y a otra recientemente promulgada y relativa a las sesiones del ocultismo y a la fundación de asociaciones de este orden.»

No soy, ciertamente, un admirador de esas medidas. La última citada constituye un indudable abuso de autoridad en perjuicio de la libertad intelectual. Por mi parte, no soy sospechoso de prestar fe a los llamados fenómenos ocultos, ni siquiera de anhelar su reconocimiento. Pero tales prohibiciones no conseguirán ahogar el interés de los hombres hacia este supuesto mundo secreto. Quizá sólo se ha realizado algo muy perjudicial, despojando al interés científico imparcial de los medios necesarios para formar un juicio libertador sobre tan preocupadoras posibilidades. Pero esto tampoco sucede más que en Austria. En otros países no encuentra la investigación «parapsíquica» obstáculo legal ninguno. El caso de la hipnosis es algo diferente al del psicoanálisis. La hipnosis consiste en la provocación de un estado psíquico anormal y no es utilizada hoy en día por los profanos más que como espectáculo. Si la terapia hipnótica, tan prometedora al principio, hubiera mantenido sus promesas, se habrían establecido con su práctica circunstancias análogas a las del análisis. Desde otro distinto aspecto, nos proporciona la historia de la hipnosis un precedente de los destinos del psicoanálisis. En mis primeros tiempos de «docente» de Neurología combatían los médicos, apasionadamente, el hipnotismo, declarándolo una farsa, un engaño diabólico y considerándolo peligrosísimo. Actualmente lo han monopolizado, sirviéndose de él sin temor como medio de investigación, y para algunos neurólogos continúa constituyendo aún el agente principal de su terapia.

Pero como ya dije antes, no está en mi ánimo proponer nada referente a la conveniencia o inconveniencia de una intervención legal en los asuntos del psicoanálisis. Sé que se trata de una cuestión de principios en cuya solución pesarán más que los argumentos las tendencias de las personas llamadas a dar la pauta. Ya hube de exponerle todo lo que me parece aconsejar una política del *laissez faire*. Ahora bien: si lo que se resuelve es, por el contrario, una intervención activa, entonces habrá de parecerme insuficiente la medida, injusta y desconsiderada, de prohibir a los no médicos el ejercicio del análisis. Será preciso atender a algo

más, fijar las condiciones bajo las cuales ha de ser permiti-
da la práctica analítica a todos aquellos que quieran ejercer-
la, nombrar una autoridad que pueda informar de lo que es
el análisis y qué preparación debe exigirse para ella, y por
último, fomentar las posibilidades de someterse: o dejar las
cosas como están o crear orden y claridad perfectos, pero
nunca intervenir en una situación harto complicada, con
una prohibición aislada, derivada de una ley que ha perdido
toda adecuación.

7.

«Está bien. Pero ¿y los médicos? Por más que hago no consigo hacerle entrar en el verdadero tema de nuestras conversaciones. Siempre acaba usted eludiendo la cuestión.
Trátase, concretamente, de si ha de concederse a los médicos, aunque sea después de haber cumplido determinadas
condiciones, el derecho exclusivo al ejercicio del análisis.
Los médicos no son seguramente, en su gran mayoría, los
"curanderos analíticos" que usted ha descrito antes. Usted
mismo me ha dicho que la mayor parte de sus discípulos y
partidarios pertenece a la carrera de Medicina. Por otra
parte, me han asegurado que tampoco ellos comparten su
punto de vista sobre el análisis profano. He de suponer,
naturalmente, que sus discípulos participan de su opinión
sobre la necesidad de una preparación suficiente, etc., y, sin
embargo, encuentran conciliable tales opiniones con la
prohibición del análisis profano. Si todo esto es cierto,
¿cómo lo explica usted?»

Veo que está usted bien informado. No todos, pero sí
buena parte de mis colaboradores médicos difieren de mí en
este punto, mostrándose partidarios del derecho exclusivo
de los médicos al tratamiento analítico de los neuróticos.
Verá usted, pues, que dentro de nuestro campo están per-

mitidas las diferencias de criterio. Mi opinión es conocida por todos, y la diferencia que nos separa en la cuestión del análisis profano no turba nuestra buena armonía. Pregunta usted cómo puedo explicar la actitud de estos discípulos míos. No lo sé; seguramente obedece al poder de la conciencia profesional. Han tenido un desarrollo diferente del mío, se encuentran a disgusto aislados de sus colegas, quisieran ser acogidos sin recelos por la «profesión» y están dispuestos a obtener esta tolerancia a cambio de un sacrificio en una cuestión cuya importancia vital no vislumbran. Quizá no sea así. Suponerlos guiados por el afán de evitarse competencias sería no sólo acusarlos de pobreza de espíritu, sino también de una singular miopía. En realidad, están siempre dispuestos a iniciar a otros médicos en el análisis, y al tener que compartir los pacientes con sus colegas o con profanos es absolutamente igual para su provecho material. Probablemente, habremos de tener en cuenta algo distinto. Tales alumnos míos se hallan quizá bajo la influencia de determinados factores, que dan al médico en la práctica analítica una indudable ventaja sobre el profano.

«¡Por fin confiesa usted que el médico lleva una indudable ventaja al profano para el ejercicio del análisis! Entonces no hay que hablar. Su cuestión queda resuelta.»

Ningún trabajo me cuesta confesarlo. Ello le probará a usted que no estoy tan ciegamente apasionado como usted supone. Si he aplazado el momento de indicar esta circunstancia, es porque su decisión ha de hacer precisas nuevas explicaciones teóricas.

«¿A qué se refiere usted?»

En primer lugar, a la cuestión del diagnóstico. Cuando emprendemos el tratamiento analítico de un enfermo que padece perturbaciones de las llamadas «nerviosas», queremos antes alcanzar la seguridad –dentro de lo posible– de que nuestro tratamiento será el apropiado a su dolencia y podrá curarla o aliviarla. Ahora bien esto sólo sucede

cuando la enfermedad que padece es realmente una neurosis.

«Está bien. Pero, según creo, eso es fácil de determinar
por medio de la observación de los síntomas de que el
paciente se queja.»

Sin embargo, es aquí donde surge una nueva complicación. El enfermo puede presentar el cuadro exterior de una
neurosis y padecer muy bien algo distinto: el comienzo de
una enfermedad mental incurable o los prolegómenos de un
destructor proceso cerebral. La distinción –el diagnóstico
diferencial– no es siempre fácil, ni puede establecerse inmediatamente en todas las fases. Únicamente un médico puede
echar sobre sí la responsabilidad de una tal decisión, que
muchas veces no le es ciertamente nada fácil. El caso patológico puede presentar durante mucho tiempo un aspecto inofensivo, surgiendo luego de repente su verdadera gravísima
naturaleza. Por otro lado, los neuróticos tienen siempre el
temor de adquirir una enfermedad mental. Si el médico permanece durante algún tiempo equivocado o indeciso sobre
la naturaleza de uno de estos casos, no causa con ello daño
alguno al enfermo ni le obliga a realizar nada superfluo. El
tratamiento psicoanalítico de este mismo enfermo no le
hubiera tampoco perjudicado, pero sería considerado como
un esfuerzo inútil. Además, nunca faltaría quienes atribuye-
ran al análisis el mal resultado. Desde luego, injustamente;
pero siempre es bueno evitar tales ocasiones.

«Me deja usted desconsolado. Echa usted ahora por tierra
todo lo que antes me dijo sobre la naturaleza y la génesis de
la neurosis.»

De ningún modo. Lo que hago es robustecer mi anterior
aserto de que los neuróticos son para todo el mundo, y, por
tanto, también para el análisis, un semillero de complicaciones y preocupaciones. Pero quizá dando a mis nuevas
manifestaciones una expresión más correcta no será posible
deshacer sus confusiones. Con relación a los casos de que

ahora tratamos, es probablemente más exacto decir que padecen realmente una neurosis, pero que ésta no es psicógena, sino somatógena; esto es, que no tiene causas psíquicas, sino físicas. ¿Puede usted comprenderme?

«Comprenderle, sí. Pero lo que no puedo es conciliarlo con lo otro, con lo psicológico.»

Lo conseguirá usted en cuanto tenga en cuenta las complicaciones de la sustancia viva. ¿En qué hallamos la esencia de la neurosis? En el hecho de que el *yo,* la más alta organización del aparato anímico, elevada por la influencia del mundo exterior, no se encuentra en estado de cumplir su función de mediador entre el *ello* y la realidad, retirándose en su debilidad de determinados elementos instintivos del *yo* y teniendo que aceptar las consecuencias de esta renuncia en forma de limitaciones, síntomas y reacciones sin objeto.

Por una tal debilidad del *yo* pasamos todos regularmente en nuestra niñez, siendo ésta la razón de que los sucesos de los más tempranos años infantiles adquieran tan gran importancia para la vida ulterior. Bajo la extraordinaria carga que gravita sobre esta época infantil –en pocos años tenemos que atravesar la enorme distancia evolutiva que separa al hombre primitivo de la edad de piedra del hombre civilizado de nuestros días y rechazar entre tanto especialmente los impulsos instintivos sexuales del temprano período sexual–; bajo esta enorme carga, repito, recurre nuestro *yo* a las represiones y se expone a una neurosis infantil, cuyo residuo perdura en él como disposición a ulteriores enfermedades nerviosas en la madurez. Todo depende luego del trato que el Destino reserve al ser humano en el curso de su existencia. Si la vida se le muestra demasiado dura y se hace demasiado grande la distancia entre las exigencias instintivas y las de la realidad, el *yo* podrá fracasar en sus esfuerzos de conciliar ambos factores y tanto más cuanto mayor sea su inhibición por la disposición infantil que en él perdura. Se repite entonces el proceso de la represión, los instintos se sustraen al dominio del *yo*, creándose, por medio de regresiones, satisfacciones sustitutivas, y el pobre *yo* cae irremediablemente en la neurosis.

No perdiendo de vista que el eje de la situación es la fortaleza relativa de la organización del *yo*, ha de sernos fácil completar nuestra revisión etiológica. Como causas normales, por decirlo así, de la nerviosidad conocemos ya la debilidad infantil del *yo*, la dura labor que supone el sometimiento de los tempranos impulsos de la sexualidad y los efectos de los sucesos que casualmente pueda vivir el sujeto durante su infancia. Pero ¿no habrá aún otros factores anteriores a la infancia que desempeñen también un papel etiológico? ¿Por ejemplo, una indomable fortaleza innata de la vida instintiva del *ello*, que plantea *a priori* al *yo* tareas excesivamente duras? ¿O una especial debilidad del *yo*, obediente a causas desconocidas? Desde luego, también estos factores presentan una importancia etiológica a veces dominante. Con la fortaleza de los instintos del *ello* hemos de contar siempre, y en aquellos casos en los que se encuentra excesivamente desarrollada no podremos fundar muchas esperanzas en nuestra terapia. De las causas que provocan una inhibición del desarrollo del *yo* sabemos aún muy poco. Éstos serían, pues, los casos de neurosis con una base esencialmente constitucional. Sin alguna de tales circunstancias favorables congénitas y constitucionales no surge apenas neurosis ninguna.

Pero si el factor decisivo para la génesis de la neurosis es la debilidad relativa del *yo*, ha de ser también posible que una posterior enfermedad física cree una neurosis al producir una debilitación del *yo*. Así sucede, efectivamente, en un gran número de casos. Una tal perturbación somática puede repercutir en la vida instintiva del *yo* y elevar la fuerza de los instintos por encima de la capacidad de defensa del *yo*. El prototipo normal de tales procesos sería la transformación de la mujer por los trastornos de la menstruación y la menopausia. Asimismo, una enfermedad física general, por ejemplo, una perturbación orgánica del órgano nervioso central atacará las condiciones de alimentación del aparato anímico y le forzará a disminuir su función y a suprimir sus rendimientos más sutiles, entre los que figura el mantenimiento de la organización del *yo*. En todos estos casos surge aproximadamente el mismo cuadro neurótico. La neurosis tiene siempre el mismo mecanismo psicológico, pero su etiología es muy varia y compuesta.

«Así me gusta oírle. Por fin ha hablado usted como un médico. Espero, pues, su confesión de que una enfermedad tan complicada como la neurosis sólo puede ser tratada por los médicos.»

Despacio. Va usted más allá de mis palabras. Lo que acabamos de examinar es un trozo de Patología, y el análisis es un método terapéutico. Por mi parte, aconsejo o, mejor dicho, exijo que a todo análisis preceda un diagnóstico médico. La inmensa mayoría de las neurosis que se nos presentan son, afortunadamente, de naturaleza psicógena y exentas de toda sospecha patológica. Una vez comprobada esta circunstancia por el médico, puede éste abandonar tranquilamente al analítico profano el tratamiento. En nuestras asociaciones analíticas se sigue con todo rigor esta norma. El íntimo contacto exigente en ellas entre los miembros médicos y los que no lo son evita todo posible error en este punto. Hay todavía otro caso en el que el analítico tiene que pedir ayuda al médico. Durante el curso del tratamiento analítico pueden surgir síntomas –generalmente somáticos– de los que no se sabe bien si deben ser incluidos en el cuadro general de la neurosis o referidos a una naciente enfermedad orgánica independiente de ella. La solución de esta duda debe ser también encomendada al médico.

«Así, pues, tampoco durante el análisis puede el analítico profano prescindir del médico. Un nuevo argumento a favor de este último.»

No, no; de esta posibilidad no puede deducirse un argumento contra el analítico profano, pues el analítico médico procedería exactamente lo mismo en igual caso.

«Eso sí que no lo entiendo.»

Muy sencillo. Una de nuestras normas éticas prescribe que en estos casos de síntomas equívocos surgidos durante el tratamiento no se atenga nunca el analítico, aunque sea médico y confíe plenamente en sus reconocimientos, a su propio juicio, debiendo contrastarlo con el de otro médico ajeno al análisis; por ejemplo, un internista.

«¿Y a qué responde una tal prescripción, que me parece superflua?»

No lo es ciertamente, pues obedece a varias razones fundamentales. En primer lugar, no es nunca conveniente reunir en una sola mano dos tratamientos, el psíquico y el orgánico. Además, por la relación especialísima que la transferencia establece entre el enfermo y el analítico debe éste abstenerse de todo reconocimiento corporal del paciente. Por último, el analítico, que tiene concretado todo su interés en los factores psíquicos, no puede quizá confiar plenamente en su imparcialidad.

«Veo ya claramente su actitud con respecto al análisis profano. Persiste usted en su idea de que debe haber analíticos no médicos. Pero como no puede usted negar su insuficiencia, reúne usted sólo lo que hace servir para disculpar y facilitar su existencia. Por mi parte, no logro comprender por qué ha de haber analíticos profanos que no pueden pasar de terapeutas de segunda clase. Admitiendo ya, si usted quiere, a los dos o tres profanos que han recibido la preparación analítica, creo que debiera evitarse su aumento, comprometiéndose los institutos analíticos a no acoger en sus aulas más que médicos.»

Estaré de acuerdo con usted si resulta posible demostrar que tal limitación no desatiende ninguno de los intereses que aquí entran en juego. Estos intereses son en número de tres:

el de los enfermos, el de los médicos y –*last but not least*– el de la ciencia, que integra en sí el de todos los enfermos futuros. ¿Quiere usted que examinemos juntos estos tres puntos?

Para el enfermo es indiferente que el analítico sea o no médico, siempre que todo peligro de error quede eliminado por la contrastación médica exigida antes de iniciar el tratamiento y al surgir durante el mismo algún síntoma dudoso. Lo que le interesa es que el analítico posea cualidades personales que le hagan merecedor de confianza y haya adquirido aquellos conocimientos y experiencias que le capacitan verdaderamente para el cumplimiento de su labor. Pudiera creerse que la falta de título médico y la necesidad de acudir en ocasiones a quienes lo poseen habrán de disminuir en el ánimo del paciente la autoridad del analítico profano. Naturalmente, nunca omitimos informar a los pacientes de las circunstancias del analítico y hemos podido convencernos de que los prejuicios profesionales no encuentran en ellos el menor eco, mostrándose siempre dispuestos a aceptar la curación, cualquiera que sea su procedencia, actitud que es conocida ya hace mucho tiempo por la clase médica para la cual viene constituyendo grave motivo de indignación. Por otro lado, los analíticos profanos que hoy practican el análisis no son individuos cualesquiera, de procedencia indistinta, sino personas de formación académica, doctores en Filosofía, pedagogos y algunas señoras de gran experiencia y personalidad sobresaliente. El análisis, al que han de someterse todos los candidatos de nuestros institutos de enseñanza, es también el mejor medio de precisar su capacidad personal para el ejercicio de la actividad analítica.

Pasemos ahora al interés de los médicos. No puedo creer que la incorporación del psicoanálisis haya de ser ventajosa para la Medicina. El estudio de esta facultad dura ya cinco años y casi seis con la práctica de los últimos ejercicios de examen. Además, cada dos años se exige al estudiante alguna nueva condición, sin cuyo cumplimiento no podría considerarse suficiente su preparación. La entrada en la profesión médica es harto difícil, y su ejercicio no tiene nada de satisfactorio ni de provechoso. Exigir, con plena justificación, desde luego, que el médico haya de estar también familiarizado con el aspecto anímico de la enfermedad, y extender así la educación médica a un trozo de la preparación para el análisis, supondría una nueva ampliación de las materias de enseñanza y una prolongación correlativa de los años de estudio. No sé si esta consecuencia de sus aspiraciones al psicoanálisis satisfará a los médicos. Pero resulta imprescindible. Y todo esto, en una época en que las condiciones materiales de la exigencia han empeorado considerablemente para la clase en la cual se reclutan los médicos, viéndose obligada la joven generación a valerse pronto por sí misma.

No querrá usted quizá recargar el estudio de la Medicina con la preparación para la práctica analítica y considerará más adecuado que sean los futuros analíticos los que se preocupen por sí mismos de su preparación, una vez terminada la carrera. Piensa usted que la pérdida de tiempo consiguiente no puede tener importancia práctica ninguna, toda vez que un joven de treinta años no gozará nunca, por parte del paciente, de la confianza indispensable a la ayuda espiritual que precisa. A esto habría que responder que tampoco el médico no analítico, recién salido de las aulas, puede inspirar mucho respeto a sus pacientes, y que el analítico podría aprovechar su tiempo trabajando en una policlínica psicoanalítica, bajo la dirección de otros más experimentados.

Más importante me parece el hecho de que con su proposición apoya usted un gasto de energías que en estos tiempos difíciles no puede hallar justificación económica ninguna. La formación analítica corta ciertamente el círculo de la preparación médica, pero ni lo encierra ni es encerrado por él. Si hubiera de fundarse una facultad psicoanalítica –idea que aún suena a fantasía–, habría de estudiarse en ella mucha parte de lo que se enseña en la Facultad de Medicina. Además de la Psicología de lo inconsciente, que siempre constituiría la disciplina principal, una introducción a la Biología, el más amplio estudio posible de la ciencia de la vida sexual y un conocimiento de los cuadros patológicos de la Psiquiatría. Por otro lado, la enseñanza psicoanalítica comprendería también asignaturas ajenas al médico y con las que no suele tropezar en su actividad profesional: Historia de la civilización, Mitología, Psicología de las religiones y Literatura. Sin una buena orientación en estos campos no puede llegar el analítico a una perfecta comprensión de mucha parte de su material. En cambio, no le es precisa para sus fines una gran parte de los conocimientos exigidos por la Facultad médica. Tanto el conocimiento de los huesos del pie como los relativos a la composición del hidrógeno o al trayecto de las fibras nerviosas del cerebro, así como lo descubierto por la Medicina sobre los microbios, los sueños y los neoplasmas. Todo esto es ciertamente muy estimable; mas, para el analítico, perfectamente inútil, pues ni puede ayudarle a comprender o a curar una neurosis ni tampoco contribuir a afinar aquellas facultades intelectuales a las que su actividad plantea las mayores exigencias. No puede objetarse que lo mismo sucede en todas las demás especialidades médicas: por ejemplo, en la Odontología. También el odontólogo tiene que estudiar muchas cosas que la Facultad no le ha enseñado y olvidar otras sobre las que ha sufrido severos exámenes. Pero su caso no admite comparación con el del analítico. Para la Odontología conservan toda importancia los puntos capitales de la Patología, las teorías de la inflamación, la supuración, la necrosis y la influencia recíproca de los órganos del cuerpo. Mas al analítico le lleva su experiencia a otro distinto mundo con fenómenos y leyes diferentes. De cualquier modo que la Filosofía salve el abismo entre lo corporal y lo anímico, aquél sigue existiendo para nosotros en principio y hasta para nuestros esfuerzos prácticos.

Es injusto e ilógico obligar a un hombre, que desea libertar a otro del grave peso de una fobia o una representación obsesiva, a dar el inmenso rodeo que supone el estudio completo de la carrera médica. Además, no se conseguirá si antes no se logra suprimir totalmente el análisis. Represéntese usted un paisaje, y en él, dos caminos que conducen a un mismo punto: uno de ellos, corto y en línea recta; el otro, largo y serpenteado. Intente usted prohibir el tránsito por el camino breve, porque pasa, por ejemplo, junto a unos macizos de flores que quiere usted proteger contra los paseantes. Sólo si el camino prohibido es penoso y escarpado y, en cambio, el otro descansado y cómodo podrá usted abrigar alguna esperanza de ver respetada su prohibición. Pero si no sucede así, y el sendero largo es además el más penoso, no tendrá usted que pensar mucho la suerte que correrán su prohibición y sus flores. Mucho me temo que no consiga usted nunca obligar a los profanos a estudiar Medicina, como tampoco lograría yo obligar a los médicos a estudiar el análisis. Ya conoce usted suficientemente la naturaleza humana.

«Pero si está usted en lo cierto al afirmar que el tratamiento analítico no puede practicarse sin una formación especial, que el estudio de la Medicina no puede soportar la sobrecarga de la preparación analítica y que los conocimientos médicos son en su gran mayoría superfluos para el analítico, ¿qué destino reserva usted al ideal, al que aspira la formación médica, de crear personalidades capaces de afrontar todos los problemas profesionales?»

No puedo predicar cuál será la solución de todas estas dificultades ni soy tampoco el más llamado a indicarla. Sólo veo dos cosas: primero, que el análisis es para usted un motivo de embarazo y sería mejor que no existiese –desde luego, también el neurótico es un ser embarazoso–, y segundo, que de momento se atendería a todos los intereses, decidiéndose los médicos a tolerar a una clase de terapeutas que les evitan el penoso tratamiento de las neurosis psicógenas, tan enormemente frecuentes, y se mantiene en contacto permanente con estos enfermos, con gran ventaja para los mismos.

«¿Es ésta su última palabra sobre la cuestión o le queda aún algo que decir?»

Desde luego. Me queda todavía que hablar del interés de la ciencia en este problema. Lo que sobre este punto he de decir no ha de importarle a usted gran cosa, pero no puedo decir lo mismo de mí.

No creemos deseable, en efecto, que el psicoanálisis sea devorado por la Medicina y encuentre su última morada en los textos de la Psiquiatría, capítulo sobre la terapia, y entre métodos tales como la sugestión hipnótica, la autosugestión y la persuasión, que, extraídos de nuestra ignorancia, deben sus efectos, poco duraderos, a la pereza y la cobardía de las masas humanas. Merece mejor suerte, y hemos de esperar que la logre. Como «psicología abismal» o ciencia de lo anímico inconsciente, puede llegar a ser indispensable a todas aquellas ciencias que se ocupan de la historia de los orígenes de la civilización humana y de sus grandes instituciones, tales como el arte, la religión y el orden social. En mi opinión, ha prestado ya una considerable ayuda a estas ciencias para la resolución de sus problemas; pero éstas son aún aportaciones muy pequeñas, comparadas con las que se conseguirán si los hombres de ciencia dedicados al estudio de la Historia de la civilización, la Psicología de las religiones, la Filosofía, etc., se decidieran a manejar por sí mismos el nuevo medio de investigación puesto a su alcance. El empleo del análisis para la terapia de las neurosis es sólo una de sus aplicaciones, y quizá venga el porvenir a demostrar que no es siquiera la más importante. De todos modos, sería injusto sacrificar a una aplicación todas las demás por la sola razón de que aquélla roza el círculo de los intereses médicos.

Se desarrolla aquí una nueva relación, en la cual no puede intervenirse sin grave daño. Si los representantes de diversas ciencias del espíritu han de estudiar el psicoanálisis para aplicar sus métodos y puntos de vista a su propio material científico, no les bastará atenerse a los resultados reseñados en la literatura analítica. Habrán de aprender a comprender el análisis siguiendo el único camino abierto para ello; esto es, sometiéndose por sí mismos a un análisis. Así, a los neuróticos necesitados del análisis vendría a agregarse una segunda clase de personas, que aceptarían ser sometidos a ella por motivos intelectuales, pero que seguramente saludarían con entusiasmo el incremento de su capacidad funcional, accesoriamente conseguido. La práctica de estos análisis exigiría una cantidad de analíticos, a los cuales no ofrecerían ventaja ninguna los conocimientos médicos. Pero estos analíticos habrán de ser objeto, en cambio, de una formación particularmente cuidadosa, y si no se quiere mutilar su preparación, habrá de proporcionárseles ocasiones de practicar el análisis en casos instructivos y probatorios. Ahora bien: como aquellos hombres sanos, a quienes no mueve un interés científico, no acuden a someterse al análisis, habrán de ser nuevamente individuos neuróticos los que constituyan el material vivo utilizado –bajo el más cuidadoso control– para la enseñanza práctica de tales analíticos. Todas estas circunstancias hacen precisa una cierta libertad de movimientos y no toleran limitaciones mezquinas.

Quizá no crea usted en este interés, puramente teórico, del psicoanálisis, o no quiera reconocer su influencia en la cuestión práctica del análisis profano. En este caso, habré de advertirle que existe todavía otra aplicación del psicoanálisis completamente sustraída al alcance de la ley sobre el curanderismo y a las aspiraciones médicas. Me refiero a su aplicación a la Pedagogía. Cuando un niño comienza a manifestar signos de una evolución indeseable, mostrándose malhumorado, irritable y distraído, ni el pediatra ni el médico escolar pueden hacer nada por él, incluso en aquellos casos en los que el infantil sujeto presenta claros fenómenos nerviosos, tales como angustia, inapetencia, vómitos o insomnios. En cambio, por medio de un tratamiento mixto del influjo analítico y medidas pedagógicas, desarrolladas por personas que no desprecian ocuparse de las circunstancias del ambiente infantil, se consigue muy pronto suprimir los síntomas nerviosos y deshacer la naciente modificación del carácter. Nuestro conocimiento de que las neurosis infantiles, con frecuencia poco visibles, suponen una disposición a graves enfermedades ulteriores, nos indica estos análisis de niños como un excelente medio profiláctico. Es innegable que aún tiene el psicoanálisis muchos enemigos. Ignoro de qué medios podrán disponer para oponerse también a la actividad de los analíticos pedagógicos o pedagogos analíticos y no creo posible que lo logren. Pero nunca se puede estar seguro.

Por lo demás, volviendo a nuestra cuestión del tratamiento analítico de los neuróticos adultos, he de advertirle que tampoco hemos agotado todos sus puntos de vista. Nuestra civilización ejerce sobre nosotros una presión ya casi intolerable y demanda una rectificación. Sería quizá demasiada fantasía esperar que el psicoanálisis esté llamado, no obstante las dificultades que se le oponen, a preparar a los hombres a una tal rectificación. Acaso haya de nuevo un americano a quien se le ocurra dedicar parte de su dinero a la preparación analítica de los *social workers* de su país para formar un ejército auxiliar, dedicado a combatir las neurosis, producto de la civilización.

«¿Una nueva especie de Ejército de Salvación?»

¿Por qué no? Nuestra imaginación labora siempre con sujeción a algún modelo. La masa de gentes, deseosa de aprender, que afluiría entonces a Europa, tendría que pasar de largo por Viena, pues la evolución analítica habría sucumbido ya aquí a mi precoz trauma prohibitivo. ¿Sonríe usted? No digo esto, ciertamente, para influir sobre su juicio. Sé ya muy bien que no me presta usted fe y no puedo predecir si alguna vez cambiará usted de opinión. Pero sí estoy seguro de una cosa. No importa mucho cuál sea la resolución que ustedes hagan recaer sobre la cuestión del análisis profano. Cualquiera que sea, sólo puede tener un efecto local. Lo verdaderamente importante es que las posibilidades de desarrollo que en sí entraña el psicoanálisis no pueden ser coartadas por leyes ni reglamentos.

# Epílogo a «La cuestión del análisis profano» *

El motivo inmediato que me indujo a redactar el pequeño libro que dio pie a las precedentes discusiones fue una acusación de curanderismo ante los tribunales de Viena contra nuestro colega no médico el doctor Theodor Reik. Como todos sabrán, se desistió de la querella una vez completada la instrucción del juicio y oídas varias peritaciones. No creo que ello fuese el resultado de mi libro, pues era evidente que se trataba de un caso demasiado endeble para la acusación, y quien la planteó como parte civil agraviada demostró ser un testigo muy poco fidedigno, de modo que el sobreseimiento del doctor Reik probablemente no siente jurisprudencia en los tribunales de Viena acerca de la cuestión del análisis profano. Cuando en mi escrito tendencioso creé la figura del interlocutor «imparcial», pensaba en uno de nuestros altos funcionarios, un hombre de espíritu benévolo y de extraordinaria integridad mental, con quien yo mismo había conversado sobre el caso Reik y a quien entregué, a su pedido, una peritación confidencial sobre el mismo. Tenía bien presente que no había logrado convencerlo de mi punto de vista, y fue por eso que también mi

---

* Publicado en 1927.

interlocutor imparcial quedó en desacuerdo conmigo al concluir nuestro diálogo.

Tampoco esperé en momento alguno que lograría establecer entre los analistas mismos una actitud unánime frente al problema del análisis profano. Quien compare las opiniones expresadas en este simposio por la Asociación Húngara con las sustentadas por el grupo de Nueva York, quizá llegue a la conclusión de que mi obra ha sido totalmente ineficaz y que cada uno persiste en su opinión original. Mas tampoco creo esto. Por el contrario, pienso que muchos de mis colegas han morigerado su posición extrema y que en su mayoría han aceptado mi concepción de que el problema del análisis profano no debe ser resuelto de acuerdo con las normas tradicionales, sino que, correspondiente a una situación nueva, demanda también un nuevo enjuiciamiento.

Además, el giro que he dado a toda la discusión parece haber despertado aplauso. En efecto, destaqué la tesis de que no importaría si el analista posee o no un diploma médico, sino que lo fundamental es si ha adquirido la capacitación especial que requiere para el ejercicio del análisis. De aquí arrancó la discusión, tan fervientemente llevada por mis colegas, acerca de cuál sería la formación más conveniente para un analista. Mi propia opinión era entonces –y sigue siendo ahora– que en modo alguno es la prescrita por la Universidad para los futuros médicos. Lo que se conoce como formación médica me parece un acceso arduo y tortuoso a la profesión analítica, pues si bien ofrece al analista muchos elementos indispensables, lo carga también con muchas otras cosas que de nada podrán servirle y lo expone además a que su interés y su entera manera de pensar se aparten de la comprensión de los fenómenos psíquicos. Aún está por crearse el plan de enseñanza para el analista; sin duda habrá de comprender temas de las ciencias del espíritu, de psicología, historia de la cultura y sociología, así como de anatomía, biología y genética. Hay tanto que aprender en estos terrenos, que es justificable omitir de dicho programa cuanto no guarde una relación directa con la práctica del análisis y sólo contribuya indirectamente, como cualquier otro tipo de estudio, al adiestramiento del intelecto y de la capacidad de observación sensorial. Es fácil y cómodo aducir contra este proyecto la objeción de que no existen escuelas psicoanalíticas de tal especie, salvo en el terreno de los esquemas ideales. Por cierto que se trata de un ideal, pero de un ideal que puede y debe ser realizado. Con todas sus insuficiencias juveniles, nuestros institutos de enseñanza representan ya el germen de semejante realización.

No habrá escapado a la atención de mis lectores el hecho de que en lo precedente he aceptado como obvio algo que en nuestras discusiones aún no ha sido violentamente disputado. En efecto, he dado por sentado que el psicoanálisis no es una rama especializada de la medicina, y por mi parte no concibo que sea posible dejar de reconocerlo. El psicoanálisis es una parte de la psicología, ni siquiera de la psicología médica en el viejo sentido del término, ni de la psicología de los procesos mórbidos, sino simplemente de la psicología a secas. No representa, por cierto, la totalidad de la psicología, sino su infraestructura, quizá aun todo su fundamento. La posibilidad de su aplicación con fines médicos no debe inducirnos a error, pues también la electricidad y la radiología han hallado aplicaciones en medicina, no obstante lo cual la ciencia a la que ambas pertenecen sigue siendo la física. Ni siquiera los argumentos históricos pueden modificar algo en esta filiación. Toda la teoría de la electricidad tuvo su origen en la observación de un preparado neuromuscular, pero a nadie se le ocurriría hoy considerarla por ello como una parte de la fisiología. En cuanto al psicoanálisis, se aduce que habría sido descubierto por un médico en el curso de sus esfuerzos por socorrer a sus pacientes; pero esto es a todas luces indiferente para abrir juicio al respecto. Por otra parte, tal argumento histórico es un arma de doble

filo: siguiendo el curso de su evolución, podríamos recordar
la frialdad, aun la enconada animosidad con la cual la profesión médica trató desde un comienzo al análisis; de ello se
desprendería que tampoco hoy tiene derecho alguno a asu-
mir prerrogativas sobre el mismo. Aunque por mi parte no
admito tal implicación, tengo todavía fuertes dudas acerca
de si la actual solicitud con que los médicos cortejan al psicoanálisis se basa, desde el punto de vista de la teoría de la
libido, en la primera o en la segunda de las subfases de
Abraham; es decir, si se trata de una toma de posesión con el
propósito de la destrucción o de la preservación del objeto.

Quisiera detenerme un instante más en el argumento histórico. Dado que concierne a mi persona, puedo ofrecer a
quien por ello se interese algunos atisbos de los motivos que
me guiaron. Después de cuarenta y un años de actividad
médica, mi autoconocimiento me dice que nunca fui un
verdadero médico. Ingresé en la profesión porque se me
obligó a apartarme de mi propósito original, y el triunfo de
mi vida reside precisamente en que, después de un largo
rodeo, he vuelto a encontrar mi primitiva orientación. De
mi infancia no tengo ningún recuerdo de haber sentido la
necesidad de socorrer a la humanidad doliente; mi innata
disposición sádica no era muy grande, de modo que no tuvo
necesidad de desarrollar este derivado suyo. Tampoco me
dediqué nunca a «jugar al doctor»; mi curiosidad infantil
siguió sin duda otros caminos. En mi juventud se apoderó
de mí la omnipotente necesidad de comprender algo acerca de los enigmas del mundo en que vivimos y de contribuir
quizá con algo a su solución. El ingreso en la Facultad de
Medicina parecía ser el camino más prometedor para
lograrlo; luego lo intenté, sin éxito, con la zoología y la química, hasta que finalmente, bajo la influencia de Von Brücke
–la más grande autoridad que haya influido nunca sobre
mí–, quedé fijado a la fisiología, aunque en aquellos días
ésta se hallaba excesivamente restringida a la histología. Por

entonces ya había aprobado todos mis exámenes de la carrera médica, sin llegar a interesarme ninguna actividad de esta índole, hasta que mi respetado maestro me advirtió que, en vista de mi estrecha situación material debía renunciar a emprender una carrera teórica. Así llegué de la histología del sistema nervioso a la neuropatología, y luego, incitado por nuevas influencias, al estudio de las neurosis. Creo, sin embargo, que mi falta de una genuina inclinación médica no causó gran perjuicio a mis pacientes, pues no redunda precisamente en ventaja de éstos si el interés terapéutico del médico tiene un excesivo énfasis emocional. Para el paciente lo mejor es que el médico cumpla su tarea con ecuanimidad y con la mayor precisión posible.

Cuanto acabo de exponer no contribuye, evidentemente, gran cosa a dilucidar el problema del análisis profano. Todo esto sólo estaba destinado a presentar mis credenciales personales en tanto que yo mismo propugno el valor autónomo del psicoanálisis y su independencia de la aplicación a la medicina. Aquí podría aducirse que el decidir si el psicoanálisis como ciencia es una subdivisión de la medicina o de la psicología sería una mera cuestión académica carente de todo interés práctico. El punto en cuestión sería otro: precisamente la aplicación del análisis al tratamiento de los enfermos; en la medida en que aspire a ser tal cosa, deberá resignarse a ser aceptado como una rama especializada de la medicina, tal como lo es, por ejemplo, la radiología, sometiéndose asimismo a las reglas vigentes para todos los métodos terapéuticos. Reconozco que es así, y lo admito; sólo quiero estar seguro de que la terapia no llegue a destruir la ciencia. Por desgracia, todas las analogías son de corto alcance, y no tardan en llegar a un punto en el cual divergen los dos términos comparados. El caso del análisis es distinto al de la radiología; el físico no necesita de la persona enferma para estudiar las leyes de los rayos X. El psicoanálisis, empero, no dispone de otro material, sino de los procesos psíquicos del ser humano: únicamente puede ser estudiado en el ser humano. Por circunstancias fácilmente comprensibles, la persona neurótica ofrece un material más instructivo y accesible que los seres normales, y si se pretendiera privar de este material a quien se esfuerce por aprender y aplicar el análisis, se le restaría, con mucho, la mitad de sus posibilidades de estudio. Naturalmente, lejos de mí querer exigir que el interés del individuo neurótico se sacrifique al de la instrucción y al de la investigación científica. El objetivo de mi pequeño libro sobre el problema del análisis profano es precisamente mostrar cómo es posible conciliar fácilmente ambos intereses ajustándose a determinadas precauciones, y que el interés médico bien entendido no será el último en resultar beneficiado por tal solución.

Yo mismo he aducido todas las precauciones necesarias, y bien puedo afirmar que la discusión nada nuevo agregó al respecto; quisiera señalar, empero, que en su curso el énfasis se desplazó a menudo en una forma que no responde a la realidad de los hechos. Cuanto se dijo sobre las dificultades del diagnóstico diferencial y sobre la incertidumbre de valorar en muchos casos la sintomatología somática, es decir, sobre situaciones en las cuales son imprescindibles los conocimientos y la intervención de un médico, es exacto, pero incomparablemente mayor aún es el número de los casos que nunca plantean dudas de esta índole y en los cuales nada tiene que hacer el médico. Estos casos quizá no sean interesantes desde un punto de vista científico, pero desempeña en la vida práctica una parte de importancia suficiente para justificar la actividad de los analistas profanos, perfectamente competentes para tratarlos. Hace algún tiempo analicé a un colega dominado por una particular antipatía contra la idea de que alguien se permitiese desempeñar una actividad médica no siendo a su vez médico. En el curso de su tratamiento tuve la oportunidad de preguntarle: «Estamos trabajando con usted ahora desde hace más de tres meses. ¿En qué momento de nuestro análisis tuvo usted ocasión de recurrir a mis conocimientos médicos?» Hubo de admitir que tal ocasión no se había presentado en momento alguno.

Tampoco concedo mayor importancia al argumento de que el analista profano, estando expuesto a tener que consultar a un médico, no conquistará el necesario respeto de su paciente, quien no le concederá mayor autoridad que la de un enfermero, un masajista u otro auxiliar de análoga categoría. Una vez más la analogía es imperfecta, sin tener en cuenta siquiera la circunstancia de que los pacientes suelen reconocer la autoridad de acuerdo con su transferencia afectiva, y que la posesión de un diploma médico no les causa, ni mucho menos, la impresión que los médicos suponen. Un analista profano profesional no hallará dificultad en conquistar la consideración debida a una guía espiritual secular. Con estas palabras –«guía espiritual secular»– bien podría designarse, por otra parte, la función que el analista, sea médico o profano, debe cumplir en sus relaciones con el público. Nuestros amigos entre el clero protestante –recientemente también entre el católico– con frecuencia consiguen librar a sus feligreses de las inhibiciones que los aquejan en la vida cotidiana, restaurando su fe luego de haberles ofrecido una breve información analítica sobre la índole de sus conflictos. Nuestros adversarios, los psicólogos individuales adlerianos, se esfuerzan por alcanzar un resultado similar en personas que se han tornado inestables e ineficientes, despertando su interés por la comunidad social, pero sólo después de haber iluminado un único sector de su vida anímica, al mostrarles qué parte desempeñan en su enfermedad los impulsos egoístas y desconfiados. Ambos procedimientos, que derivan su poderío de su fundamentación en el psicoanálisis, tienen cabida en la psicoterapia. Nosotros, los analistas, nos planteamos el objetivo de llevar a cabo el análisis más complejo y profundo que sea posible en nuestros pacientes; no queremos aliviarlos incorporándolos a las comunidades católica, protestante o social, sino que procuramos más bien enriquecerlos a partir de sus propias fuentes íntimas, poniendo a disposición de su *yo* aquellas energías que, debido a la represión, se hallan inaccesiblemente fijadas en su inconsciente, así como aquellas que el *yo* se ve obligado a derrochar en la estéril tarea de mantener dichas represiones. Lo que así hacemos es una guía espiritual en el mejor sentido del término. ¿Acaso nos habremos puesto con ello una meta demasiado ambiciosa? ¿Por ventura merece la mayoría de nuestros pacientes los esfuerzos que tal tarea demanda de nosotros? ¿No sería más económico apuntalar sus debilidades desde el exterior, en vez de reformarlas desde el interior? No podría decirlo; pero hay otra cosa que puedo afirmar decididamente. En el psicoanálisis reinó desde el principio una unión indisoluble entre curar e investigar; el conocimiento trajo consigo el éxito terapéutico; fue imposible tratar a un paciente sin aprender al mismo tiempo algo nuevo; ninguna nueva información pudo adquirirse sin experimentar simultáneamente sus resultados benéficos. Nuestro procedimiento analítico es el único en el cual permanece asegurada esta preciosa conjunción. Únicamente si practicamos nuestra guía espiritual analítica lograremos profundizar nuestra incipiente concepción de la mente humana. Esta perspectiva de un beneficio científico ha sido siempre el rasgo más noble y halagüeño de la labor analítica. ¿Será lícito sacrificarla en aras de consideraciones prácticas cualesquiera?

Algunas observaciones emitidas en el curso de esta discusión me inducen a sospechar que, a pesar de todo, mi estudio sobre el análisis profano ha sido mal interpretado en un punto particular. En efecto, se ha asumido contra mí la defensa de los médicos, como si yo los hubiese declarado, en términos generales, incompetentes para practicar el análisis y como si hubiese emitido a nuestros institutos de enseñanza la consigna de rechazar todo ingreso del campo médico. Nada más lejos de mi intención. Dicha apariencia posiblemente obedeciera a que en el curso de mis formulaciones polémicas me vi obligado a declarar que los analistas médicos no capacitados en el análisis son aún más peligrosos que los profanos. Mi verdadera opinión sobre el tema podría aclararla parafraseando una observación cínica sobre la mujer que en cierta oportunidad apareció en la revista *Simplicissimus.* Un hombre se quejaba a otro de las debilidades y del complicado carácter del bello sexo, replicándole el último: «Con todo, la mujer es lo mejor que tenemos *en esta especie.*» Admito que mientras no existan escuelas que anhelamos para la formación de los analistas, las personas capacitadas que cuenten con instrucción médica constituyen el mejor material para formar futuros analistas. Sin embargo, tenemos el derecho de exigir que no confundan su preformación médica con la formación analítica, que superen la unilateralidad favorecida por la enseñanza que han recibido en las escuelas de medicina y que resistan a la tentación de coquetear con la endocrinología y con el sistema nervioso autónomo, cuando se trata de aprehender hechos psicológicos por medio de un sistema de conceptos psicológicos. También comparto la opinión de que todos los problemas relacionados con la conexión entre los fenómenos psíquicos y sus fundamentos orgánicos, anatómicos y químicos sólo pueden ser abordados por personas versadas en ambos terrenos; es decir, por analistas médicos. Mas no ha de olvidarse que esto no constituye la totalidad del psicoanálisis y que en sus demás aspectos nunca podremos prescindir de la cooperación de aquellas personas que cuentan con una formación preliminar en las ciencias del espíritu. Por razones prácticas hemos adoptado la norma –que incidentalmente también rige en nuestras publicaciones periódicas– de separar el análisis médico de las aplicaciones del psicoanálisis. Esta distinción, empero, no es correcta, pues en realidad la línea de división corre entre el psicoanálisis *científico* y sus *aplicaciones,* tanto a la medicina como a terrenos no médicos.

En el curso de estas discusiones, el rechazo más rotundo del análisis profano fue expresado por nuestros colegas norteamericanos, de modo que no considero superfluo replicarles en pocas palabras. Difícilmente podría acusárseme de abusar del análisis con fines polémicos, si expreso la opinión de que su resistencia se debe totalmente a factores prácticos. Ellos ven en su país cuántos desatinos y abusos cometen los analistas profanos con el análisis y a qué punto perjudican en consecuencia a sus pacientes, tanto como al buen nombre del psicoanálisis. Es comprensible, pues, que en su indignación quieran apartarse en lo posible de esos elementos inescrupulosos y perjudiciales, excluyendo a los profanos de toda participación en el análisis. Pero esos hechos ya bastan de por sí para reducir la importancia de la posición norteamericana. En efecto, la cuestión del análisis profano no puede ser decidida exclusivamente de acuerdo con consideraciones prácticas, y las condiciones locales reinantes en Estados Unidos no pueden ser las únicas que determinen nuestro juicio.

La resolución adoptada por nuestros colegas norteamericanos contra los analistas profanos, basada esencialmente en razones prácticas, me parece muy poco práctica, pues no logrará modificar uno de los factores que dominan la situación. Tiene, por así decirlo, el valor de un intento de represión. Si no es posible impedir que los analistas profanos continúen sus actividades y si el público no apoya la campaña contra los mismos, ¿no sería más conveniente reconocer el hecho de su existencia, ofreciéndoles la oportunidad de adquirir una capacitación? ¿No sería posible de esta manera influir sobre ellos y, al ofrecerles la posibilidad de ser aprobados por la profesión médica y de ser invitados a colaborar, despertar en ellos el interés por elevar su nivel ético e intelectual?

# Las resistencias contra el psicoanálisis *

El lactante sostenido por el brazo de su nodriza que se aparta sollozando de una cara extraña; el creyente que inicia el
nuevo año con una oración y que saluda, bendiciéndolos,
los primeros frutos del estío; el aldeano que se niega a com-
prar una guadaña si no lleva la marca de fábrica familiar a
sus antecesores: he aquí tres situaciones cuya discrepancia
es manifiesta y que parecería acertado reducir a motivos
particulares para cada una.

Sin embargo, sería injusto ignorar lo que tienen de común. En los tres casos se trata de un mismo displacer, que
en el niño halla expresión elemental y primitiva, en el creyente aparece artificiosamente elaborado, para el aldeano se
convierte en motivo de una decisión. Pero la fuente de este
displacer es el esfuerzo que *lo nuevo* exige a la vida anímica,
el desgaste psíquico que le impone, su concomitante inseguridad exacerbada hasta la angustiosa expectativa. Sería ten-
tador hacer de la reacción psíquica frente a lo nuevo el tema
de un estudio especial, pues en ciertas –aunque ya no primordiales– condiciones también se suele observar la actitud

* Publicado en *Imago* el año 1925, pocos meses después de haber
aparecido en francés en *La Revue Juive*.

opuesta: una sed de estimulación que se apodera de cuanto nuevo encuentra, simplemente por ser nuevo.

La aprensión ante lo nuevo no debería sentar plaza en la labor científica. La ciencia, eternamente incompleta e insuficiente, está destinada a perseguir su fortuna en nuevos descubrimientos y en nuevas concepciones. Para evitar el engaño fácil le conviene armarse de escepticismo y rechazar toda innovación que no haya soportado su riguroso examen. Mas este escepticismo muestra en ocasiones dos características insospechadas, pues mientras se opone con violencia a la novedad recién nacida, protege respetuosamente lo que ya conoce y acepta, conformándose, pues, con reprobar aun antes de haber investigado. Pero así se desenmascara como un simple heredero de aquella primitiva reacción contra lo nuevo, como un nuevo disfraz para asegurar su subsistencia. Todos sabemos cuán frecuentemente en la historia de la investigación científica las innovaciones fueron recibidas con intensa y pertinaz resistencia, revelando la evolución ulterior que ésta era injusta, y aquéllas, valiosas e importantes. Por lo general eran ciertos elementos temáticos de la novedad los que provocaban la resistencia, aunque por otro lado siempre debían concurrir varios factores para poder desencadenar esa reacción primitiva.

Una recepción particularmente ingrata le fue deparada al *psicoanálisis,* que el autor comenzó a desarrollar hace casi treinta años, basándose en las comprobaciones de Josef Breuer, de Viena, relativas al origen de los síntomas neuróticos. Su novedad era indiscutible, aunque junto a estos hallazgos elabora cuantioso material ya conocido de otras fuentes, además de resultados emanados de las doctrinas del gran neuropatólogo Charcot y de impresiones surgidas de los fenómenos hipnóticos. Al principio su importancia fue puramente terapéutica: pretendía establecer un nuevo y eficaz tratamiento de las enfermedades neuróticas. Pero ciertas vinculaciones, que al principio no pudieron ser sospechadas, llevaron al psicoanálisis más allá de su objetivo original. De tal manera, por fin, llegó a sustentar la pretensión de haber fundado sobre nuevas bases nuestra entera concepción de la vida psíquica, pretensión que afianza su importancia en cuanto sector del conocimiento se apoye en la psicología. Después de un decenio de completo desdén, se convirtió de pronto en objeto de interés público, y al mismo tiempo desencadenó una tempestad de indignada reprobación.

Pasemos por alto aquí *las normas* tras las cuales se manifestó la resistencia contra el psicoanálisis; baste observar que la lucha en torno de esta novedad, de ningún modo ha tocado a su fin, aunque ya es posible reconocer la orientación que adoptará en el futuro; sus enemigos no han logrado suprimir el movimiento. El psicoanálisis, cuyo representante único fui hace veinte años, halló desde entonces numerosos seguidores de importancia, animados por diligente afán, tanto médicos como profanos, que lo ejercen como procedimiento terapéutico para los enfermos nerviosos, como método de investigación psicológica y como recurso auxiliar de la labor científica en los más diversos campos del espíritu. Nuestro interés sólo ha de dirigirse aquí a *los motivos* de la resistencia contra el psicoanálisis, atendiendo particularmente a la composición de ésta y a la distinta valía de sus componentes.

La consideración clínica ha de situar las neurosis junto a las intoxicaciones o los procesos análogos a la enfermedad de Basedow. Trátase de estados producidos por exceso o falta relativa de determinadas sustancias muy potentes, ya se formen éstas en el propio organismo o sean introducidas desde fuera; es decir, que son en realidad trastornos del quimismo: toxicosis. Si alguien lograse demostrar y aislar la o las sustancias hipotéticas que intervienen en la génesis de las neurosis, tal hallazgo no tropezaría por cierto con la protesta de los médicos. Mas por ahora no disponemos de nin-

gún camino que nos lleve a semejante meta. Sólo podemos
tomar como punto de partida el cuadro sintomático y que
presentan las neurosis; por ejemplo, en la histeria, el cortejo
de trastornos somáticos y psíquicos. Ahora bien: tanto las
experiencias de Charcot como las observaciones clínicas de
Breuer nos enseñaron que también los síntomas *somáticos*
de la histeria son *psicogénicos,* es decir, que representan
sedimentos de procesos psíquicos transcurridos. Gracias al
establecimiento del estado hipnótico se pudo provocar arbitraria y experimentalmente dichos síntomas somáticos de la
histeria.

El psicoanálisis tomó este nuevo conocimiento como
punto de partida, comenzando por preguntarse acerca de la
índole de esos procesos psíquicos que dan lugar a tan singulares consecuencias. Pero semejante orientación científica no podía agradar a la generación médica de entonces,
educada en el sentido de la valoración exclusiva de los factores anatómicos, físicos y químicos, sin estar preparada
para apreciar lo psíquico, de modo que lo enfrentaron con
indiferencia y aversión. Evidentemente, los médicos duda-
ban de que los hechos psíquicos pudieran ser sometidos, en
principio, a una elaboración científica exacta. Reaccionando desmesuradamente contra una fase superada de la medicina en la que habían reinado las concepciones de la llamada filosofía de la naturaleza, esa generación consideraba
nebulosas, fantásticas y místicas a las abstracciones del tipo
que la psicología debe por fuerza utilizar; en cuanto a los
fenómenos enigmáticos que podrían convertirse en puntos
de partida para la investigación, simplemente les negaba
todo crédito. Los síntomas de la neurosis histérica eran tenidos por productos de la simulación; las manifestaciones del
hipnotismo, por supercherías. Hasta los psiquiatras, cuya
atención se ve asediada por los fenómenos psíquicos más
extraordinarios y asombrosos, no se mostraban dispuestos
a considerarlos en detalle y a perseguir sus vinculaciones,

conformándose con clasificar el abigarrado cuadro de las exteriorizaciones mórbidas y con reducirlas, siempre que fuera posible, a factores patógenos somáticos, anatómicos o químicos. En esta época materialista –o, más bien, mecanicista– la medicina realizó magníficos progresos, pero, no obstante, ignoró ciegamente el más excelso y difícil de los problemas que plantea la vida.

Es comprensible que los médicos, embargados por semejante posición frente a lo psíquico, no concedieran su favor al psicoanálisis ni se mostraran dispuestos a seguir su invitación para aplicar nuevos enfoques y para encarar muchas cosas de distinto modo. Pero cabría aceptar que la nueva doctrina despertara tanto más fácilmente el aplauso de los filósofos, ya que éstos solían encabezar sus explicaciones del universo con conceptos abstractos –o, al decir de malas lenguas, con palabras sin significado–, de modo que no tenían por qué condenar la dilación del campo psicológico que emprendía el psicoanálisis. Pero aquí tropezó con un nuevo obstáculo, pues lo psíquico de los filósofos no equivalía a lo psíquico del psicoanálisis. En su mayoría, los filósofos sólo califican de psíquico a lo que es un fenómeno de consciencia; para ellos, el mundo de lo consciente coincide con el ámbito de lo psíquico. Cuanto pueda suceder, fuera de esto, en el «alma», tan difícil de captar, lo adjudican a las precondiciones orgánicas o a los procesos paralelos de lo psíquico. En términos más conocidos, el alma no tiene otro contenido, sino los fenómenos conscientes, de modo que la ciencia del alma, la psicología, mal puede tener otro objeto. Tampoco el profano piensa de distinta manera.

¿Qué puede decir, pues, el filósofo ante una ciencia como el psicoanálisis, según la cual lo psíquico, en sí, sería *inconsciente*, y la consciencia, sólo una *cualidad* que puede agregarse, o no, a cada acto psíquico, sin que su eventual ausencia modifique algo en éste? Naturalmente, el filósofo afirmará que un ente psíquico inconsciente es un desatino, una *contradictio in adjecto,* y no advertirá que con semejante juicio no hace sino repetir su propia –y quizá demasiado estrecha– definición de lo psíquico. Al filósofo le resulta fácil lograr esta certidumbre, pues ignora el material cuyo estudio impuso al analista la convicción de los actos psíquicos inconscientes. No ha considerado el hipnotismo; no se esforzó en la interpretación de los sueños –que prefiere considerar, como el médico, cual productos sin sentido, resultantes de la actividad mental atenuada durante el reposo–; apenas sospecha que existen cosas como las ideas obsesivas y delirantes, y se le pondría en gran aprieto invitándole a explicarlas mediante sus premisas psicológicas. También el analista se niega a declarar qué es lo inconsciente, pero al menos puede señalar un sector fenoménico cuya observación le impuso la aceptación de lo inconsciente. El filósofo, que no conoce otra forma de observación más que la de sí mismo, no puede seguir al analista por este camino. Así, el psicoanálisis sólo saca desventajas de su posición intermedia entre la medicina y la filosofía. El médico lo considera como un sistema especulativo y se niega a creer que, como cualquier otra ciencia de la Naturaleza, se base en una paciente y afanosa elaboración de hechos procedentes del mundo perceptivo; el filósofo, que la mide con la vara de sus propios sistemas artificiosamente edificados, considera que parte de premisas inaceptables y le achaca el que sus conceptos principales –aún en pleno desarrollo– carezcan de claridad y precisión.

Semejante situación bastaría para explicar la recepción indignada y reticente que los círculos científicos dispensaron al psicoanálisis, pero no permite comprender cómo se pudo llegar a esos estallidos de furia, sarcasmo y desprecio, al abandono de todos los preceptos de la lógica y del buen gusto en la polémica. Tal reacción permite adivinar que debieron haberse animado otras resistencias, fuera de las meramente intelectuales; que fueron despertadas fuertes potencias afectivas. La doctrina psicoanalítica contiene, en efecto, bastantes elementos a los cuales se podía atribuir tal repercusión sobre las pasiones humanas, y no sólo sobre las de los hombres de ciencia.

Así, nos encontramos ante todo con la fundamental importancia que el psicoanálisis concede a los denominados *instintos sexuales* en la vida psíquica del hombre. Según la teoría psicoanalítica, los síntomas neuróticos son deformadas satisfacciones sustitutivas de energías instintivas sexuales, cuya satisfacción directa ha sido frustrada por resistencias interiores. Más tarde, cuando el psicoanálisis traspuso los límites de su primitivo campo de labor, permitiendo su aplicación a la vida psíquica normal, procuró demostrar que los mismos componentes sexuales, desviados de sus fines más directos a otros más lejanos, constituyen los más importantes aportes a las obras culturales del individuo y de la comunidad. Estas afirmaciones no eran totalmente nuevas, pues ya el filósofo Schopenhauer había señalado con palabras de inolvidable vigor la incomparable importancia de la vida sexual; por otra parte, lo que el psicoanálisis denominó «sexualidad», de ningún modo coincidía con el impulso a la unión de los sexos o a la provocación de sensaciones placenteras en los órganos genitales, sino más bien con el Eros del *Simposion* platónico, fuerza ubicua y fuente de toda vida.

Pero los adversarios olvidaron la existencia de tan ilustres precursores, ensañándose con el psicoanálisis como si éste hubiera cometido un atentado contra la dignidad de la especie humana. Le achacaron un «pansexualismo», aunque la teoría psicoanalítica de los instintos siempre fue estrictamente dualista y en ningún momento dejó de reconocer, junto a los instintos sexuales, la existencia de otros, a los cuales atribuía precisamente la energía necesaria para rechazar los instintos sexuales. Originalmente esta antítesis de los instintos se había establecido entre los instintos sexuales y los del *yo*, mientras que una orientación más reciente de la teoría la plantea entre el Eros y el instinto de muerte o de destrucción.

La parcial atribución del arte, la religión y el orden social, a la injerencia de energías instintivas sexuales, fue recibida como una denigración de los más altos patrimonios de la cultura, proclamándose solemnemente que el hombre también tendría otros intereses, además de los sexuales, pero olvidando en el apuro que también los tiene el animal –pues sólo está supeditado a la sexualidad esporádicamente en ciertas épocas, y no permanentemente, como el hombre–; olvidando que estos otros intereses jamás fueron negados en el hombre, y que al demostrarse su origen de elementales fuentes instintivas animales, en nada se reduce el valor de una conquista cultural.

Tanta falta de lógica y tamaña injusticia exigen una explicación. No será difícil hallar su causa provocadora. La cultura humana reposa sobre dos pilares: uno, la dominación de las fuerzas naturales; el otro, la coerción de nuestros instintos. Esclavos encadenados son los que soportan el trono de la soberana. Entre los elementos instintuales así sometidos a su servicio, descuellan por su fuerza y su salvajez los instintos sexuales en sentido más estricto. ¡Ay si quedasen en libertad!: el trono sería derribado estrepitosamente, y la soberana, pisoteada sin conmiseración. Bien lo sabe la sociedad, y no quiere que de ello se hable.

Pero ¿por qué no? ¿Qué mal podría traer su comentario? El psicoanálisis jamás estimuló el desencadenamiento de nuestros instintos socialmente perniciosos; bien al contrario, señaló su peligro y recomendó su corrección. Pero la sociedad nada quiere saber de que se revelen tales condiciones, porque su conciencia le remuerde en más de un sentido. Ante todo, ha implantado un alto ideal de moralidad –moralidad significa coerción de los instintos–, cuyo cumplimiento exige a todos sus miembros, sin preocuparse de lo difícil que esta obediencia pueda resultarle al individuo. Pero, en cambio, no cuenta con una organización tan íntegra y perfecta como para poder indemnizar al individuo por su renuncia a los instintos. Por consiguiente, quédale librado a éste el camino por el cual podrá conseguir compensación suficiente para el sacrificio que se le impuso, conservando así su equilibrio psíquico. Pero, en suma, el hombre se ve obligado a exceder psicológicamente sus medios de vida, mientras que por otro lado sus exigencias instintuales insatisfechas le hacen sentir las imposiciones culturales como una constante opresión. Con esto, la sociedad sostiene un estado de *hipocresía cultural* que necesariamente será acompañado por un sentimiento de inseguridad y por la imprescindible precaución, que consiste en prohibir toda crítica y discusión al respecto. Esto rige para todas las tendencias instintuales, es decir, también para los egoístas; no hemos de investigar aquí la medida en que se puede aplicar el mismo patrón a todas las culturas, y no solamente a las que ya han completado su evolución. Agrégase a esto, en lo que a los instintos estrictamente sexuales se refiere, el hecho de que la mayoría de los hombres los dominan en forma insuficiente y psicológicamente incorrecta, de modo que son éstos, precisamente, los más propensos a desencadenarse.

El psicoanálisis pone al descubierto las flaquezas de este sistema y recomienda su corrección. Propone ceder en la rigidez de la represión instintual, concediendo, en cambio, más espacio a la sinceridad. Ciertos impulsos instintuales, en cuya supresión la sociedad ha ido demasiado lejos, han de ser dotados de mayor satisfacción; en otros, el ineficaz método de dominio por vía de la represión debe ser sustituido por un procedimiento mejor y más seguro. Debido a esta crítica, el psicoanálisis fue tachado de «enemigo de la cultura», condenándolo como un «peligro social». Semejante resistencia no puede gozar de vida eterna; a la

larga, ninguna institución humana podrá escapar a la
influencia de una crítica justificada, pero hasta ahora la actitud del hombre frente al psicoanálisis sigue siendo domi-
nada por este miedo que desencadena las pasiones y menos-
caba la pretensión de argumentar lógicamente.

Con su teoría de los instintos, el psicoanálisis ofendió al
hombre en su orgullo de sentirse miembro de la comunidad
social; otro elemento de su sistema teórico, en cambio, pudo
herir a todo individuo en el punto más sensible de su propia
evolución psíquica. El psicoanálisis puso fin a la fábula de la
infancia asexual, demostrando que los intereses y las actividades sexuales existen en el niño pequeño desde el comienzo de su vida, revelando las transformaciones que sufren,
mostrando cómo experimentan cierta inhibición alrededor
de los cinco años, para ponerse al servicio de la función
genérica a partir de la pubertad. Reconoció que la temprana vida sexual infantil culmina en el denominado *complejo
de Edipo,* en la vinculación afectiva con el personaje parental del sexo opuesto, acompañada de rivalidad frente al del
mismo sexo, tendencia que en esa época de la vida aún se
manifiesta libremente, como deseo sexual directo. Todo
esto se puede confirmar con tal facilidad, que realmente fue
preciso desplegar un enorme esfuerzo para lograr pasarlo
por alto. En efecto, cada individuo recorre esta fase, pero
luego reprime enérgicamente su contenido, llegando a olvi-
darlo. La repugnancia ante el incesto y un enorme sentimiento de culpabilidad son residuos de esa prehistoria individual. Quizá sucedió algo muy parecido en la prehistoria
de la especie humana, y los orígenes de la moralidad, de la
religión y del orden social estarían íntimamente vinculados
a la superación de esa época arcaica. Al hombre adulto no
debía recordársele esa prehistoria, que más tarde se le tornó
tan digna de vergüenza; sufría un acceso de furia cada vez
que el psicoanálisis pretendía descorrer el velo de la amnesia que oculta sus años infantiles. Así, sólo quedó un recur-

so: cuanto afirmaba el psicoanálisis debía ser falso, y esta pretendida ciencia nueva no había de ser más que un tejido de fantasías y supercherías.

Las fuertes resistencias contra el psicoanálisis no eran, pues, de índole intelectual, sino que procedían de fuentes afectivas; esto permitía explicar su apasionamiento y su falta de lógica. La situación se adaptaba a una fórmula muy simple: los hombres, en tanto que masa humana, se conducían frente al psicoanálisis exactamente igual que un individuo neurótico sometido a tratamiento por sus trastornos, pero al cual se podía demostrar pacientemente que todo había sucedido como el análisis lo afirmaba. Por otra parte, tales hechos no fueron inventados por esta ciencia, sino hallados en el estudio de otros neuróticos mediante esfuerzos prolongados durante varios decenios.

Semejante situación tenía, al mismo tiempo, algo terrible y algo grato: terrible, porque no era ninguna minucia tomar a la especie humana entera como paciente; grato, porque a fin de cuentas todo venía a suceder como, de acuerdo con la hipótesis del psicoanálisis, debía ocurrir.

Si repasamos una vez más las ya descritas resistencias contra el psicoanálisis, debemos reconocer que sólo en su menor parte son de la especie que se suele enfrentar a la mayoría de las innovaciones científicas. La parte más considerable obedece a que el contenido de esta doctrina había herido fuertes sentimientos de la humanidad. Por otra parte, sucedió otro tanto con la teoría evolucionista de Darwin, que aniquiló la valla entre el hombre y el animal, levantada por la vanidad humana. En un breve ensayo anterior («Una dificultad del psicoanálisis», *Imago,* 1917) [1] ya señalé esta analogía. Destaqué allí que el concepto psicoanalítico de la relación entre el *yo* consciente y el todopoderoso inconsciente constituye una grave afrenta contra el amor propio humano, afrenta que califiqué de *psicológica,* equiparándola a la *biológica,* representada por la teoría evolucionista, y a la anterior, *cosmológica*, infligida por el descubrimiento de Copérnico.

La resistencia contra el psicoanálisis también fue reforzada parcialmente por dificultades puramente exteriores. No es fácil formarse un juicio independiente en las cosas psicoanalíticas, a menos que se haya experimentado esta ciencia en carne propia o en el prójimo. No es posible hacer lo último sin haber aprendido antes determinada técnica harto dificultosa, y hasta hace poco no se disponía de medios accesibles para aprender el psicoanálisis y su técnica. Tal situación ha mejorado ahora, al fundarse en Berlín el Policlínico Psicoanalítico y el Instituto de Enseñanza (1920). Poco después (1922) se fundó en Viena un instituto análogo.

Finalmente, el autor puede plantear con toda modestia la pregunta de si su propia personalidad de judío, que jamás intentó ocultar tal carácter, no habría participado en la antipatía que el mundo ofreció al psicoanálisis. Sólo raramente fue expresado un argumento de esta clase, pero por desgracia nos hemos tornado tan suspicaces, que no podemos por menos de sospechar que esta circunstancia debe haber ejercido algún efecto. Quizá tampoco sea simple casualidad el hecho de que el primer representante del psicoanálisis fuese un judío. Para profesar esta ciencia era preciso estar muy dispuesto a soportar el destino del aislamiento en la oposición, destino más familiar al judío que a cualquier otro hombre.

# La peritación forense en el proceso Halsmann [*]

En la medida de nuestros conocimientos, el complejo de Edipo existe en la infancia de todo ser humano, experimenta considerables modificaciones en el curso del desarrollo y en muchos individuos subsiste con variable intensidad aun en la edad madura. Sus caracteres esenciales, su universalidad, su contenido, sus vicisitudes mismas, todo esto fue reconocido ya, mucho antes de que surgiera el psicoanálisis, por un pensador tan agudo como Diderot. Así lo atestigua un pasaje de su renombrado diálogo *Le neveu de Rameau,* cuya traducción por Goethe en el tomo XLV de la *Sophienausgabe* dice en la página 136 lo siguiente: «Si el pequeño salvaje quedase librado a sí mismo y si conservase toda su imbecilidad; si uniera a la escasa razón de un niño de pecho la violencia de las pasiones de un hombre de treinta años, por cierto que le retorcería el cuello al padre y deshonraría a la madre.»

Si se hubiese demostrado objetivamente que Philipp Halsmann mató a su padre, tendríase, en efecto, el derecho de invocar el complejo de Edipo para motivar una acción incomprensible de otro modo. Dado que tal prueba, empe-

[*] Publicado en 1931.

ro, no ha sido producida, la mención del complejo de Edipo sólo puede inducir a confusión, y en el mejor de los casos es ociosa. Cuanto la instrucción ha revelado en la familia Halsmann con respecto a conflictos y desavenencias entre padre e hijo no basta en modo alguno para fundamentar la presunción de una mala relación paterna en el hijo. Sin embargo, aunque así no fuera, cabría aducir que falta un largo trecho para llegar a la motivación de semejante acto. Precisamente por su existencia universal, el complejo de Edipo no se presta para derivar conclusiones sobre la culpabilidad. De hacerlo, llegaríase fácilmente a la situación admitida en una conocida anécdota: ha habido un robo con fractura; se condena a un hombre por haber hallado en su poder una ganzúa. Leída la sentencia, se le pregunta si tiene algo que agregar, y sin vacilar exige ser condenado además por adulterio, pues también tendría en su poder la herramienta para el mismo.

En la grandiosa novela de Dostoievski *Los hermanos Karamazov* la situación edípica ocupa el centro de la trama. El viejo Karamazov se ha hecho odiar por sus hijos a causa de la despiadada opresión que les impone; para uno de ellos es además poderoso rival ante la mujer deseada. Este hijo, Dimitri, no oculta su propósito de vengarse violentamente en su padre, de modo que es natural que, habiendo sido el padre víctima de un asesinato y robo, sea acusado como su asesino y condenado, a pesar de todas sus protestas de inocencia. No obstante, Dimitri es inocente: otro de los hermanos ha cometido el hecho. En la escena del proceso pronúnciase el dicho que ha llegado a ser famoso: la psicología sería un arma de doble filo.

La peritación emitida por la Facultad de Medicina de Innsbruck parece inclinada a atribuir a Philipp Halsmann un complejo de Edipo «activo»; pero renuncia a determinar el grado de esta actividad, porque bajo la presión de la acusación no estarían dadas en Philipp Halsmann las condiciones necesarias para «una franqueza integral». Cuando a continuación rehúsa «buscar la raíz del hecho en un complejo de Edipo, aun cuando el acusado fuese culpable», es evidente que, sin necesidad alguna, los autores de la peritación se exceden en su formulación negativa.

En la misma peritación nos encontramos con una contradicción harto significativa. Se restringe al máximo la posible influencia de una conmoción emocional sobre la perturbación de la memoria para las impresiones recibidas antes del momento crítico y durante el mismo; a mi juicio, esta restricción no es justificada. Además, se rechaza decididamente la suposición de un estado excepcional o de una enfermedad mental, mientras que se acepta de buen grado la explicación por medio de una «represión» que habría afectado a Philipp Halsmann después del hecho. Por mi parte, debo declarar que sería una rareza de primer orden encontrarse con semejante represión inesperada, producida sin anuncio previo en un adulto que no presenta signo alguno de una neurosis grave; represión que además afecta un hecho que es, por cierto, mucho más importante que todos los discutidos detalles de distancia, situación y sucesión cronológica; una represión que se habría producido en un estado normal o en uno modificado solamente por la fatiga corporal.

# Personajes psicopáticos en el teatro *

Si, como desde los tiempos de Aristóteles viénese admitiendo, es la función del drama despertar la piedad y el temor, provocando así una «catarsis de las emociones», bien podemos describir esta misma finalidad expresando que se trata de procurarnos acceso a fuentes de placer y de goce yacentes en nuestra vida afectiva, tal como el chiste y lo cómico lo hacen en la esfera del intelecto, cuya acción es precisamente la que nos ha tornado inaccesibles múltiples fuentes de dicha especie. No cabe duda de que, a este respecto, el principal papel le corresponde a la liberación de los propios afectos del sujeto, y el goce consiguiente ha de corresponder, pues, por un lado, al alivio que despier-

* Tratáse de un manuscrito inédito en alemán, redactado en 1904 con el título *Psychopathische Personen auf der Bühne,* que el crítico musical vienés Max Graf guardó en recuerdo de aquellos años en que formaba parte del «círculo de los miércoles» en casa de Freud. Su versión inglesa por Henry Alden Bunker, única publicada hasta ahora, apareció en el *Psychoanalytic Quaterly,* 11: 459-464, 1942, con el título *Psychopathic Characters on the Stage,* acompañada de un artículo de Graf. La redacción del *Quarterly* deja a salvo en una nota su responsabilidad por dicho artículo y señala los dos datos erróneos más evidentes que el

ta su libre descarga, y por el otro, muy probablemente, a la estimación sexual concomitante que, según es dable suponer, representa el subproducto ineludible de toda excitación emocional, inspirando en el sujeto ese tan caramente estimado sentimiento de exaltación de su nivel psíquico. La contemplación apreciativa de una representación dramática cumple en el adulto la misma función que el juego desempeña en el niño, al satisfacer su perpetua esperanza de poder hacer cuanto los adultos hacen. El espectador del drama es un individuo sediento de experiencias; se siente como ese «Mísero, al que nada importante puede ocurrirle»; hace ya mucho tiempo que se encuentra obligado a moderar, mejor dicho, a dirigir en otro sentido su ambición de ocupar una plaza central en la corriente del suceder universal; anhela sentir, actuar, modelar el mundo a la luz de sus deseos; en suma, ser un protagonista *. Y he aquí el autor y los actores del drama le

mismo contiene. Por lo demás, Graf narra en forma circunstancial sus años de relación asidua con Freud, que se extendieron de 1900 hasta 1910 o 1912, ofreciendo un testimonio presencial del aislamiento en que Freud se encontraba a comienzos de siglo, de la gradual formación del círculo de discípulos, de las citadas reuniones semanales, entre cuyos concurrentes menciona a Adler, Stekel, Federn, el escritor Hermann Bahr, el musicólogo Leher, Graf mismo y, más tarde, Jung y Ferenczi. A pesar de su generosidad y amplitud de ánimo, Freud habría sido intransigente en cuestiones científicas, a las cuales subordinaba toda consideración de afecto personal y de amistad.

El presente trabajo tiene, según Graf, el carácter de un borrador escrito a vuelapluma, casi sin tachas ni correcciones, que traduce claramente el estilo oral improvisado de Freud. Por su contenido lo relaciona con *La interpretación de los sueños* y con *El chiste y su relación con lo inconsciente,* obras entre las cuales también se sitúa cronológicamente. *(N. del T.)*

* Aquí y en lo que sigue puede leerse «héroe» cada vez que dice «protagonista», pues una misma voz tiene ambas acepciones tanto

posibilitan todo esto al ofrecerle la oportunidad de identificarse con un protagonista. Pero de este modo le evitan también cierta experiencia, pues el espectador bien sabe que si asumiera en su propia persona el papel del protagonista, debería incurrir en tales pesares, sufrimientos y espantosos terrores que le malograrían por completo, o poco menos, el placer implícito. Sabe, además, que sólo tiene una vida que vivir, y que bien podría perecer ya en la primera de las múltiples batallas que el protagonista debe librar con los hados. De ahí que su goce dependa de una ilusión, pues presupone la atenuación de su sufrimiento merced a la certeza de que, en primer término, es otro, y no él, quien actúa y sufre en la escena, y en segundo lugar trátase sólo de una ficción que nunca podría llegar a amenazar su seguridad personal. Es en tales circunstancias cuando puede permitirse el lujo de ser un héroe y protagonista, cuando puede abandonarse sin vergüenza a sus impulsos coartados, como la demanda de libertad en cuestiones religiosas, políticas, sociales o sexuales, y cuando puede también dejarse llevar dondequiera sus arrebatos quieran llevarlo, en cuanta gran escena de la vida se represente en el escenario.

Todos estos prerrequisitos del goce, empero, son comunes a varias otras formas de la creación artística. La poesía épica sirve en primer lugar a la liberación de sentimientos intensos, pero simples, como en su esfera de influencia lo hace también la danza. Cabe afirmar que el poema épico facilita particularmente la identificación con la gran personalidad heroica en medio de sus triunfos, mientras que del drama se espera que ahonde más en las posibilidades emocionales y que logre transformar aún las más sombrías amenazas del destino en algo disfrutable, de modo que representa al héroe acosado por la calamidad, haciéndolo

en alemán como en inglés, y sólo en una o dos ocasiones me he servido de un guión para acentuar la ambigüedad. *(Nota del T.)*

sucumbir con cierta satisfacción masoquista. En efecto, podríase caracterizar el drama precisamente por esta relación suya con el sufrimiento y con la desgracia, ya sea que, como en la comedia dramática, se limite a despertar la ansiedad para aplacarla luego; ya sea que, como en la tragedia, el sufrimiento realmente sea desplegado hasta sus términos últimos. Es indudable que este significado del drama guarda cierta relación con su descendencia de los ritos sacrificiales (el chivo y el chivo emisario) en el culto de los dioses: el drama aplaca, en cierta manera, la incipiente rebelión contra el orden divino que decretó el imperio del sufrimiento. El héroe es, en principio, un rebelde contra Dios y lo divino; y es del sentimiento de miseria que la débil criatura siente enfrentada con el poderío divino de donde el placer puede considerarse derivado, a través de la satisfacción masoquista y del goce directo del personaje, cuya grandeza el drama tiende, con todo, a destacar. He aquí, en efecto, la actitud prometeica del ser humano, quien, animado de un espíritu de mezquina complacencia, está dispuesto a dejarse aplacar por el momento con una gratificación meramente transitoria.

Todas las formas y variedades del sufrimiento pueden constituir, pues, temas del drama, que con ellas promete crear placer para el espectador. De aquí emana la condición primera que este género artístico ha de cumplir: no causar sufrimiento alguno al espectador y hallar los medios de compensar mediante las gratificaciones que posibilita la piedad que ha suscitado –una regla ésta que los dramaturgos modernos se han entregado a violar con particular frecuencia–. Dicho sufrimiento, empero, no tarda en quedar restringido a la angustia psíquica, pues nadie desea presenciar el sufrimiento físico, teniendo presente la facilidad con que las sensaciones corporales así despertadas ponen fin a toda posibilidad de goce psíquico. Quien está enfermo conoce sólo un deseo: curar; salir de su condición actual;

que el médico acuda con sus medicamentos; que cese el
hechizo del juego de la fantasía –ese hechizo que nos ha
corrompido al extremo de permitirnos derivar goce aun de
nuestro sufrimiento–. Cuando el espectador se coloca en el
lugar de quien sufre una afección física, nada encuentra en
sí mismo que pueda procurarle un goce o que le permita un
trueque psicológico, y por eso una persona físicamente
enferma sólo es admisible en el teatro a título secundario,
pero no como protagonista, salvo que algún aspecto psíquico particular de la enfermedad sea susceptible de una elaboración psicológica, como, por ejemplo, en el abandono de
Filoctetes enfermo o en la desesperanza de los enfermos
presentados en las obras de Strindberg.

El sufrimiento psíquico, empero, se reconoce particularmente en relación con las circunstancias de las cuales se ha
desarrollado: de ahí que el drama requiera una acción de la
que dicho sufrimiento emana, y de ahí que comience por
presentar esa acción al espectador. El hecho de que obras
tales como *Ayax* y *Filoctetes* presenten un sufrimiento psíquico ya existente, sólo es excepcional en apariencia, pues
debido a la familiaridad de los temas para el público, en los
dramas griegos el telón se levanta siempre, por decirlo así,
en el medio de la representación. Ahora bien: es fácil definir
las condiciones que dicha acción debe reunir. Es preciso que
exista en ella un juego de fuerzas contendientes; la acción
habrá de llevar implícito un anhelo de la voluntad y alguna
oposición a éste. El primero y más grandioso ejemplo en el
cual se dieron tales condiciones fue la lucha contra la divinidad. Ya se ha dicho que la esencia de esta tragedia es la
rebelión, con el dramaturgo y el espectador adoptando el
partido del rebelde. A medida que se va reduciendo luego lo
que se atribuye a la divinidad, acreciéntase paulatinamente
el elemento humano, que al profundizarse la comprensión
tórnase cada vez más responsable del sufrimiento. Así, la
lucha siguiente, la del héroe-protagonista contra la comuni-

dad social, se convierte en la tragedia social. Una nueva situación en la cual vuelven a cumplirse las mencionadas condiciones la hallamos en la lucha de los hombres mismos entre sí, esto es, en el drama de caracteres, que lleva implícitas todas las características agonistas, debiendo tener, pues, más de un protagonista y desenvolverse preferentemente entre personalidades notables, libres de todas las restricciones impuestas por las instituciones humanas. Naturalmente, nada se opone a la combinación entre los dos géneros dramáticos antedichos; por ejemplo, en la forma de una lucha del protagonista contra instituciones encarnadas en personajes fuertes y poderosos. Al genuino drama de caracteres le faltan las fuentes de goce ofrecidas por el tema de la rebelión, que en las piezas sociales, como las de Ibsen, vuelve a destacarse en primer plano, con el mismo poderío que tenía en las obras históricas del clasicismo griego. Mientras los dramas religiosos, de caracteres y sociales difieren principalmente entre sí con respecto a la escena en la cual tiene lugar la acción y de la que emana el sufrimiento, cabe considerar ahora otra situación dramática, en la cual el drama se convierte en psicológico, pues el alma misma del protagonista es la que constituye el campo de una angustiosa batalla entre diversos impulsos contrapuestos: una batalla que debe concluir, no con el aniquilamiento del protagonista, sino con el de uno de los impulsos contendientes, o sea, con un renunciamiento. Naturalmente, todas las combinaciones imaginables entre esta situación y la de los géneros dramáticos anteriores –el social y el de caracteres– son posibles, en la medida en que también las instituciones sociales suscitan idénticos conflictos internos, y así sucesivamente. Es aquí donde cabe situar el drama de amor, ya que la coartación de éste –sea en aras de las costumbres, de las convenciones o del conflicto entre «el amor y el deber», tan conocido a través de la ópera– constituye el punto de partida de una casi infinita variedad de situaciones conflictuales, tan infinitas en su variedad como lo son las fantasías eróticas del género humano. Con todo, las posibilidades no se agotan aquí, pues el drama psicológico se convierte en psicopatológico cuando la fuente de este sufrimiento, que hemos de compartir y del cual se espera que derivemos nuestro placer, no es ya un conflicto entre dos motivaciones inconscientes casi por igual, sino entre motivaciones conscientes y reprimidas. Aquí, la condición previa para que se dé el goce es que también el espectador sea neurótico. En efecto, sólo a un neurótico podrá depararle placer la liberación y, en cierta medida, también la aceptación consciente de la motivación reprimida, en vez de despertar su repulsión, como ocurriría en toda persona no neurótica, que, además de rechazar dicha motivación, se dispondrá a repetir el acto represivo, ya que en ella la represión ha tenido pleno éxito. El impulso reprimido se mantiene en perfecto equilibrio con la fuerza originaria de la represión. En el neurótico, por el contrario, la represión está siempre a punto de fracasar: es inestable y requiere esfuerzos incesantemente renovados para mantenerse, esfuerzos que podrían ser evitados mediante el reconocimiento de lo reprimido. Sólo en el neurótico existe, pues, una puja de índole tal que pueda convertirse en asunto dramático; también en él, empero, el dramaturgo despertará no sólo el placer derivado de la liberación, sino también la resistencia consiguiente a la misma.

El máximo drama moderno de esta especie es *Hamlet,* que expone el tema de un hombre normal tornado neurótico a causa de la índole particular de la misión que se le impone; un hombre en el cual trata de imponerse un impulso que hasta ese momento ha estado eficazmente reprimido. *Hamlet* se distingue por tres características que parecen importantes para nuestra consideración: 1) No es un protagonista psicopático, pero llega a serlo en el curso de la acción que hemos de presenciar. 2) El deseo reprimido pertenece a la categoría de aquellos que están igualmente reprimidos en todos nosotros y cuya represión forma parte de una de las más precoces fases de nuestro desarrollo individual, mientras que la situación planteada en el drama está destinada, precisamente, a aniquilar esa represión. En virtud de estas dos características nos resulta fácil reconocernos a nosotros mismos en el protagonista, pues somos víctimas de los mismos conflictos que él, ya que «quien no pierde la razón bajo ciertas provocaciones, ninguna razón tiene que perder». 3) Parecería, sin embargo, que uno de los prerrequisitos de este género artístico consistiese en que la puja del impulso reprimido por tornarse consciente, aunque identificable en sí misma, aparece tan soslayada que el proceso de su conscienciación llévase a cabo en el espectador mientras su atención se halla distraída y mientras se encuentra tan preso de sus emociones que no es capaz de un juicio racional. De tal modo queda apreciablemente reducida la resistencia, a semejanza de lo que ocurre en el tratamiento psicoanalítico cuando los derivados de los pensamientos y afectos reprimidos emergen a la consciencia como resultado de una atenuación de la resistencia y mediante un proceso que no se halla al alcance del propio material reprimido. En efecto, el conflicto de *Hamlet* se encuentra tan profundamente oculto que en un principio sólo atiné a sospechar su existencia.

Posiblemente sea a causa del descuido de estas tres condiciones, ineludibles, por lo que tantos otros personajes psicopáticos son tan aptos para el teatro como lo son para la vida misma. Pues el neurótico es, para nosotros, por cierto, un ser humano de cuyo conflicto no podemos obtener la menor comprensión (empatía), cuando nos lo exhibe en la forma de un producto final. Recíprocamente, una vez que nos hemos familiarizado con dicho conflicto, olvidamos que se trata de un enfermo, tal como él mismo deja de estar enfermo al familiarizarse con el conflicto. Es así tarea del dramaturgo transportarnos dentro de la misma enferme-

dad, cosa que se logra mejor si nos vemos obligados a
seguirlo a través de todo su desarrollo. Esto será particularmente necesario si la represión no se encuentra ya establecida en nosotros y si, por consiguiente, debe ser efectuada de
nuevo cada vez, lo cual representaría un paso más allá de
*Hamlet* en cuanto a la utilización de la neurosis en el teatro.
Cuando en la vida real nos topamos con tal neurosis enigmática y plenamente desarrollada, llamamos al médico y no
vacilamos en considerar a la persona en cuestión como
inepta para convertirse en personaje dramático.

En términos generales quizá podríase dejar establecido
que la labilidad neurótica del público y el arte del dramaturgo para aprovechar las resistencias y para suministrar un
preplacer son los únicos elementos que fijan límites a la utilización de personajes anormales en el teatro.

# Sobre la enseñanza del psicoanálisis en la Universidad *

La cuestión de si conviene o no enseñar el psicoanálisis en la Universidad puede ser abordada desde dos puntos de vista: el del análisis mismo y el de la Universidad.

1) Es indudable que la incorporación del psicoanálisis a la enseñanza universitaria significaría una satisfacción moral para todo psicoanalista, pero no es menos evidente que éste puede, por su parte, prescindir de la Universidad

* Título del original húngaro: «Kelle-e az egyetemen a psychoanalysist tanitani?» («¿Debe enseñarse el psicoanálisis en la Universidad?»). Publicado únicamente en húngaro en la revista *Gyógyászat*, Budapest, 1919, pág. 192, núm. 13. Este artículo de Freud ha sido redescubierto en el curso de las pesquisas bibliográficas previas a la presente edición. Nunca se encontró el original alemán. Las circunstancias de su hallazgo han sido relatadas en la *Revista de Psicoanálisis*, Buenos Aires, vol. XII, núm. 1, páginas 102-110, 1955, con el título «Un artículo omitido de Sigmund Freud», donde el lector encontrará también referencias a otros escritos aquí reunidos. La traducción de este artículo ha sido realizada con la valiosa colaboración de la doctora Marta Békei, y la fuente original se obtuvo en fotocopia, gracias a la gentileza de la Oficina Sanitaria Panamericana de la Organización Mundial de la Salud. *(N. del T.)*

sin menoscabo alguno para su formación. En efecto, la orientación teórica que le es imprescindible la obtiene mediante el estudio de la bibliografía respectiva y, más concretamente, en las sesiones científicas de las asociaciones psicoanalíticas, así como por el contacto personal con los miembros más antiguos y experimentados de las mismas. En cuanto a su experiencia práctica, aparte de adquirirla a través de su propio análisis, podrá lograrla mediante tratamientos efectuados bajo el control y la guía de los psicoanalistas más reconocidos.

Dichas asociaciones deben su existencia precisamente a la exclusión de que el psicoanálisis ha sido objeto por la Universidad. Es evidente, pues, que seguirán cumpliendo una función útil mientras se mantenga dicha exclusión.

2) En lo que a la Universidad se refiere, la cuestión se reduce a verificar si en principio está dispuesta a reconocer al psicoanálisis alguna importancia en la formación del médico y del hombre de ciencia. De ser así, tendrá que resolver la manera de incluirlo en el conjunto de su enseñanza.

La importancia del psicoanálisis para la formación médica y universitaria se basa en lo siguiente:

*a)* Con justa razón en los últimos decenios se ha criticado la formación del médico por orientar unilateralmente al estudiante hacia la anatomía, la física y la química, dejando de señalarle, en cambio, la importancia que poseen los factores psíquicos en las manifestaciones vitales, en la enfermedad y en el tratamiento. Tal laguna de la formación médica se hace sentir más tarde como un flagrante defecto en la actuación profesional, que no sólo se expresa en la falta de todo interés por aquellos problemas que son precisamente los más interesantes en la existencia del ser humano, sea sano o enfermo, sino que también entorpece la acción terapéutica del médico, al punto de que el enfermo se mostrará más susceptible a la influencia de cualquier curandero o charlatán.

Tan sensible defecto de la enseñanza indujo hace ya bastante tiempo a incorporar cátedras de psicología médica en los planes de la misma, pero mientras los cursos dictados se basaron en la psicología escolástica o en la experimental –dedicada a un enfoque sólo fragmentario–, no podía satisfacer las necesidades planteadas por la formación del estudiante ni podían librarle acceso a los problemas de la vida y de su profesión. Por tales razones dichas formas de psicología médica no lograron mantener su plaza en los planes de enseñanza.

La creación de una cátedra de psicoanálisis, en cambio, bien podría responder a estas demandas. Antes de exponer el psicoanálisis mismo sería necesario un curso de introducción dedicado a tratar las relaciones entre la vida psíquica y la somática, fundamento de cualquier tratamiento psíquico, a enseñar todas las formas de la terapia sugestiva, demostrando que, en última instancia, el psicoanálisis constituye el término final y culminante de toda psicoterapia. En efecto, comparado con todos los otros sistemas, el psicoanálisis es el más apropiado para transmitir al estudiante un conocimiento cabal de la psicología.

*b)* Otra de las funciones del psicoanálisis consiste en ofrecer una preparación para el estudio de la psiquiatría. En su forma actual ésta tiene un carácter meramente descriptivo, pues sólo muestra al estudiante una serie de cuadros clínicos y lo faculta para distinguir entre ellos los que son incurables o los que revisten peligrosidad social. Su única vinculación con las demás ramas del saber médico reside en la etiología orgánica y en la comprobación anatomopatológicas, mientras que no facilita la menor comprensión acerca de los hechos observados. Sólo la psicología profunda puede suministrar tal comprensión.

En la medida de mis informaciones, en Estados Unidos ya se ha reconocido que el psicoanálisis –primer ensayo de psicología profunda– aborda con éxito dicho sector aún irresuelto de la psiquiatría. Por consiguiente, en muchas escuelas médicas de dicho país díctanse cursos de psicoanálisis como introducción a la psiquiatría.

La enseñanza del psicoanálisis habría de desarrollarse en dos etapas: un curso elemental, destinado a todos los estudiantes de medicina, y un ciclo de conferencias especializadas, para médicos psiquiatras.

*c*)  Al investigar los procesos psíquicos y las funciones mentales el psicoanálisis se ajusta a un método particular, cuya aplicación en modo alguno está limitada al campo de las funciones psíquicas patológicas, sino que también concierne a la resolución de problemas artísticos, filosóficos o religiosos, suministrando en tal sentido múltiples enfoques nuevos y revelaciones de importancia para la historia de la literatura, la mitología, la historia de las culturas y la filosofía de las religiones. Por consiguiente, dicho curso general habría de ser accesible asimismo a los estudiantes de estas ramas de la ciencia. Es evidente que la estimulación de aquéllas por las ideas analíticas contribuirá a crear, en el sentido de la *universitas literarum*, una unión más estrecha entre la ciencia médica y las ramas del saber que corresponden al ámbito de la filosofía.

En síntesis, cabe afirmar que la Universidad únicamente puede beneficiarse con la asimilación del psicoanálisis en sus planes de estudio. Naturalmente, su enseñanza sólo podrá tener carácter dogmático-crítico por medio de clases teóricas, pues nunca, o sólo en casos muy especiales, ofrecerá la oportunidad de realizar experimentos o demostraciones prácticas. A los fines de la investigación que deba llevar a cabo el docente de psicoanálisis bastará con disponer de un consultorio externo que provea el material necesario en la forma de los enfermos denominados «nerviosos», mientras que para cumplir la función asistencial de la psiquiatría deberá contarse además con un servicio de internamiento.

Cabe atender la objeción de que con la enseñanza aquí esbozada el estudiante de medicina nunca podrá aprender cabalmente el psicoanálisis. Efectivamente es así, si encaramos el ejercicio práctico del análisis, pero para el caso bastará con que aprenda algo del psicoanálisis y lo asimile. Por otra parte, la enseñanza universitaria también hace del estudiante de medicina un cirujano diestro y capaz de afrontar cualquier intervención. Ninguno de los que por vocación llegan a la cirugía podrá eludir su formación ulterior trabajando durante varios años en un instituto de la especialidad.

# Notas

## Esquema del psicoanálisis

1.  Alianza Editorial, con el título *La histeria.* Madrid, 1967 (1996)
2.  Alianza Editorial, Madrid, 1972 (1999)
3.  Alianza Editorial, Madrid, 1966 (1999)
4.  Alianza Editorial, Madrid, 1966 (1999)
5.  Posteriormente he debido rectificar esta afirmación en el sentido de reivindicar la exclusiva paternidad del psicoanálisis. Véase el ensayo titulado «Historia del movimiento psicoanalítico», en *Autobiografía. Historiadel movimiento psicoanalítico,* Alianza Editorial, Madrid, 1969 (1996)
6.  Doctor José Breuer, miembro de la Real Academia de Ciencias, conocido por sus trabajos sobre la respiración y sobre la fisiología del equilibrio. Nació en 1842.
7.  Alianza Editorial, con el título *La histeria.* Madrid, 1967 (1996)
8.  Sé que esta afirmación no es ya cierta hoy en día; mas, en mi conferencia, me retrotraía yo y retrotraía a mis oyentes a los años anteriores al de 1880. Si las cosas han variado desde entonces, ello se debe en gran parte a los esfuerzos cuya historia trato de exponer aquí esquemáticamente.

9.  'Cura de charla'.
10. 'Limpiar la chimenea', 'deshollinar'.
11. *Studien über Hysterie*, 3.ª ed., pág. 26.
12. *Studien über Hysterie*, 3.ª ed., pág. 31.
13. L. c., pág. 30.
14. L. c., 2.ª ed., págs. 43 y 46.
15. El monumento actual no es el primitivo, aunque se halle coloca-
    do en el mismo lugar en que éste se alzaba. El nombre de
    *Charing,* según me comunicó el doctor Jones, es una derivación
    de las palabras *chère reine.*
16. Véase *El chiste y su relación con lo inconsciente,* Alianza Editorial,
    Madrid, 1969 (1996)
17. 'Y el Redentor, ¿dónde está?'
18. C. G. Jung: *Diagnostische Assoziationsstudien,* 1906.
19. Véase *La interpretación de los sueños,* Alianza Editorial, Madrid,
    1966 (1999)
20. Véase *Psicopatología de la vida cotidiana,* Alianza Editorial,
    Madrid, 1966 (1999)
21. Bleuler, *Sexuelle Abnormitäten der Kinder,* en *Jahrb, der schweiz.
    Gessellschatt für Schulgesundheitsflege,* IX, 1908.
22. *Jahrbuch für Kinderheiljunde,* 1879.
23. Véase la obra de O. Rank titulada *Der Künstler,* A. Heller. Viena,
    1907.
24. S. Ferenczi, *Introjektion und Uebertragung,* en *Jahrbuch für psy-
    choanal. und psychopath. Forschungen,* I, 2, 1909.

## Compendio del psicoanálisis

1.  Esta parte arcaica del aparato psíquico seguirá siendo la más
    importante durante la vida entera. Con ella se inició también la
    labor investigadora del psicoanálisis.
2.  Los poetas han imaginado algo semejante, pero nada de ello nos
    muestra la historia de la sustancia viva.
3.  Ya al filósofo Empédocles de Acragas le era familiar esta concep-
    ción de las fuerzas básicas o instintos, que todavía despierta
    tanta oposición entre los analistas.
4.  Véase al respecto la hipótesis de que el hombre desciende de un
    mamífero que habría alcanzado su madurez sexual a los cinco
    años. Alguna circunstancia exterior de gran magnitud influyó
    entonces sobre la especie, interrumpiendo la evolución directa
    de la sexualidad. Con ello podrían estar relacionadas asimismo

otras modificaciones de la sexualidad humana, comparada con la animal, como la supresión de la periodicidad de la libido y el aprovechamiento del papel desempeñado por la menstruación en las relaciones entre los sexos.

5. Cabe preguntarse aquí si la satisfacción de impulsos puramente destructivos puede hacerse sentir como placer, si existe la destrucción pura, sin componentes libidinales. La satisfacción de lo que del instinto de muerte haya quedado en el *yo* no parece despertar secreciones placenteras, aunque el masoquismo representa una fusión muy análoga a la del sadismo.

6. Muchos pretenden que las excitaciones vaginales pueden ser muy precoces, pero con toda probabilidad se trata de excitaciones en el clítoris, o sea un órgano análogo al pene, de modo que ese hecho no invalida la justificación de llamar fálica a esta fase.

7. Una corriente psicológica extrema, como el conductismo, surgido en Estados Unidos, cree poder construir una psicología haciendo abstracción de este hecho básico.

8. «Lo psíquico» quiere decir, evidentemente, «la serie de fenómenos psíquicos conscientes». Así lo ha aclarado Strachey en su versión inglesa. *(N. del T.)*

9. Como analogía, imaginemos que el suboficial que acaba de soportar en silencio una reprimenda de su superior descarga su furia en el primer recluta inocente que se cruce en su camino.

10. «On dit que Dieu est toujours pour les gros bataillons», de una carta de Voltaire a M. le Riche, 1770. La cita está parafraseada o deformada por Freud. *(N. del T.)*

11. La castración también tiene su plaza en la leyenda de Edipo, pues la ceguera con que Edipo se castiga después de descubrir su crimen es un sustituto simbólico de la castración, según nos enseñan los sueños. No es imposible que en el efecto extraordinariamente terrorífico de la amenaza intervenga un rastro mnemónico filogenético de la familia prehistórica, en el cual el padre celoso realmente privaba al hijo de los genitales cuando se le tornaba molesto como rival ante la mujer. La antiquísima costumbre de la circuncisión, otro sustituto simbólico de la castración, sólo puede comprenderse como expresión del sometimiento bajo la voluntad del padre (recuérdense los ritos puberales de los primitivos). Aún no se ha estudiado cómo transcurre la precedente evolución en los pueblos y en las culturas que no reprimen la masturbación infantil.

12. El nombre de «William Shakespeare» es, con toda probabilidad, un seudónimo tras el cual se oculta un gran desconocido. Un

hombre que ha sido considerado como el autor de las obras sha-
kesperianas, Edward de Vere, earl of Oxford, perdió a su amado
y admirado padre en plena niñez y repudió completamente a su
madre, que volvió a casarse poco después de enviudar.

13. De *Le Neveu de Rameau:* «Si el pequeño salvaje quedase abandonado a sí mismo, de manera que conservase toda su imbecilidad
y que a la escasa razón del niño de pecho uniera las violentas
pasiones de un hombre de treinta años, le retorcería el cuello a su
padre y se acostaría con su madre.» (En francés en el original.)
*(N. del T.)*

14. «Lo que de tus padres has heredado, adquiérelo para que sea
tuyo.» Goethe: *Fausto,* parte I. *(N. del T.)*

## Múltiple interés del psicoanálisis

1. Véase sección 4 de «Esquema del psicoanálisis», en este mismo
volumen. (págs. 57-112)

2. Cf. *Psicopatología de la vida cotidiana,* Alianza Editorial, Madrid
1966 (1999). Asimismo, trabajos de A. Maeder, A. A. Brill, E. Jones, O. Rank y otros.

3. *La interpretación de los sueños,* Alianza Editorial, Madrid, 1966
(1999)

4. El psicoanálisis rechaza, hasta ahora, la referencia de esta tópica
psíquica a una situación anatómica o a una estratificación histológica.

5. Abel: *Sentido contradictorio de las palabras primitivas (Ueber den
Gegensinn der Urworte).*

6. *La influencia de los factores sexuales en la génesis y la evolución
del lenguaje. (Imago,* I, 1912.)

7. Abraham, Spielrein, Jung.

8. Abraham, Rank, Jung.

9. Jung: *Wandlugen und Symbole der Libido,* 1912. Freud: *Tótem y
tabú,* Alianza Editorial, Madrid, 1967 (1999)

10. Ferenczi: «Entwicklungstufen des Wirklichkeitssinnes», en *Intern.
Zeitschr. f. Aertl. Psychoanalyse,* I, 1915. Freud: «Animismo,
magia y omnipotencia de las ideas», en *Tótem y tabú,* págs. 92-
119.

11. O. Rank: *Der Kuenstler,* Viena, 1907.

12. Cf. *El chiste y su relación con lo inconsciente,* Alianza Editorial,
Madrid, 1969 (1996). Asimismo, O. Rank: *Das Inzestmotiv in
Dichtung u. Sage,* Viena, 1912.

## El diagnóstico de los hechos y el psicoanálisis

1. Jung: *Die psychologische Diagnose des Tatbestandes,* 1906.
2. Adler: *Drei Psychoanalysen von Zahleneinfällen und obsedieren- den Zahlen, Psychiatrisch-neurologische Wochenschrift von Bresler,* 1905, ms. 28.
3. Cf. Jung, *l. c.*
4. Cf. Freud: *La histeria,* Alianza Editorial, Madrid, 1967 (1996)
5. Cf. *La interpretación de los sueños,* Alianza Editorial, Madrid, 1966 (1999)

## Los actos obsesivos y las prácticas religiosas

1. Cf. Lömenfeld: *Die psychischen Zwangserscheinungen,* 1904.
2. Cf. *La interpretación de los sueños.*

## El doble sentido antitético de las palabras primitivas

1. Op. cit.
2. Véase, por ejemplo, H. v. Schubert: *Die Symbolik des Traumes,* 4.ª ed., 1862, cap. II, *Die Sprache des Traumes.*
3. Sobre el fenómeno de la metátesis, que entraña quizá relacio- nes más íntimas que la antítesis con la elaboración de los sue- ños, véase también el artículo publicado por W. Meyer- Rinteln en la *Kölnische Zeitung* del 7 de marzo de 1909.
4. Se nos impone también la hipótesis de que la antítesis original de las palabras representan el mecanismo preexistente utilizado por las equivocaciones orales antitéticas en servicio de tendencias muy adversas.

## Un paralelo mitológico a una representación obsesiva plástica

1. Cf. *La indecorosa Albión,* caricatura de Jean Veber (1901), repro- ducida en la obra de E. Fuchs *Das erotische Element in der Karikatur,* 1904.

## Las resistencias contra el psicoanálisis

1. En este mismo volumen, págs. 345-356.

# Índice

ESQUEMA DEL PSICOANÁLISIS

1. Historia ........................................................................... 7
2. Sistemática ...................................................................... 30
3. Teoría de la libido .......................................................... 52
4. Psicoanálisis .................................................................... 57

COMPENDIO DEL PSICOANÁLISIS

Primera parte: La naturaleza de lo psíquico

1. El aparato psíquico ......................................................... 113
2. Teoría de los instintos .................................................... 116
3. Desarrollo de la función sexual ..................................... 120
4. Las cualidades psíquicas ................................................ 125
5. La interpretación de los sueños como modelo ilus-
   trativo ............................................................................. 130

Segunda parte: Aplicaciones prácticas

6. La técnica psicoanalítica ................................................ 141
7. Un ejemplo de la labor psicoanalítica ........................... 154

Tercera parte: Resultados teóricos

8. El aparato psíquico y el mundo exterior ....................... 168
9. El mundo interior ........................................................... 179

MÚLTIPLE INTERÉS DEL PSICOANÁLISIS
1. Interés psicológico del psicoanálisis ............................. 183
2. El interés del psicoanálisis para las ciencias no psicológicas .................................................................. 195

EL DIAGNÓSTICO DE LOS HECHOS Y EL PSICOANÁLISIS ................... 212

LOS ACTOS OBSESIVOS Y LAS PRÁCTICAS RELIGIOSAS ..................... 225

EL DOBLE SENTIDO ANTITÉTICO DE LAS PALABRAS PRIMITIVAS ... 236

UN PARALELO MITOLÓGICO A UNA REPRESENTACIÓN OBSESIVA
   PLÁSTICA ........................................................................ 244

UNA DIFICULTAD DE PSICOANÁLISIS ................................................ 246

LA CUESTIÓN DEL ANÁLISIS PROFANO ............................................. 256

EPÍLOGO A «LA CUESTIÓN DEL ANÁLISIS PROFANO» ..................... 335

LAS RESISTENCIAS CONTRA EL PSICOANÁLISIS ................................ 345

LA PERITACIÓN FORENSE EN EL PROCESO HALSMANN .................. 357

PERSONAJES PSICOPÁTICOS EN EL TEATRO ........................................ 360

SOBRE LA ENSEÑANZA DEL PSICOANÁLISIS EN LA UNIVERSIDAD . 369

NOTAS ................................................................................................ 375